공주 수도원의 창시자
파코미우스의 생애

파코미우스의 생애
The Life of St. Pachomius

초판 발행	2010년 3월 30일
역자	엄성옥
발행처	은성출판사
등록	1974년 12월 9일 제9-66호

ⓒ 2010년 은성출판사

주소	서울시 강동구 성내동 538-9
전화	070) 8274-4404
팩스	02) 477-4405
홈페이지	http://www.eunsungpub.co.kr
전자우편	esp4404@hotmail.com

출판 및 판매에 관한 모든 권한은 본 출판사가 소유하고 있습니다. 출판사의 사전 서면 허락없이 상업적인 목적으로 번역, 재제작, 인용, 촬영, 녹음 등을 할 수 없음을 알려드립니다.

Printed in Korea
ISBN: 978-89-723-6382 8 33230

The Life of St. Pachomius

translated by
Eum sung Ok

한국어판 독자들을 위하여
이집트와 기독교

성경에서 예루살렘은 천국, 애굽은 세상을 상징한다. 애굽의 파라오에게 포로가 되었던 이스라엘 민족은 이 세상에 잡힌바 된 우리들의 삶을 비유한다.

어원으로 애굽(Aigyptio)은 아랍어로 Qbt로 표기되며 "쿱트"라고 발음한다. 이것이 영어로 곱트(Copt)가 되었다. 이집트와 곱트는 동일어로서 모두 "이집트"를 지칭한다.

우리 한국 개신교회에서 곱트 기독교(Coptic Christianity), 또는 곱트 정교회(Coptic Orthodox)라고 불리고, 교회사에서 슬쩍 지나칠 정도이다. 당연히 우리나라에서 이집트 기독교에 대한 자료가 거의 전무하다고 보는 편이 맞다.

그러나 작금에 영성에 관한 관심이 고조되면서 기독교 전통과 영성을 탐구하는 소수가 이집트 사막의 수도원과 영성을 탐구하기 시작했다. 그 중에 4세기 이집트 사막에서 발흥되었던 수도원에 관심이 높다. 『사막 교부들의 금언』은 1천 5백 년이라는 시대적 공간을 훌쩍 뛰어넘어 이 책을 읽는 사람들에게 영적인 감동을 주고 있다.

현세부터 예수님 시대까지 기독교 역사를 거슬러 올라가면 갈수록 도저히 피할 수 없는 시대와 장소가 있다. 바로 4세기 이집트 사막과 사막 교부들의 영성이다.

초대 이집트, 특히 알렉산드리아의 나일 강 하류 삼각주의 비옥한 땅은 곡창지대로서 주변 이스라엘을 포함한 중동지역과 로마까지 굶주린 사람들을 배부르게 할 정도였다. 흉년을 맞은 아브라함은 아내 사라와 함께 애굽으로 피난했다. 힉소스 왕조 시대 이스라엘은 흉년이 들자 파라오의 2인자 자리에 올라 있던 요셉에게 가서 식량 원조를 받았다(창 47장). 당시 이집트 수도였던 알렉산드리아는 무역의 중심지가 되었으며, 그러다 보니 자연적으로 다양한 민족들이 모이고, 문화가 공존하거나 상충하였고, 각 민족들이 자신들의 신앙을 들여왔다.

당시 이집트는 곱트어를 사용했지만 알렉산드리아는 헬라어를 공식 언어로 사용했다. 자연적으로 그리스(헬라) 철학이 그 시대를 지배했으며, 이들의 철학이 다양한 종교에 영향을 미치게 되었다. 따라서 곱트(이집트) 기독교는 고대 이집트의 신화와 헬라 철학의 토양에서 자란 기독교이다.

알렉산드리아로 이민 온 유대 민족들의 집성촌에서는 랍비교육이 강화되었지만 이민 2, 3대는 히브리어를 잊게 되었고, 구약성경이 점차 그들의 삶에서 소원해지게 되었다. 이를 해결하기 위해 열두 지파에서 각 여섯 명을 차출하여 히브리어 성경을 헬라어로 번역하기에 이른다. 그래서 70인역 성경이 탄생하게 되었다. 70인역 성경은 헬라어를 사용하는 지역에 말씀이 전파되는 중요한 역할을 했다. 이 역사적인 일이 이집트 알렉산드리아에서 이루어진 것이다.

12사도 중 마가는 아프리카에서 무역상이었던 부모의 덕택에 부유하게 자랐다. 지금 마가의 집에 가보면 느끼겠지만, 당시 그만한 규모의 집은 부유한 정도를 말해 준다. 신심(信心)이 깊은 어머니는 아들의 친구들이 오면 후하게 대해 주었다. 마가의 친구들은 그 집 꼭대기 층 넓은 방에 모였을 것이다. 주님의 제자들이 마가의 집 맨 꼭대기 층에 모여 기도할 때 최초로 성령의 역사가 일어났다.

이 오순절 역사(役事) 당시 이스라엘 주변국의 다양한 곳에 사는 사람들이 참석했다. 특히 알렉산드리아에서 온 사람들도 참석했으며, 그들은 이미 예수 그리스도에 대해 익히 알고 있었다. 그들을 통해 알렉산드리아 사람들에게 기독교가 전파되었으며, 특히 오순절 장소의 호스트였던 마가라는 인물에 대해서도 잘 알려졌을 것이다. 사도 마가는 바울과 선교 여행에서 헤어진 다음 알렉산드리아로 갔다. 거기서 선교활동을 하다가 이방인들에게 무참히 순교 당했다. 마가의 시신을 감추어 두었던 곳에 사도 마가 기념교회가 세워졌고, 그가 곱트 기독교의 초대 교황이 되었다. 이렇듯 이집트 기독교는 사도 마가의 무덤 위에 세워졌다.

그 후 이슬람들이 기독교를 무참히 박해했다. 수많은 사람들이 순교 당했으며, 대학살이 이루어진 날이 곱트 기독교 탄생일이다. 이집트(곱트) 기독교는 순교자들 무덤 위에 세워진 교회이다.

이집트 수도원의 발흥

고대 이집트 신화와 기독교의 교리와 상징에 공통점들이 있다. 『사자의 서』에서 죽은 자를 지하 연옥에서 심판한다. 저울대 위에 새의 깃털을 놓고 죽은 자의 심장을 반대 천칭에 올려놓는다. 생전에 선행과 덕을 많이 쌓은 자는 심장이 가벼워지는데, 새의 깃털만큼이나 가벼워진 자에게 앙크를 부여한다. 앙크(Ankh)는 생명과 부활을 상징하는 것으로서, 이것을 받는 자의 영혼은 내세에 환생하게 된다. 이집트 파라오들은 자신의 시신을 온전히 보전함으로써 다시 왕으로 환생하고자 했다. 그것이 미라이다.

고대 이집트 신화를 믿는 그들은 앙크가 기독교에서 말하는 십자가라고 생각하였으며, 그들의 환생 사상을 기독교의 부활로 믿게 되었다. 이런 점에서 상호 접합점을 가지게 된 이집트인들은 쉽게 기독교를 받아들였으며, 그들의 고행 사상은 수도원을 발흥시키게 되었다.

기독교의 교리와 신학, 특히 나사렛 예수에 대한 이념이 정립되어지는 과도기에 많은 사람들이 이단에 몰리고 배척되고 죽음을 당했다. 이집트 기독교 역시 예수의 인성과 신성에 대한 신념이 서방 로마의 것과 달랐다. 신학이 일천한 필자의 견해로 요약하자면, 당시 곱트 기독교에서는 예수님의 성(性)을 신성과 인성이 완전히 합일을 이룬 단일성이라고 주장하였다. 양성론과의 치열한 공방 끝에 칼케톤 공의회에서 양성론이 승리를 거두면서 그들은 이단으로 배척되었다. 그러나 지금 곱트 기독교는 인성과 신성을 인정하고 그것을 철저한 신념으로 삼고 있다. 혹여 아직도 우리는 고대의 단성론 회오리바람에 휩쓸렸던 옛날 옛적의 그들로 알고 있는지 모르겠다.

이집트 기독교의 특징은 수덕(asceticism)과 관련이 있다. 심장의 무게는 현생에서 덕을 쌓고 선행을 부단히 하면 가벼워진다고 한다. 그들에 의하면 환생, 즉 기독교의 부활에 참여하기 위한 수덕(修德) 생활을 하는 도장(道場)-심장의 무게를 가볍게 하기 위한 훈련장-이라는 뜻을 가진 곱트어 shi hêt가 바로 스케테(Scetis)이다. 스케테는 지금 와디 알-나트룬이라는 지역, 알렉산드리아로부터 약 70마일 남쪽에 있는 기독교 수도 공동체가 있는 곳이다. 스케테라는 지명에서 엿볼 수 있듯이 이집트 기독교는 수덕생활을 매우 중요시하고 있다. 그래서 수도생활을 강조한다.

이밖에 이집트(애굽)와 기독교 간의 관련성은 떼려야 뗄 수 없을 뿐 아니라, 더욱이 흥미로운 일들이 무궁무진하다. 4세기의 사막 수도원들이 기독교에 미치는 영향은 지대했다.

이집트의 수도원들

우선 이집트 수도원의 제도와 형태가 서방 수도원의 모상이 된다고 해도 과언이 아니다. 서방 수도원의 아버지라고 평(評)하는 5세기의 성 베네딕도가 당시 수도규칙들을 총합하고 통합하여 재정비함으로써 『베네딕도 수도규칙』이 제정되었으며, 1천 5백 년을 내려오면서 아직도 그 빛을 잃지 않고 있다.

이 성규(聖規)는 알고 보면 그 원형을 이집트 수도원에서 배워온 것이다. 로마인 요한 카시안(John Cassian)이 정치적인 이유로 이집트 수도원으로 피신하면서 그들의 가르침과 교훈과 생활 규칙들을 배우고 기록하여 서방 로마로 가져갔다. 그는 생전에 이집트 수도원의 삶을 기록한 두 권의 책을 썼는데, 그것이 『담화집』(Conferences)과 『제도집』(Institute)이다. 담화집은 수도사들과의 담화를 통하여 가르침과 교훈들을 기록한 것이며, 제도집은 수도원들의 생활규칙을 정리한 것이다. 이 두 권의 책을 베네딕도 성인이 수도규칙을 제정할 때 많이 참조했다.

이집트 수도원을 세 가지 형태로 나눈다. 하나는 개인적으로 혼자 수도생활을 하는 독수도 또는 은둔수도(anchorite)이다. 수도사란 어원적으로는 "혼자 거처하는 사람"(monos, 또는 monachos; μοναχός)을 뜻한다. 그러므로 독거(獨居) 수도사 또는 은수사(隱修士)라는 말에 모순이 없다. 독거 수도사로는 현재 콜짐산 내륙 면에 자리 잡고 수도했던 성 안토니, 콜짐산의 홍해 면에서 수도했던 폴(St. Paul)이 있다. 성 안토니는 당시 아리우스파와 지루한 싸움을 했던 알렉산드리아의 주교 아타나시우스가 『안토니의 생애』를 집필하면서 세상에 알려지게 되었고, 교회사적으로 공식적인 수도사로 기록되었다. 그러나 안토니보다 먼저 수도생활을 했던 이들이 많았을 것이다. 예를 들면 안토니가 수도사로서 유명해지기 전 피스피르(Pispir)에서 안토니를 지도했던 은둔 수도사가 있었으며, 지금의 콜짐산("내륙 수도원"이라고 부름)으로 이주해 왔을 당시 산 너머에 이미 폴이라는 독거 수도사가 있었다.

또 한 가지의 형태가 공동체적으로 모여 살면서 생활하는 집단적인 수도사들이다. 이러한 형태를 공주(公住) 수도, 또는 회(會) 수도사라고 한다. 공주 수도(cenobite)란 "홀로 거처하는 것"과 "공통체로 사는 자"라는 상충되는 두 단어로 이루어진 모순적인 단어다. 그러나 파코미우스는 홀로 거처하며 수도하기에 부족한 일반인들을 한 데 모아 공동체로 살면서 교육하고 훈련하는 공주 수도원을 성공적으로 수행했다. 지금의 룩소 근처에서 자취들을 찾아볼 수 있다.

세 번째 수도원의 형태로는 반-독거(semi-anchorite), 즉 반-공주 수도원의 형태이다. 이런 수도원은 지금의 와디 알-나트룬(Wadi al-Natrun) 지역인 스케테에 있다. 그곳에는 네 개의 수도원이 있다. 이들은 주중에는 각자 독거 수도처에 머물면서 기도하며 단순한 노동을 하다가, 토요일에 공동체로 모인다. 예배와 기도, 애찬을 나눈 후 한 주일 동안 필요한 생필품을 받아서 각자 기도처로 헤어진다. 이들의 삶과 영적 지도에 대해 『사막 교부들의 금언』 등에서 읽을 수 있다.

현대에 와서 "스케테"는 대명사가 되어서 세계 많은 곳에 산재한 반-독거적인 수도원을 가리키는 데 사용되고 있다. 아토스 성산에도, 그리고 유럽 및 미국에도 스케테가 있다. 그들의 수도생활 형태는 모두 이집트의 스케테를 원형으로 본받고 있음을 짐작

할 수 있다.

첫 번째 독거 수도사의 아버지였던 『성 안토니의 생애』에 대해서 이미 책으로 소개되어 많이 읽히고 있다. 안토니는 독거 수도 생활이라고 하지만 처음에는 완전 독거생활을 하다가 그의 명성이 점차 세상 사람들에게 알려지면서 성인에게 조언을 구하고자 하는 사람들의 무리가 독거 아래 모여들기 시작했다. 그는 성령의 은혜로써 깊은 기도 중에 깨달음을 얻은 다음에는 토요일에 독거처에서 나와 일요일까지 그들과 함께 애찬을 나누면서 주일을 보내고, 원하는 사람들에게 영적 지도를 해주기도 했다. 그리고 알렉산드리아의 주교 아타나시우스가 이단 아리우스파 세력들과 힘겹게 싸울 때, 그리고 로마의 박해로 순교를 당하는 신앙인들에게 용기를 북돋우려고 두 번이나 알렉산드리아에 갔다. 이러한 그의 행적으로 볼 때 독수도자라고 하지만 필요할 때 세상으로 나가 봉사했음을 알 수 있다.

『파코미우스의 생애』에 대한 자료들

이 책은 공주 수도원을 처음으로 창설했던 파코미우스의 일생, 그들의 공동체, 그리고 공동체 후계자들에 대한 기록이다. 파코미우스의 생애에 대한 자료는 성 안토니의 생애처럼 당시 교회의 권위 있는 자가 집필하고 보존된 것과는 달리 구술로 전해진 것을 정리하고 그것을 개인적으로 복사함으로 전해졌다. 그러니까 "생애"에 대한 기록은 대부분 파편적이며, 지금은 사어(死語)가 된 곱트어 방언으로 기록되었다.

곱트어 방언은 크게 봐서 나일 강 상류, 즉 지금의 룩소 지방으로서 파코미우스 공주 수도원 근처에서 사용되었던 사히딕(Sahidic) 방언이 있고, 나일 강 하류 삼각주 지역, 즉 지금의 알렉산드리아 근처에서 사용하는 보하이릭(Bohairic) 방언이 있다. 이 책은 보하이릭『생애』를 번역한 것이다.

내 생각으로는 파코미우스 공주 수도원 지방에서 사용된 사히딕 방언으로 작성된『파코미우스 생애』가 가장 최초이며 원본적인 것이 아닌가 한다. 그렇지만 사히딕 생애를 나중에 보하이릭 방언으로 번역하면서 몇 개의 단편과 함께 편집하여 출간했다. 이 작업이 1925년에 파코미우스 생애에 대한 가장 권위 있는 학자로 평을 받는 레포트(Lefort)에 의해 이루어졌다.

지금까지의 여러『생애』에 대한 단편들, 그 중에 바티칸의 사히딕 생애, 보하이릭 생애, 아랍어 생애, 헬라어 생애(Greek Life) 등 어느 것이 생애의 원조인가? 이에 대해 많은 학자들의 주장이 있다. 이 부분은 학자들에게 맡기자. 학자들의 비평에 관심이 없어서가 아니라, 파코미우스와 그가 설립한 공주 수도원이라는 실체에 초점을 두려는 것이다. 파코미우스는 어떤 정신으로 공주 수도원을 세웠으며, 그들의 삶과 정신이 현대를 사는 우리 한국교회에 무슨 의미와 교훈을 주는가? 여기에 우리는 집중해야 할 것이다.

이집트 수도원과 현대 교회

나는 몇 차례 이집트 수도원들을 방문하고, 짧지만 그들과 생활하면서 느낀 점이 많다. 우리 한국 개신교인들이 드리는 예배에 비해 너무나 생소하고 다른 점이 많다. 공식적으로 1년 동안 50일 넘게 금식하고, 하루 종일 시편을 외우며, 한 번에 2~3시간 하루에 두 차례 예배와 철야 예배, 사막의 흙먼지를 털며 힘들여 수확한 말라비틀어진 토마토이지만 고이 간직했다가 손님들 식탁에만 올려놓는 환대와 친절, 인사할 때마다 심장을 치면서 "이 죄인을 용서하시오"라고 말하는 겸손, 과격한 이슬람들과 척박한 사막 한가운데서 언제 어디서 죽을지 몰라 오른쪽 손목에 십자가 문신을 새겨 놓고 시신으로써 자신의 정체를 밝히려는 그들의 긴박감을 느꼈다. 그들은 죽음과 비천 곁에서 살고 있다. 카이로에서 배출되는 모든 쓰레기 집하장에서 이슬람들이 증오하는 돼지를 키

우면서 주민증도 없이 동물처럼 살고 있다. 그럼에도 그들은 "그리스도인"임을 자랑하며 고집한다.

이것이 이집트 교회 공동체의 실체다. 그래서 나는 『성 안토니의 생애』에서 삶의 지혜를 얻고, 스케테의 수도 공동체를 이끄는 영적 지도들을 되새기며, 그래서 파코미우스의 공주 수도원의 정신이 내가 속한 교회 공동체의 벤치마크가 되기를 소망한다.

교회가 제(諸)교육의 조종(祖宗)의 자리를 내준 지 오래되었다. 교회 교육이 프로그램화되고, 편의주의에 의해 복음이 왜곡 선포되고, 교세 확장을 위해 인본(人本)주의가 판치고 있다. 이러한 느낌을 받을 때마다 나는 교회 공동체의 원형을 상기하려고 이집트 사막으로 간다.

간절히 바라기는 『파코미우스의 생애』와 그들의 공동체 생활을 음미함으로써 오늘날 바람직한 거룩한 교회 공동체의 혼(魂)이 무엇인지 힌트를 얻기 바란다.

최 대 형

파코미우스의 생애와 공주수도원 영성

1. 머리말

세상을 지으신 하나님의 말씀은 우리 조상 아브라함에게 외아들을 제물로 바치라고 명하셨다. 하나님의 말씀은 "내가 네게 큰 복을 주고 네 씨가 크게 번성하여 하늘의 별과 같고 바닷가의 모래와 같게 하리니 네 씨가 그 대적의 성문을 차지하리라 또 네 씨로 말미암아 천하 만민이 복을 받으리니 이는 네가 나의 말을 준행하였음이니라"(창 22:17-18)고 하셨다. 그 후에 선지자요 종인 모세에게 말씀하시고, 모든 선지자들에게 말씀하셨다. 그 후 아브라함의 씨요 인간으로 세상에 오셔서 말씀하셨다. 이는 아브라함에게 열방을 위한 복을 약속하셨기 때문이다. 그분은 제자들에게 "그러므로 너희는 가서 모든 민족을 제자로 삼아 아버지와 아들과 성령의 이름으로 세례를 베풀라"(마 28:19)고 명령하셨다.

그분의 복음이 온 세상에 전파됨에 따라 신자들의 믿음을 시험하기 위해서 하나님의 허락하심을 받은 이교도 황제들이 도처에서 기독교인들을 박해했다. 많은 순교자들이 고문을 받아 죽어 면류관을 썼는데, 그 최후의 순교자는 알렉산드리아의 총대주교인 용감한 피터(Peter)였다. 그 후 거룩한 교회 내에서 믿음이 크게 성장했고, 수도원들과 고행수도사들을 위한 장소들이 등장하기 시작했다. 이는 최초의 수도사들이 순교자들의 인내를 목격했기 때문이다. 그러므로 그들은 선지자 엘리야 및 사도 바울이 "돌로 치는 것과 톱으로 켜는 것과 시험과 칼로 죽임을 당하고 양과 염소의 가죽을 입고 유리하여 궁핍과 환난과 학대를 받았으니(이런 사람은 세상이 감당하지 못하느니라) 그들이 광야와 산과 동굴과 토굴에 유리하였느니라"(히 11:37-38)라고 말하면서 언급한 사람들의 행동을 재연했다. 그들은 밤낮 거룩한 십자가 및 거룩한 순교자들의 투쟁을 보았기 때문에 하나님을 공경하고 엄격하게 금욕고행하면서 몸과 영혼을 하나님께 바쳤다. 그들은 순교자들을 보고 본받았다.

2. 수도원운동의 시작

거룩한 교부 성 안토니는 위대한 엘리야나 엘리사 혹은 세례 요한처럼 고결한 생활을 했다. 페르노우(Pernouč) 산에서 형제들과 함께 생활한 거룩한 사부 아모운(Amoun)과 그의 충실한 제자 테오도르 역시 고결하게 살았다고 한다. 모든 사람들을 축복하는 복되신 분이 온 땅에 존재한 수도사들의 거룩하신 아버지들-그 이름이 생명책에 기록되어 있는 사람들-에게 슬픔과 탄식이 아니라 은혜를 주셨음을 우리는 알고 있다. 이는 그분이 세상에 오셔서 땅에 물을 대셨기 때문이다.

이집트와 테바이드(Thebaid)에는 그런 사람들이 많지 않았다. 디오클레티아누스 황제의 박해(AD 284-305)와 막시무스 황제의 박해(AD 305-306) 이후에 기독교로 개종하는 이교도들이 증가했다. 감독들이 사도들의 가르침에 따라서 그들을 하나님에게로 인도했으므로 그들은 성령의 열매를 맺고 그리스도를 사랑하는 자들이 되었다.

3. 파코미우스의 탄생(A.D. 292년경)과 소명

스네(Sne) 교구에 파코미우스(Pachomius)라는 사람이 살았다. 그는 이교도 부모에게서 태어났지만 하나님의 크신 자비로 말미암아 디오스폴리스(Diospolis) 교구의 세네세트(Šeneset)라는 마을에서 기독교인이 되었고, 믿음이 성장하면서 완전한 수도사가 되었다. 따라서 모든 사람들을 "어두운 데서 불러내어 그의 기이한 빛에 들어가게 하신"(벧전 2:9) 하나님을 영화롭게 하려면 그의 어린 시절부터의 삶을 상세히 기술해야 한다.

4. 파코미우스의 유년 시절

어린 시절 파코미우스는 부모와 함께 물고기들을 제물로 드리기 위해서 강가로 갔는데 물 속의 물고기들은 파코미우스를 보고 놀라 도망쳤다. 제사를 주관하고 있던 사람은 "신들의 원수를 이곳에서 몰아내지 않으면 신들이 노할 것입니다. 저 소년 때문에 물고기들이 위로 올라오지 않습니다"라고 소리쳤다. 부모는 소년 파코미우스에게 "왜 신들이 너에게 노했느냐?"라고 책망했다. 소년은 하나님을 그리워하면서 집으로 돌아갔다. 언젠가 부모는 제사를 드리려고 파코미우스를 데리고 신전으로 갔다. 제사가 끝난 후 부모는 파코미우스에게 귀신들에게 바쳤던 포도주 한 모금을 주었는데, 파코미우스는 즉시 그것을 토해냈다. 신들이 파코미우스에게 적대적이었기 때문에 그의 부모는 괴로워했다.

5. 파코미우스의 유년 시절에 대한 또 다른 이야기

어느 날 부모가 파코미우스에게 어느 곳에서 일하고 있는 노동자들에게 양 고기 한 냄비를 가져다주라고 했다. 파코미우스가 고기냄비를 가지고 걸어가는데 마귀는 개의 모습을 한 많은 귀신들로 하여금 그를 죽이려 하게 만들었다. 소년 파코미우스는 눈을 들어 하늘을 보면서 울었고, 그 즉시 귀신들은 흩어졌다. 마귀는 또다시 노인의 모습으로 나타나서 "네가 길을 가면서 시달리는 것은 부모님에게 순종하지 않기 때문이다"라고 말했다. 소년은 그의 얼굴을 향해 숨을 내쉬었는데, 즉시 노인은 사라졌다. 소년은 목적지에 도착하여 양고기를 노동자들에게 주었다.

그는 그날 밤 그곳에서 지내야 했다. 그곳 주인에게는 예쁜 두 딸이 있었는데, 그중 하나가 파코미우스를 붙잡고서 "나와 동침하자"고 말했다. 파코미우스는 그런 행동이 하나님과 사람들 앞에서 더럽고 악한 죄라고 생각했기 때문에 두려워했다. 그는 그 여인에게 "나로 하여금 더러운 죄를 범하게 하지 마십시오. 어떻게 개처럼 내 누이와 동침한단 말입니까?"라고 말했다. 하나님은 그를 그녀의 수중에서 구해 주셨다. 그는 그곳에서 도망쳐 집으로 달려갔다.

6. 마귀는 장래의 일을 어떻게 아는가?

그는 수도사가 된 후 형제들로 하여금 자신을 지키게 하기 위해서 이런 일들을 이야기해주었다. 그는 이 이야기의 해석과 관련하여 형제들에게 다음과 같이 말했다: "귀신들은 선한 것을 알지 못하는데 내가 나중에 참 믿음에 의해서 자비를 얻게 되리라는 것을 귀신들이 미리 알았기 때문에 나를 그곳에서 몰아냈다고 생각하지 마십시오. 그 당시 내가 악을 미워하는 것을 귀신들은 보았습니다. 왜냐하면 하나님은 인간을 의롭게 지으셨기 때문입니다. 이런 까닭에 귀신들은 자기 종들로 하여금 나를 그곳에서 몰아내게 만들었습니다. 이것은 개간된 밭에 대해서 '독보리가 완전히 제거된 밭에는 좋은 씨앗이 뿌려질 것이다'라고 말하는 것과 같습니다."

7. 파코미우스의 징집, 그리고 처음으로 기독교인을 만나다

얼마 후 박해가 끝나고 콘스탄틴이 황제가 되었다. 그는 로마 황제들 중 최초의 기독교인이었다. 콘스탄틴이 황제가 되고 나서 얼마 후 페르시아인 폭군이 제국을 빼앗으려고 공격했다. 콘스탄틴 황제는 하나님의 원수를 대적하여 싸우기 위해 군사 징집 명령을 제국 전체에 내렸다. 황제의 칙령을 가지고 파견된 관리들은 전국 방방곡곡에서 군사를 모집했다. 당시 20세였던 파코미우스도 징집되었다. 파코미우스는 그리 건강하지 못했지만, 관리들은 모집 인원을 채우기 위해서 그를 징집했다.

파코미우스는 동료들과 함께 배를 타기 위해 끌려가면서 하늘을 향해 탄식하며 "나의 주 예수여, 당신의 뜻이 이루어지소서"라고 기도했다. 그들이 탄 배는 북쪽을 향해 항해하여 옛 제국의 수도인 네(Ne: 테베를 지칭하는 콥트어)에 도착했고, 그들은 그 도시의 감옥에 수감되었다. 그들이 큰 불행에 빠진 것을 본 그 도시의 몇몇 시민들은 밤중에 빵과 음식을 가져와서 먹으라고 권했다. 파코미우스는 함께 있는 사람들에게 "이 사람들은 우리를 알지도 못하는데 왜 이렇게 친절합니까?"라고 물었는데, 그들은 "이들은 기독교인들인데, 하늘에 계신 하나님 때문에 사랑으로 우리를 대접하는 것입니다"라고 대답했다. 파코미우스는 한구석으로 가서 밤새도록 하나님 앞에서 "나의 주 예수 그리스도, 모든 성도들의 하나님이시여, 속히 나에게 선하심을 베푸셔서 이 불행에서 나를 구해 주십시오. 그러면 내가 일평생 인류를 위해 봉사하겠습니다"라고 기도했다. 다음 날 아침 그들은 감옥에서 끌려 나가 배를 타고 나일 강 동편에 있는 안티노에(Antinoe, 안티노폴리스)로 갔다. 그들은 먹을 것을 구하기 위해 도시에 상륙할 때면 파코미우스를 세상의 쾌락을 위한 좋지 못한 곳으로 끌고 가기도 했다. 그러나 파코미우스는 하나님과 거룩한 천사들이 사랑하는 순결을 사랑했기 때문에 그들을 책망했다.

8. 파코미우스가 기독교인이 되다

그들이 안티노에 감옥에 갇혀 있을 때, 하나님의 도우심을 받아 적을 물리친 콘스탄틴 황제는 황제는 징집을 면제한다는 칙령을 발표했다. 그리하여 풀려난 사람들은 크게 기뻐하면서 집으로 돌아갔다. 젊은 파코미우스는 남쪽으로 가다가 세네세트(Seneset)라는 황량한 마을에 도착했는데, 그곳에는 주민들이 매우 적었다. 파코미우스는 그 마을에 대해서 생각하기 시작했다. 그는 강가로 내려가서 고대인들이 프만피스라피스(Pmampisrapis)[1]라고 부르는

---

1) 이것은 'the place of Serapis'를 의미한다. 이곳은 후일 Pmampesterposen, 즉 'the place of baking of bricks'라고 불린다. Serapis 제의와 연결된 파코미우스의 수도원운동의 기원에 대한 이론들은 모두 이와 같은 번역의 오류에 기초를 둔다.

작은 신전으로 들어가서 기도했는데, 그때 하나님의 영이 그에게 "이곳에 정착하여 분투하여라"고 감화하셨고 그는 그곳에 정착하였다. 그는 자기 자신 및 가난한 마을 사람들, 또는 항해중이거나 도보로 여행 중에 우연히 그곳을 지나가게 되는 나그네들의 양식을 위해서 약간의 채소와 몇 그루의 야자수를 재배했다. 그의 설득력 있는 대화와 태도 때문에 많은 사람들이 가정을 버리고 그 마을에 와서 살았다.

그곳에서 며칠을 지낸 뒤에 사람들은 그가 성찬을 받을 수 있게 하기 위해서 그를 교회에 데려가서 세례를 주었다. 세례를 받은 날 밤에 그는 꿈을 꾸었다. 꿈속에서 그는 하늘에서 이슬이 자기 머리 위에 내린 후 오른손에서 응축되어 벌집으로 변하는 것을 보았다. 그것은 땅에 떨어져 지면 전체에 퍼졌다. 그가 불안해하고 있는데 하늘에서 "파코미우스야, 이것을 알고 있어라. 조만간 이 일이 너에게 일어날 것이다"라는 소리가 들려왔다.

그는 모든 사람들을 향한 사랑에 의해 그곳에서 진보를 이루었다. 그는 찾아오는 사람들을 격려해 주었고, 그의 명성이 퍼지면서 사람들은 파코미우스 때문에 그곳에 와서 살았다.

9. 파코미우스가 세네세트 주민들을 보살피다.

얼마 후 세네세트 마을에 페스트가 창궐하여 많은 사람들이 죽었다. 파코미우스는 주민들을 보살펴 주었고, 근처의 커다란 아카시아 나무 숲에서 나무를 많이 가져다가 나누어 주었다. 간단히 말해서 파코미우스는 하나님이 치유의 은사를 베푸실 때까지 주민들을 위해 봉사했다. 페스트가 사라진 후에 파코미우스는 "마을에서 환자들을 보살피는 일은 수도사에게 적합한 일이 아니라 성직자들이나 신실한 노인들에게 적합한 일이다. 오늘부터는 이 일을 하지 않겠다. 그렇지 않으면 다른 수도사가 이 일에 손을 대다가 나처럼 추문에 휩쓸릴 것이다. 또 '생명은 생명으로 갚되'(출 21:23)라는 말씀이 나에게 적용될 것이다. 이는 '하나님 아버지 앞에서 정결하고 더러움이 없는 경건은 곧 고아와 과부를 그 환난 중에 돌보고 또 자기를 지켜 세속에 물들지 아니하는 그것이니라'(약 1:27)라고 기록되었기 때문이다"라고 혼잣말을 했다.

10. 파코미우스가 팔라몬에게 가다

파코미우스는 그곳에서 3년을 지냈다. 그 동안 많은 사람들이 그의 주위를 둘러싸서 매우 불편했고 한순간도 평화롭지 못했다. 그리하여 그는 수도사가 되어 은둔생활을 하려 했다. 마을을 떠날 궁리를 하던 중에 팔라몬(Palamon)이라는 은수사에 대한 말을 듣게 되었다. 팔라몬은 마을에서 조금 떨어진 곳에 정착하여 살면서 인근에 있는 모든 사람들에게 모범이 되며 아버지처럼 된 위대한 수도사였다. 파코미우스는 즉시 자기의 수도처를 늙은 수도사에게 주어 가난한 사람들을 위해 약간의 채소와 야자수를 재배하게 한 후에 거룩한 노 사부 팔라몬의 수도처를 찾아갔다(A.D. 316년 경).

파코미우스가 수실 문을 두드렸더니, 늙은 팔라몬은 창문으로 내다보면서 퉁명스럽게 "왜 문을 두드립니까?"라고 물었다. 그의 말투는 원래 퉁명스러웠다. 파코미우스는 "아버지여, 내가 수도사가 되어 당신과 함께 지내도록 허락해 주십시오"라고 대답했다. 팔라몬은 이렇게 말했다: "당신이 구하는 일은 그렇게 단순한 일이 아닙니다. 많은 사람들이 그 일을 위해서 이곳에 왔었지만 참아내지 못했고, 수치스럽게도 덕을 위해 수고하려 하지 않다가 돌아갔습니다. 그러나 성경에는 그렇게 명하는 곳이 많으며, 구원을 얻으려면 금식하고 철야하고 기도하라고 말합니다. 당신의 수실에 들어가 앉아서 이미 가지고 있는 것을 굳게 붙잡으십시오. 그렇게 하면 하나님 앞에서 의롭게 될 것입니다. 아니면 매사에 당신이 확고부동할 수 있는지 찾아내려고 노력한 후에 다시 찾아오십시오. 만일 당신이 다시 찾아온다면, 자신을 알게 될 때까지 함께 수고할 준비가 되어 있을 것입니다. 어쨌든 우리는 수도생활의 표준이 무엇인지 당신에게 보여주겠습니다. 이곳을 떠나면 먼저 당신 자신을 성찰하면서 그것을 견뎌낼 수 있을지 알아보십시오. 우리 이전의 사람들이 가르친 수도생활의 규칙은 다음과 같습

니다: 항상 졸지 않기 위해서 손으로 실이나 털이나 야자나무 줄기로 물건을 만들면서 밤의 절반, 때로는 저녁부터 아침까지 철야하고 하나님의 말씀을 암송합니다. 손으로 일하는 것은 생계를 유지하기 위한 일이기도 합니다. '우리에게 가난한 자들을 기억하도록 부탁하였으니'(갈 2:10)라는 사도 바울의 말처럼 생명을 유지하는 데 필요한 것 이외의 것은 가난한 사람들에게 줍니다. 우리는 기름과 포도주와 조리된 육류를 먹지 않습니다. 여름에는 매일 저녁때까지 금식하고, 겨울에는 이삼 일에 한 번 금식합니다. 성찬예배 때에는 낮에 60번, 밤에 50번 기도하는데, 화살기도(즉흥적으로 마음에 떠오르는 내용을 화살을 쏘아 올리듯이 쏟는 기도)는 여기에 포함시키지 않습니다. 왜냐하면 우리는 쉬지 말고 기도하라는 명령을 받았고(살전 5:17), 성경에 '너희 중에 고난당하는 자가 있느냐 그는 기도할 것이요'(약 5:13)라고 기록되어 있기 때문입니다. 주 예수 그리스도도 제자들에게 '시험에 들지 않게 깨어 기도하라'(마 26:41)고 말씀하셨습니다. 기도는 모든 덕의 근원입니다. 이것이 수도생활의 규칙입니다. 가서 그것을 철저히 실행하십시오. 만일 당신이 내가 가르친 대로 할 수 있다면, 우리는 당신과 함께 기뻐할 것입니다."

팔라몬의 말을 들은 파코미우스는 그를 바라보며 겸손하게 "나는 이곳에 오기 전에 이미 오랫동안 그 모든 것을 시행해왔습니다"라고 대답했다. 그 말을 듣고서 팔라몬은 내려와서 문을 열고 파코미우스에게 입을 맞추고 이렇게 말했다: "내가 인간적인 허영심 때문에 고행(ascesis)과 기도와 철야에 대해서 말했다고 생각하지 마세요. 또 우리가 사람들을 기만하고 있다고 생각하지도 마세요. 우리는 당신이 핑계를 대지 못하게 하기 위해서 구원을 위해 일하는 방법을 가르치고 있을 뿐입니다. 그렇기 때문에 '순수한 것은 빛난다'고 기록되었습니다. 당신은 침노함으로써 천국에 들어갈 것입니다. 이제 당신의 수실로 돌아가서 며칠 동안 당신의 영혼을 시험해 보십시오. 이는 당신이 요청하는 것이 결코 작은 일이 아니기 때문입니다." 파코미우스는 "나는 이미 내 영혼을 시험해 보았습니다. 나에 관한 한 하나님과 당신의 거룩한 기도의 도움 덕분에 당신이 안심할 수 있을 것이라고 확신합니다"라고 대답했다. 팔라몬은 "좋습니다"라고 말하고는 파코미우스를 영접하여 며칠 동안 함께 지내면서 기도와 철야와 금식하면서 그를 시험해 보았다. 팔라몬은 식사 때에는 파코미우스를 구석에서 혼자 식사를 하게 했다. 그렇게 석 달 동안 파코미우스를 시험하면서 용기와 확고한 결심을 확인한 후에 그는 수도복과 허리끈을 가져다가 제단 앞에 두었다. 두 사람은 밤새도록 기도했다. 새벽녘에 팔라몬은 파코미우스에게 수도복을 입혔고, 두 사람은 기뻐하면서 함께 아침 기도를 했다.

두 사람은 함께 고행을 실천하면서 마치 한 사람인 듯이 살았다. 수도사가 된 파코미우스는 저녁부터 아침까지 기도하고 찬양하고 노동을 하고 철야함으로써 자신을 시험해 보았다. 그는 자신이 얼마나 잠을 자야 하는지, 그리고 잠을 자지 않고서도 병들지 않고 버틸 수 있는지 알아보려 했다. 저녁이 되면 두 사람은 조리차한 식사를 했다. 팔라몬은 젊은 파코미우스에게 "밤새 작업할 분량만큼의 갈대와 야자잎과 섬유를 물에 불리세요. 토요일에는 밤부터 새벽까지 철야하는 것이 규칙입니다"라고 말했다. 파코미우스는 팔라몬의 명령에 순종했다. 해가 진 후 두 사람은 일어서서 밤새도록 기도하면서 하나님을 찬양하며 손으로는 쉬지않고 일을 했다. 일하는 동안에 졸음이 오면 손으로 하는 일을 바꾸어 졸음을 몰아냈다. 그래도 졸리면 수실 밖 산에 가서 양동이에 모래를 담아 다른 곳으로 날랐다. 그들은 깨어 기도하기 위해서 노동을 했다. 팔라몬은 파코미우스가 조는 것을 보면 "파코미우스, 사탄이 유혹하지 못하도록 깨어 계세요. 많은 사람들이 잠들어 있다가 병에 걸렸습니다"라고 말했다. 파코미우스가 공동식사 시간까지 잠들지 않고 버티는 것을 본 팔라몬은 그의 순종과 진보로 인해 기뻐하고 그의 구원 앞에서 즐거워했다.

11. 팔라몬의 금식

사순절 마지막날 팔라몬은 "파코미우스, 오늘은 큰 날이니 음식을 준비하여 정오에 조금 먹고 저녁에도 조금 먹읍시다"라고 말했다. 파코미우스는 즉시 일어나서 음식을 준비했다. 기도를 마친 후 두 사람은 식사를 하려고 자리에 앉았다. 파코미우스가 소금에 기름을 조금 부어놓은 것을 본 팔라몬은 자기의 뺨을 치면서 "주님은 나를 위해 십자가에 달리셨는데 나는 육에 힘을 줄 음식을 먹다니. 기름이나 식초를 치지 않고 야채를 먹든지, 음식을 먹기 전에 소금에 재를 뿌립시다. 조상들의 법을 버리지 말며, 육에 힘을 주는 음식을 먹지 맙시다"라고 말한 후 자기 방으로 물러가서 다음 날까지 음식을 먹지 않았다. 파코미우스는 기름 친 소금을 버리고 재를 담은 소금을 가져가서 겸손하게 애원했다 "아버지여, 용서해 주십시오. 일어나서 음식을 드십시오!"라고 애원했다. 팔라몬은 "성소의 등불을 켜거나 뻣뻣한 털로 작업할 때 외에는 수실에서 기름을 사용하는 것을 용납하지 않겠습니다"라고 맹세하게 한 후에 자리에서 일어났다. 앉아서 조야한 음식을 먹는 두 사람의 뺨에 눈물이 흘러내렸다.

12. 파코미우스가 본 환상

팔라몬 사부의 용감함을 알게 된 파코미우스는 밤에 수실을 나와 시체들이 가득한 무덤에 들어가서 밤새도록 주 예수께 기도하는 습관을 들였다. 그가 기도하는 장소는 그가 흘린 땀 때문에 축축해지곤 했다.

4년 후(320년경) 파코미우스는 전에 보았던 환상, 하늘에서 이슬이 그에게 내려와서 흘러내려 지구 표면을 적시는 환상과 자신에게 은밀하게 열쇠가 주어지는 환상도 보았다. 다음 날 아침 그는 사부 팔라몬에게 자신이 본 환상에 대해 보고했다. 팔라몬은 당황하면서 "내 아들 파코미우스여, 이 환상에는 깊은 의미가 있다네. 어쨌든 주님의 뜻이 이루어지기를 비네"라고 말했다.

13. 팔라몬의 금식의 또 다른 예

주현절에 파코미우스는 아카시아 숲에서 돌아오다가 팔라몬이 무엇인가를 삶고 있는 것을 보았다. 그는 "사부님이 요리하고 계시는 것이 무엇일까?"라고 중얼거렸다. 잠시 후 팔라몬은 "파코미우스, 접시를 가져오게"라고 말했다. 파코미우스가 접시를 가져오니 팔라몬은 뚜껑을 열고 냄비에 든 것을 접시에 담았는데, 그것은 몇 개의 딱딱한 무화과 열매였다. 그곳에는 커다란 무화과 나무가 있었는데 두 사람은 병자들을 위해 사용하기 위해서 그 나무에 물을 주곤 했었다. 두 사람은 일어나서 주께 기도하고 감사하며 그것을 먹었다. 배가 고프면 아무리 쓴 것도 달게 느껴지는 법이다.

14. 거만한 수도승

어느 날 두 사람이 불 가에 마주 앉아서 손노동을 하면서 성경을 암송하고 있는데, 근처 수실에 살고 있는 형제가 수실 앞에 나타났다. 파코미우스는 일어나서 문을 열어 주었다. 수실에 들어온 형제의 마음에 마귀가 들어갔다. 숯불을 본 형제는 교만하게 말했다. "당신들은 하나님 앞에서 대단한 생활을 한다고 자랑합니다. 두 사람 중에 믿음이 있는 사람이 뜨거운 숯 위에 올라서서 주기도문을 암송해 보세요!"라고 말했다. 사부 팔라몬은 크게 노하여 "네 마음에 그처럼 악한 생각을 넣은 귀신은 저주를 받을지어다. 그만하거라"라고 대꾸했다. 그러나 형제는 순종하지 않았다. 그는 자신에게 교만을 넣어준 마귀의 힘 덕분에 뜨거운 숯불에 올라서서 기도했는데도 두 발이 전혀 타지 않았다. 그는 자랑스럽게 수실로 돌아갔다.

파코미우스는 팔라몬에게 "아버지여, 뜨거운 숯불 위에 서 있어도 전혀 화상을 입지 않은 형제를 보면서 내가 두려웠다는 것을 주님은 아십니다!"라고 말했다. 팔라몬은 "아들 파코미우스여, 그 사람을 존경하지 마세요. 귀신의 개입에 의해서 그 형제의 두 발이 화상을 입지 않도록 허락하신 분은 주님입니다. 하나님은 교활한 자들에게 교활한 방법들을 보내십니다. 장차 그 형제에게 임할 시련들을 알게 된다면, 당신은 그의 불행으로 인해 눈물을 흘릴 것입니다"라고 말했다.

며칠 후 그 교만한 형제가 수실에 있을 때 전에 그를 미혹하여 교만하게 만들었던 마귀가 아름다운 여인의 모습을 하고서 수실 문을 두드렸다. 형제는 문을 열어 주었다. 여인의 모습으로 가장한 마귀는 "내 주 아버지여, 부탁합니다. 수실에서 아침까지 지내게 해주세요. 나는 빚에 시달리고 있는데 갚을 돈이 없어요"라고 말했다. 그 형제는 마음의 눈이 멀었기 때문에 여인을 들여서는 안 된다는 것을 분별하지 못했고 여인을 수실에 들이는 것을 오히려 기뻐했다. 이윽고 마귀가 그의 정신에 악한 육적 욕망의 화살을 쏘기 시작했기 때문에, 그는 여인과 함께 죄를 범하려 했다. 마귀는 갑자기 그를 내리치고 다음 날까지 매우 괴롭혔다.

정신이 든 형제는 팔라몬에게 달려가서 무릎을 꿇고 눈물을 흘리면서 말했다: "내 주 아버지여, 당신의 거룩한 기도로 나를 떠받쳐 주십시오. 내가 자초한 상황을 불쌍히 여겨 달라고 주께 기도해 주세요. 나를 도와주십시오. 나는 시련에 빠져 있습니다. 내 타락의 원인은 나 자신입니다. 당신은 여러 번 내 영혼에 유익한 것을 가르쳐 주셨지만 나는 교만하게도 당신의 말을 듣고 구원받기를 거부했습니다. 나에게 화가 있을 것입니다!" 사부 팔라몬과 파코미우스는 이 형제의 낙담이 큰 것을 보고서 슬피 울면서 그를 데리고 들어가 불행을 극복하게 해주었다. 그들이 함께 기도하고 있을 때 마귀는 다시 그를 내리치고 괴롭혔다. 두 사람은 그가 회복하여 그들 앞에 일어설 때까지 그를 내려다보면서 눈물을 흘리며 주께 기도했다. 그들은 형제를 붙들고 한적한 곳으로 데려가서 주님이 더러운 영을 제거해주실 때까지 머물게 했는데, 형제는 내면에 거하고 있는 귀신의 힘에 의해서 커다란 통나무로 두 사람을 죽이려 했다. 그들은 그를 놓쳤는데, 그는 곧바로 북쪽으로 달려가 산을 넘어 스민(Smin)[2]으로 가서 목욕탕 화덕에 몸을 던져 불에 타죽었다.

사부 팔라몬은 이 불쌍한 형제의 영혼 때문에 매우 슬퍼했다. 그는 파코미우스와 이웃 형제들, 그리고 그 산에 거주하는 사람들에게 그 형제의 이야기를 하곤 했다. 팔라몬은 그들의 아버지요 위로자였기 때문이었다. 그는 그들 앞에서 종종 그 불쌍한 형제를 기억했고, 무력한 영에 굴복한 사람에게는 그 불쌍한 사람의 영혼과 육신에 임한 결과를 보라고 말했다. 형제들은 팔라몬에게서 이 두려운 말을 들으면서 담대하게 자신을 지켜 구원받기로 다짐했다. 팔라몬의 본보기를 볼 때에 그들의 두려움은 한층 더 컸는데,

---

[2] 스민(Smin)은 오늘날의 아크밈(Akmim)인데, 팔라몬이 거처한 광야에서 약 50마일 거리에 있었다.

이는 그가 항상 육체 안에 그리스도의 십자가를 지고 있었기 때문이다.

15. 파코미우스의 금욕고행

파코미우스는 중요한 훈련, 강도 높은 금욕고행, 성경 낭송 등에 더욱 힘썼다. 그는 아주 편안히 성경을 낭송하기로 마음먹었다. 그는 주로 사막, 사막을 둘러싸고 있는 아카시아 숲, 그리고 멀리 떨어진 사막 등지에서 고행을 실천했다. 혹시 가시에 두발을 찔리면 십자가 위에서 주님을 찌른 못을 기억하면서 움직이지 않고 참고 견뎠다.

16. 파코미우스가 병들다

사부 팔라몬은 그 산에 정착하여 살고 있는 모든 사람들과 접촉했다. 그들은 팔라몬을 존경했고, 동요하거나 주저함이 없이 행하는 그의 담대함에 경탄했다. 그러나 팔라몬은 지나친 고행 때문에, 특히 고령에도 불구하고 쉬지 않고 고행을 했기 때문에 비장에 병이 들었다. 그가 병으로 고생하는 것을 본 서몇몇 원로들과 가까운 이웃들이 유명한 의사를 데려왔다. 진찰을 마친 의사는 "이 병은 의사가 치료할 병이 아닙니다. 이 사람은 금욕고행 때문에 기력이 쇠한 것이니 적절한 음식을 먹으면 건강해질 것입니다"라고 말했다. 형제들은 기도하면서 팔라몬에게 의사의 말대로 하라고 권고했고, 팔라몬은 형제들의 말을 받아들여 환자들이 먹는 음식을 먹었다.

며칠 동안 음식을 먹은 후, 팔라몬은 자신의 건강이 회복되지 않으리라고 생각하여 형제들에게 이렇게 말했다: "썩어질 음식을 먹는다고 해서 병이 낫는다고 생각하지 마십시오. 치유와 건강은 우리 주 예수 그리스도를 통해서 오는 것입니다. 그리스도의 순교자들이 그리스도에 대한 믿음으로 말미암아 사지가 절단되거나 효수되거나 화형을 당하며, 또 죽기까지 인내했는데, 병을 앓아 내 몸이 약해지는 것이 당연한 일이 아닙니까? 내가 여러분의 말에 순종하여 몸을 건강하게 해줄 수 있다고 생각되는 음식을 먹었지만 고통은 그대로입니다." 그는 다시 금욕고행을 시작했다. 주님은 그의 한결같은 용기를 보시고서 고통을 덜어 주시고 병을 고쳐 주셨다.

17. 파코미우스가 수도원을 세우라는 소명을 받다

젊은 파코미우스는 매사에 팔라몬을 본받으려고 노력했다. 어느 날 그는 늘 하던 대로 사막 건너편에 있는 아카시아 숲을 향해 출발했다. 약 16km를 걸어서 강변에 있는 타벤니시(Tabennisi)라는 황폐한 마을에 도착했다. 그 마을에 들어가서 기도하라는 영감을 받은 그는 그곳에 들어가서 두 팔을 들고 주님의 뜻을 알려 달라고 기도했다. 한참 기도하는데 하늘에서 "파코미우스야, 파코미우스야, 이곳에 거주하면서 수도원을 지어라. 장차 많은 사람들이 너와 함께 수도생활을 하려고 찾아와서 영혼에 유익을 얻을 것이다"라는 음성이 들려왔다. 그는 즉시 팔라몬에게 돌아가서 자신이 들은 것을 말씀드렸다.

팔라몬은 눈물을 흘리면서 이렇게 말했다: "네가 7년 동안 나에게 순종하면서 함께 지냈는데, 이제 늙은 나를 두고 떠나려느냐? 그러나 주님의 뜻대로 이루어지기를 바란다. 네가 처음에는 꿈을 꾸었지만, 두 번째에는 주님이 너에게 명하신 이 일이 실현되기를 바란다. 내 아들아, 우리가 함께 남쪽으로 가서 너를 위해 작은 수실을 짓자. 내가 주님의 부름을 받아 세상을 떠날 때까지 서로 교대로 방문하기로 하자." 두 사람은 함께 남쪽으로 가서 수실을 지었다. 두 사람은 하나님의 사랑 안에서 서로를 방문했는데, 팔라몬은 파코미우스에게 여러 가지에 관해 조언을 해주었다.

18. 팔라몬이 병들어 죽다

오래지 않아 팔라몬이 병이 들었다. 형제들은 사람을 남쪽에 머물고 있는 파코미우스에게 보냈고 파코미우스는 서둘러 북쪽으로 와서 팔라몬의 시중을 들었다. 팔라몬은 에핍 월 25일 10시에 팔라몬은 평화로이 운명했다(AD. 323). 형제들은 밤새도록 팔라몬을 둘러싸고 시편을 읽고 찬송했다. 성찬예배 시간이 되어 팔라몬을 위해 성찬식을 거행한 후에 그의 수실에서 조금 떨어진 산으로 운구하여 매장했다. 형제들은 사부 팔라몬에게서 받은 위로를 기억하면서 각기 수실로 돌아갔다. 많은 형제들은 "우리는 고아가 되었습니다"라고 말했다. 파코미우스는 남쪽의 수실로 돌아갔다. 그는 팔라몬의 죽음 때문에 슬피 탄식하면서 하나님을 찬미했고 한층 더 엄격한 고행을 실천했다.

19. 파코미우스의 형 요한이 찾아와서 함께 생활하다

파코미우스의 형 요한(John)은 동생이 홀로 지낸다는 소식을 듣고서 배를 타고 북쪽에 있는 동생을 찾아왔다(AD 323년경). 파코미우스가 징집된 이후 두 형제는 한 번도 만난 적이 없었다. 요한은 타벤니시에서 동생을 만나 얼싸 안았다. 파코미우스는 형에게 하나님의 말씀을 전했고 형은 수도사가 되었다. 형제는 "우리가 항상 예수의 죽음을 몸에 짊어짐은 예수의 생명이 또한 우리 몸에 나타나게 하려 함이라 우리 살아 있는 자가 항상 예수를 위하여 죽음에 넘겨짐은 예수의 생명이 또한 우리 죽을 육체에 나타나게 하려 함이라"(고후 4:10-11)는 사도 바울의 말처럼 그리스도의 십자가를 지고 다니면서 함께 고행을 실천했다.

두 형제는 노동을 하여 번 것 중에서 자기들에게 필요한 것을 제외하고는 모든 것을 다른 사람들에게 주면서 자기부인의 삶을 실천했다. 그들은 입고 있는 옷이 낡았기 때문에 수도복 상의를 사서 둘로 잘라 입었다. 또 두건을 샀고 두 사람이 입을 외투 한 벌도 구입했다. 그들은 상의가 더러워지면 세탁하여 마를 때까지 교대로 외투를 입고 지냈다. 이렇게 극도의 자기부인을 실천하면서 매일 빵 두 덩이와 약간의 소금 외에 다른 것을 먹지 않았다.

그들은 짐승털로 짠 고행복을 입고 아주 더운 곳에서 저녁부터 새벽까지 기도했다. 졸음을 쫓기 위해 두 팔을 펴고 기도했는데, 손과 발을 전혀 움직이지 않았다. 그들은 잠을 쫓기 위해서 밤새도록 거의 무릎을 굽히지 않고 서 있었기 때문에 두 발이 부어올랐다. 또 많은 각다귀들이 물어 뜯어 두 손은 피투성이가 되었다.

그들은 약간의 잠이 필요할 때면 기도하는 곳 중앙에 앉곤 했는데 절대로 벽에 기대지 않았다. 낮에 노동을 하는 동안 햇볕이 아주 뜨겁게 내리쬐여도 하던 일을 마치기 전에는 다른 곳으로 이동하지 않았다. 그들은 "누구든지 나를 따라오려거든 자기를 부인하고 자기 십자가를 지고 나를 따를 것이니라"(마 16:24)고 하신 복음의 말씀을 성취했다.

찾아오는 많은 사람들 때문에 어느 날 파코미우스는 건물을 증축하고 있었다. 그런데 형 요한은 내심 그들이 독거생활을 하기를 원했다. 파코미우스는 자기들이 짓고 있는 건물의 벽을 형이 망가뜨리고 있는 것을 보고서 "바보같은 짓을 그만두세요!"라고 말했다. 형은 섭섭하여 성을 냈고 파코미우스는 "화낸 것을 용서해 주세요"라고 말했다. 저녁 무렵 파코미우스는 지하실로 내려가서 아침까지 밤새도록 기도했다.

그는 이렇게 기도했다. "슬프도다. 내 안에 육의 정신이 있으니 나는 죽을 것입니다. 성경에 육의 생각은 사망이라고 기록되어 있습니다(롬 8:6, 13). 주님, 내가 선한 이유에서든지 부당하게든지 시험을 받아야 한다면 나를 불쌍히 여겨 버림을 받지 않게 해주십시오. 만일 원수가 조금씩 내 안에서 머물 곳을 발견한다면, 결국 나를 정복할 것입니다. 그러므로 성경은 '누구든지 온 율법을 지키다가 그 하나를 범하면 모두 범한 자가 되나니'(약 2:10)라고 말합니다. 만일 주께서 자비로 나를 도우신다면 성도들의 길을 걸어가며 앞에 있는 것을 잡으려고(빌 3:13) 나아갈 것입니다. 성도들은 주님의 도우심을 받아 원수를 물리쳤습니다. 내가 육신의 생각 정복하기를 시작하지 않고서 어찌 주님의 부르심을 받아 나와 함께 이 생활할 사람들을 가르치겠습니까?"

파코미우스는 이런 식으로 아침까지 계속 기도한 후에 지하실에서 올라와 형을 불러 함께 기도했다. 파코미우스는 스스로 고행을 하면서 기도를 마친 후에 겸손하게 "형님, 화낸 것을 용서해 주세요"라고 말했다.

20. 형 요한이 파코미우스의 믿음을 증언하다

어느 날 파코미우스와 형 요한이 갈대를 불리기 위해 물에 던져 넣고 있었는데, 갑자기 악어가 나타났다. 요한은 뛰어 강변으로 도망치고는 동생에게 "서둘러 강변으로 도망쳐. 그렇지 않으면 악어에게 잡혀 먹힐 테니"라고 소리쳤다. 파코미우스는 웃으면서 "형님, 짐승들이 제 마음대로 행동한다고 생각하세요? 그렇지 않아요"라고 말했다. 그때 또다시 악어가 물위로 올라와서 파코미우스에게서 거의 1.5m 떨어진 곳까지 다가왔다. 파코미우스는 손으로 물을 퍼서 악어의 머리에 부으면서 "주께서 앞으로 네가 다시는 이곳에 나타나지 못하게 하실 것이다"라고 말했고, 악어는 곧 물속으로 사라졌다. 파코미우스가 물에서 나오자 요한은 동생에게 달려가서 입과 손과 발에 입을 맞추고 "애야, 내가 육체적으로는 너의 형이면서도 너를 형이라고 부르는 이유를 주님은 알고 계시다. 그런데 주님에 대한 너의 견고한 믿음 때문에 오늘부터는 너를 아버지라고 부르겠다"고 말했다. 요한은 죽는 날까지 영성 훈련과 수덕을 실천했다.

21. 마귀의 시험을 받은 파코미우스

하나님은 파코미우스를 단련시키고 사람들에게 유익을 주기 위해서 마귀가 그를 여러 번 크게 시험하는 것을 허락하셨다. 마귀는 공개적으로 그를 공격하기 시작했다. 파코미우스가 기도하려고 무릎을 꿇을 때면 마귀는 그를 놀라게 하여 기도하지 못하게 하려고 그의 앞에 구덩이를 만들곤 했다. 그러나 파코미우스는 미혹하는 자의 간계를 알고 있었기 때문에 믿음으로 무릎을 꿇고 하나님을 찬미하며 그리스도께 감사함으로써 마귀를 부끄럽게 만들었다. 또 파코미우스가 맡은 일에 종사할 때면 마귀들은 마치 사령관 앞에서 행진하는 군인들처럼 두 줄로 서서 파코미우스의 앞을 지나가면서 그를 속여 자기들을 바라보게 만들려고 "하나님의 사람을 위해 길을 예비하라"고 말했다. 그러나 하나님의 사람 파코미우스는 하나님을 향한 소망으로 말미암아 마귀들을 바라보지 않았고 오히려 그들을 무력한 피조물이라고 조롱했는데, 그러면 즉시 마귀들은 사라졌다. 때로 마귀들은 파코미우스로 하여금 두렵게 만들기 위해서 그의 수실을 무너뜨릴 듯이 흔들었는데, 그럴 때면 파코미우스는 "하나님은 우리의 피난처시요 힘이시니 환난 중에 만날 큰 도움이시라 그러므로 땅이 변하든지 산이 흔들려 바다 가운데에 빠지든지 바닷물이 솟아나고 뛰놀든지 그것이 넘침으로 산이 흔들릴지라도 우리는 두려워하지 아니하리로다"(시 46:1-

3)라고 말하곤 했다.

한번은 그가 앉아서 일하는데 마귀가 수탉의 모습을 하고 그의 앞에 나타나서 울어댔다. 그러나 파코미우스는 눈을 꼭 감고 쳐다보지도 않고 움직이지도 않았다. 자기들이 무력하여 파코미우스를 속일 수 없다는 것을 깨달은 마귀들은 마치 지루한 일을 하고 있는 사람들의 무리인 듯 길고 두꺼운 밧줄 모양의 물체를 가져와서는 마치 큰 바위를 다른 곳으로 옮기기 위해 밧줄로 묶는 체했다. 마귀들은 파코미우스로 하여금 그 모습을 보고 웃게 만들려고 크게 소리치면서 이 일을 했다. 그러나 파코미우스는 두 팔을 벌리고 탄식하면서 마귀들이 사라질 때까지 기도했다. 파코미우스가 앉아서 빵을 먹을 때면 마귀들은 벌거벗은 여인의 모습을 하고 앉아서 함께 빵을 먹었다. 그럴 때면 하나님의 사람 파코미우스는 그것들이 사라질 때까지 육신의 눈과 마음의 눈을 꼭 감았다.

"내가 내 원수를 뒤쫓아가리니 그들이 망하기 전에는 돌아서지 아니하리이다"(시 18:37)라는 말씀처럼, 파코미우스는 자신을 공격하는 자들을 물리칠 때까지 잠을 자지 않게 해 달라고 주께 부탁했다. 주님은 얼마 동안 그 부탁을 들어주셨고, 마귀들은 치욕스럽게 파코미우스에게 쫓겨났고 그를 두려워했다.

22. 파코미우스의 소명에 관한 환상

어느 날 파코미우스는 혼자서 골풀을 꺾고 있었다. 늘 하던 대로 그곳에서 철야기도를 하고 있을 때 주의 천사가 나타나서 "파코미우스야, 파코미우스야, 사람들을 보살펴 주님과 연합하게 하는 것이 주님의 뜻이다"라고 세 번 말했다. 천사가 사라진 후 파코미우스는 "이 환상은 주님이 주신 것이다"라고 생각했다. 그는 골풀 채집을 마치고 수도원으로 돌아갔다.

23. 파코미우스가 최초의 제자들을 받아들이고 그들을 섬김

하나님의 섭리로 말미암아 프센타에시(Psentaesi)와 소우로우스(Sourous)와 프소이(Psoi)가 파코미우스를 찾아와서 "우리는 수도사가 되어 당신과 함께 그리스도를 섬기고 싶습니다"라고 말했다 (AD 324년경). 파코미우스는 대화를 하면서 이 사람들이 부모를 버리고 구주를 따를 수 있을지 알아보았다. 그들의 뜻이 바른 것을 알았기 때문에 그들에게 수도복을 주고 동료로 삼았다. 거룩한 공동체에 합류한 그들은 금욕 수행에 힘썼다.

파코미우스는 이 세 동료에 대해서 "그들은 아직 다른 사람을 섬길 수 있는 단계에 도달하지 못한 초심자들입니다"라고 말했다. 그렇기 때문에 그는 그들에게 "여러분의 구원을 위해서 받은 소명을 굳게 지키려고 노력하십시오"라고 말하면서 노동을 시키지 않았다. 그는 수도원에서 홀로 채소를 경작하거나 음식을 준비했고, 수도원 문을 두드리는 사람이 있으면 직접 문을 열어 주었다. 또 이 세 형제들 중 누가 병이 들면 회복될 때까지 보살펴 주었다.

그들이 파코미우스에게 "아버지께서 혼자서 수도원의 모든 일을 하시는 모습을 보니 슬픕니다"라고 말하면, 파코미우스는 "소에 멍에를 씌워 물레방아를 돌리게 하고서 돌보지 않아 쓰러져 죽게 하는 사람이 없듯이, 주님도 내가 피곤한 것을 보시면 우리를 도와 모든 선한 일을 할 수 있는 사람들을 보내 주실 것입니다"라고 말했다.

그는 이들을 위해 흠잡을 데 없는 생활방식과 전통들을 확립했다. 그는 의식주에 있어서 완전히 평등하게 살았다.

24. 제자들을 받아들인 것 및 그들 중 일부를 쫓아냄

파코미우스의 경건에 대한 명성이 이집트 전역에 퍼졌다. 어느 곳에서 다섯 형제가 은둔생활을 하고 있었다. 그들은 하나님의 일을 하는 데 있어서 용감했다. 그들의 이름은 다음과 같다: 사부 페코스(Pecos), 사부 코르넬리오스(Cornelios), 사부 폴(Paul), 사부 파코미우스(Pachomius), 사부 요한(John). 이들은 파코미우스의 건전한 믿음에 대한 소문을 듣고서 그를 찾아왔고, 파코미우스는 성령 안에서 기뻐하며 그들을 받아들였다. 또 트바캇(Thbakat)이라는 지역 강 상류에서 살던 오십 명이나 되는 사람들도 소문을 듣고 그를 찾아왔고, 그는 그들을 받아들였다. 그러나 파코미우스는 그들이 육적인 마음을 품고 있는 것을 알았기에 쫓아냈다. 그 후 주님이 파코미우스를 찾아온 많은 사람들의 마음에서 역사하셨고, 파코미우스는 그들을 받아들여 하나님의 법 안에서 가르쳤다.

25. 파코미우스가 마을에 교회를 세우다; 후일 수도원 안에 교회를 세우다

파코미우스를 찾아와 타벤니시 마을에서 함께 살려는 사람들이 많았기 때문에, 파코미우스는 형제들이 모여 예배할 수 있는 교회를 지었다. 또 그 마을 주위에는 사람들이 많았다. 그들이 매우 가난했기 때문에, 파코미우스는 그들의 제물을 관할했다. 그는 토요일이면 성찬에 사용할 떡과 포도주를 얻으려고 그들을 데리고 나갔다. 그는 사람들을 위해 성경을 읽어 주었는데, "음욕을 품고 여자를 보는 자마다 마음에 이미 간음하였느니라"(마 5:28)는 복음서의 말씀을 따라서 조심해서 시선을 두었다.

형제들이 백 명이 되었을 때 파코미우스는 그들이 수도원 내에서 하나님을 찬양할 수 있게 하려고 교회를 지었다. 그러나 형제들 중에 성직자 계층의 사람이 없었기 때문에 주일 아침에 수도원에서 성찬식을 거행하기 위해 성직자가 찾아오는 토요일 저녁이면 파코미우스는 성찬식을 위해 타벤니시 마을로 가곤 했다. 사실 파코미우스는 질투심이나 허영심을 경계했기 때문에 수도원 안에 성직자들을 두려 하지 않았다. 그는 종종 이 주제에 관해 그들에게 이렇게 말하곤 했다: "우리의 코이노니아가 다툼과 시기와 질투, 또 하나님의 뜻을 거슬러 많은 수도사들 사이에서 일어나는 분열의 계기가 되지 않으려면 그런 것을 추구하지 않는 편이 낫습니다. 타작마당에 떨어진 불티를 빨리 제거하지 않으면 일 년 농사를 잃게 되듯이, 화려함이나 영광을 받으려는 생각도 초기에 제거해야 합니다. 하나님의 교회를 존경하며 복종해야 합니다. 그리하면 우리가 특정 시간에 받아들일 사람, 그리고 감독들에 의해 세워진 사람이 그 직무를 제대로 수행할 수 있을 것입니다." 혹 수도사가 되려고 찾아온 성직자가 의로운 사람임을 알게 되면, 그를 수도사로 받아들였다. 파코미우스는 그 사람의 성직을 존중했지만 그로 하여금 자발적으로 형제들을 위해 제정된 규칙 안에서 다른 형제들과 동일하게 행하게 했다.

26. 공동체 최초의 조직

파코미우스는 유능한 형제 몇 사람을 조력자로 임명하여 형제들의 영혼을 보살피게 했다. 그리고 그들 중 한 사람을 수도원의 수장, 즉 덜 중요한 책무를 맡은 사람들의 우두머리로 임명했고, 그 밑에는 그를 도와 형제들을 위해 음식을 준비하고 식탁을 차릴 사람을 임명했다. 또 한 형제에게는 양식을 마련하고 병자들을 돌보는 임무를 맡겼다. 혹시 누가 식탁에 차려진 음식이나 환자들이 남긴 음식을 먹으려 하지 않으면 누구도 그것을 막지 않았다. 또 소금으로 맛을 낸 것과 같이 말하는(골 4:6) 형제들을 출입구에 배치하여 각자의 계층에 따라 방문객들을 맞이하게 했다. 이 문지기들은 수도사가 되려고 찾아온 사람들을 파코미우스가 수도복을 입힐 때까지 교육했다. 파코미우스는 특히 경건한 형제들에게 물품을 팔고 사는 일을 맡겼다. 각각의 수도원(house)에서 봉사를 맡은 형제들은 삼주에 한 번씩 교대했다. 그들은 사감이 배정한 임무를 두렵고 떨림으로 행했다. 파코미우스는 사감과 함께 일할 형제들, 상점에서 일할 형제들, 매트를 만드는 곳에서 일할 형제들을 임명하고 순종하게 했다. 파코미우스는 일주일에 세 번 가르쳤는데, 토요일에 한 차례 가르치고, 일요일에 두 차례 가르쳤다. 한편 사감들은 두 번의 금식일에 가르쳤다.

27. 파코미우스의 누이가 수녀원을 세우다움

파코미우스의 누이 메리는 어려서부터 순결을 지켜왔다. 그녀는 파코미우스의 소식을 듣고서 그를 만나려고 타벤니시로 왔다.

누이가 도착했다는 소식을 듣고서 파코미우스는 수도원 문을 지키는 형제를 보내어 다음과 같이 말하게 했다: "누님은 내가 살아 있다는 소식을 들었습니다. 그동안 나를 만나지 못했다고 해서 괴로워하지 마세요. 나와 함께 이 거룩한 생활을 하여 하나님 앞에서 자비를 얻으려면, 당신 자신을 철저히 성찰하십시오. 형제들이 누이가 침거할 곳을 지어줄 것입니다. 주님은 많은 사람들을 누이에게 보내주실 텐데, 그들은 누이 덕분에 구원을 받을 것입니다. 육신을 떠나 심판을 받고 행한 대로 상을 받을 장소로 이끌려 가기 전에는 사람에게 선을 행하는 것 외에 다른 소망이 없습니다." 파코미우스의 누이는 문지기에게서 이 말을 전해 듣고서 눈물을 흘리며 충고를 받아들였다. 누이가 선하고 의로운 생활을 하기로 결심했음을 알게 된 파코미우스는 즉시 형제들을 보내어 자신이 거주하는 수도원에서 조금 떨어진 곳에 작은 예배실이 딸린 수녀원을 짓게 했다. 후일 그녀의 소문을 듣고 많은 사람들이 찾아와 함께 생활했다. 그들은 그녀와 함께 열심히 금욕고행을 실천했다. 그녀는 죽을 때까지 그들의 어머니요 존경받는 어른 역할을 했다.

수도생활을 하려는 여인들이 증가했기 때문에, 파코미우스는 소금으로 맛을 낸 것같이 말하는 사부 피터를 그들의 아버지로 임명하고서 그들의 구원을 위해 종종 성경에 관해 설교하게 했다. 그리고 형제들의 규칙서를 기록하여 피터를 통해 그들에게 보내어 학습하게 했다.

아직 완전함에 이르지 못한 형제가 수녀원에 있는 친척을 만나려 하면 파코미우스는 사감의 지시를 통해서 그 형제를 사부 피터에게 보냈고, 사부 피터는 수녀원장에게 소식을 전하여 형제의 친척 수녀를 데리고 나오게 했다. 그들은 매우 예의바르게 앉아서 이야기를 나눈 후 자리에서 일어나 기도하고 헤어졌다.

수녀가 죽으면 시신을 예배실로 가져가고, 먼저 수녀원장이 수의를 입혔다. 그 다음에 사부 피터가 파코미우스에게 사실을 알리면, 파코미우스는 경험이 많은 형제들과 피터를 수녀원으로 보냈다. 그들은 집회실 입구에 서서 장례 준비를 마칠 때까지 엄숙하게 시편을 찬송했다. 그 후 시신을 들것에 실어 산으로 갔다. 수녀들이 들것 뒤를 따라가는데, 그들의 앞에는 수녀원장이 서고 뒤에는 사부 피터가 섰다. 그들은 고인을 위해 기도하면서 시신을 매장한 후 슬퍼하면서 거처로 들어갔다.

사부 피터가 죽은 후 파코미우스는 유능한 사부 티토우에(Titoue)에게 그 직무를 맡겼다.

28. 아타나시우스가 테바이드 지방을 방문하다

사부 아타나시우스는 알렉산드리아의 대주교로 임명된 후(AD 328) 교회들을 위로하기 위해서 아스완까지 여행하려는 목적을 가지고 테바이드로 왔다(AD 329-330). 아타나시우스가 감독들의 수행을 받으며 오는 것을 보고서, 파코미우스도 형제들의 수행을 받으면서 나가 영접했다. 그들은 시편 찬송을 부르면서 아타나시우스를 수행하여 수도원 안으로 들어갔다. 아타나시우스는 수도원 집회실과 형제들의 수실에서 기도했다. 니텐토리(Nitentori)의 감독 사라피온(Sarapion)은 대주교의 손을 붙잡고 입을 맞추고서 "수도사들의 아버지인 파코미우스를 사제로 임명하여 내 교구의 수도사들을 감독하게 해주십시오. 그는 하나님의 사람입니다. 안타깝게도 그는 이 문제에 있어서 나에게 복종하지 않습니다"라고 말했다. 그 즉시 파코미우스는 군중들 사이로 사라져버렸다.

대주교는 사람들과 함께 자리에 앉은 후 사라피온 "당신이 말하는 파코미우스의 믿음에 대해서는 알렉산드리아에 있을 때부터, 내가 감독이 되기 전부터 들어 알고 있습니다"라고 말하고 자리에서 일어나서 기도하고 파코미우스의 아들들에게 이렇게 말했다: "여러분의 아버지에게 가서 이렇게 전하십시오: '당신은 우리에게서 몸을 숨겨 시기와 불화와 질투로 이끄는 것에게서 도망쳐서 보다 선한 것, 항상 그리스도 안에 거하는 것을 선택했습니다. 그러므로 주께서 당신의 소원을 들어주실 것입니다. 이제 당신이 헛되고 덧없는 영광 앞에서 도망쳤으니, 나는 당신에게 그런 일이 일어나지 않기를 원합니다. 뿐만 아니라 그러한 일이 결코 일어나지 않으며 당신이 결코 성직을 갖지 않게 해 달라고 지극히 높으신 하나님께 기도할 것입니다. 그럼에도 불구하고 만일 하나님의 뜻으로 말미암아 우리가 다시 당신을 찾아온다면 당신의 놀라운 믿음을 보게 되기를 원합니다!'" 이렇게 말한 후 그는 등불과 촛불과 향로를 든 많은 사람들과 감독들을 거느리고 그곳을 떠나 남쪽을 향했다. 대주교가 떠난 후 파코미우스는 숨어있던 곳에서 나왔다.

29. 테오도르가 파코미우스의 소문을 듣다

어느 날 북쪽 지방을 다녀오던 수도사가 도착했다. 타벤니시에 도착했을 때 날이 저물었기 때문에 그 수도사는 수도원에 묵게 해 달라고 부탁했다. 파코미우스는 형제들에게 그를 형제로서 사랑으로 대접하라고 명했다. 형제들이 식사를 마친 후 파코미우스가 자리에 앉아 하나님의 말씀을 전할 때 그 형제도 다른 형제들과 함께 앉아서 들었다.

그 형제가 남쪽 지방의 스네(Sne) 교구에 있는 자기의 수도원에 돌아온 후 형제들은 늘 하던 대로 저녁에 모였다. 그들은 식사를 마친 후에 모여 각기 자신이 알고 있는 성경을 암송하곤 했다. 그 날 밤 모인 형제들은 각기 자신이 암송한 것이나 다른 형제들에게서 들은 것을 발표했다. 훌륭한 가문의 아들인 테오도르(Theodore)

라는 젊은이가 그곳에 참석하여 형제들의 말을 귀담아 들었다. 그는 한마디도 하지 않고 침묵했다.

북쪽에 다녀온 형제는 다음과 같이 말했다: "형제들이여, 내가 어느 경건한 분에게서 들은 말과 주석에 대해 이야기하겠습니다. 나는 이곳으로 돌아오던 중에 타벤니시에 있는 파코미우스의 수도원에서 하룻밤을 지냈습니다. 저녁 무렵 파코미우스는 주위에 모인 형제들에게 하나님의 말씀을 전했습니다. 그분은 성막과 지성소를 두 민족에게 적용하여 말했습니다. 첫째 민족은 바깥 성막으로서, 그들의 예배는 희생제사와 가시적인 떡 안에 존재합니다. 반면 지성소는 이방인들의 부름으로서, 복음에 의하면 그것은 율법의 완성입니다. 성막 안에서 발견되는 것들에는 영광이 가득합니다. 그곳에는 동물을 바치는 제사가 아니라 분향단, 영적인 떡, 즉 율법 및 거기서 발견되어야 하는 모든 것이 담겨 있는 언약궤가 있습니다. 또 등불 대신에 하나님이 소멸하는 불로서 나타나시는 속죄소, 즉 육신을 입고 나타나심으로써 우리의 죄사함이 되신 분, 인간이 되신 말씀 하나님이 계십니다."

그 형제는 그 말의 해석과 주석을 마친 후에 "나는 지금 여러분 앞에서 이름을 밝힌 그 의로운 사람을 기억했기 때문에 하나님이 나의 많은 죄를 사해 주실 것이라고 확신합니다"라고 말했다. 형제들은 파코미우스의 위대한 지식에 경탄했다. 모임을 마친 후에 형제들은 기뻐하면서 각기 수실로 돌아갔다.

젊은 테오도르도 수실에 돌아갔다. 그날 밤 파코미우스에 대해 들은 말로 마음이 뜨거웠다. 그는 즉시 일어나 문제의 그 형제의 수실에 가서 파코미우스에 대해 질문했다. 그 형제는 파코미우스가 어떻게 사람들을 영접하여 주님이 기뻐하시는 일을 하면서 그들의 덕을 함양하는지 말해 주었다. 테오도르는 형제에게서 파코미우스에 대한 이 말을 듣고서 수실로 돌아가서 눈물을 흘리면서 주께 "모든 성도들의 하나님이신 주여, 당신의 뜻이라면 당신의 종인 사부 파코미우스를 만나게 해 주십시오"라고 오래도록 기도했다.

30. 테오도르가 타벤니시에 도착하다

그로부터 얼마 후 파코미우스는 사부 페코스(Pecoš)를 남쪽 지방으로 보내어 형제들을 섬기게 했다. 하나님의 섭리로 말미암아 페코스는 남쪽으로 여행하던 중 테오도르가 살고 있는 수도원에 묵기를 요청했다. 그 말을 들은 형제는 즉시 테오도르에게 "이 위대하신 분은 파코미우스의 수도원에서 오셨습니다"라고 전해 주었다. 테오도르는 페코스에게 자기를 데리고 가서 파코미우스를 만나게 해 달라고 부탁했다. 페코스는 테오도르에게 신상에 관해 질문했다. 테오도르가 스네(Sne)의 유명한 가문의 아들이라는 것을 알게 된 그는 두려워하면서 "당신의 부모님 때문에 나는 당신을 데리고 갈 수 없습니다"라고 말했다. 페코스 일행이 북쪽을 향해 항해할 때에 테오도르도 길을 떠나 그들과 나란히 걸어갔다. 배에 오른 형제들은 테오도르를 보고서 페코스에게 "사부님과 함께 가기를 청했던 청년이 저기 있습니다. 그 청년은 아침부터 계속 우리를 따라오고 있습니다"라고 말했다. 페코스는 즉시 배를 육지에 대게 하고서 테오도르를 배에 태웠다. 북쪽 지방에 도착했을 때 페코스는 테오도르를 사부 파코미우스에게 소개했다. 테오도르는 파코미우스의 손과 발에 입 맞추고 수도원 문에도 열정적으로 입을 맞추었다. 그런 후에 그는 얼굴을 돌리고 울면서 "내 주 하나님, 당신을 찬미합니다. 당신은 내 기도를 들어주셨습니다"라고 말했다. 테오도르가 눈물 흘리는 것을 본 파코미우스는 "아들이여, 울지 마시오. 나는 당신의 아버지의 종입니다"라고 말했는데, 여기서 "당신의 아버지"란 하나님을 언급한 것이었다.

파코미우스는 테오도르를 수도원에 받아들였다. 수도원에 들어간 테오도르는 형제들이 고결하게 생활하는 것을 보았다. 그는 그들의 선행과 덕을 모방했고 내심 '깨끗한 마음, 품위 있고 절제된 말, 죽기까지 절대적인 순종의 실천'을 위해 노력하기로 마음먹었다.

31. 테오도르의 유년 시절

이제 하나님의 영광을 드러내기 위해서 테오도르의 삶을 유아기에서부터 이야기하려 한다. 테오도르는 훌륭한 가문에서 태어났고, 어머니의 사랑을 많이 받았다. 그는 여덟 살 때에 글을 배우기 위해 학교에 입학했는데 매우 지혜로웠다. 열두 살 때에는 금욕하면서 수도사들이 먹는 음식 외에 다른 것을 먹지 않았다. 그는 매일 저녁때까지 금식했고, 때로는 이틀에 한 끼만 먹기도 했다. 어느 주현절(6월 6일) 학교에서 돌아온 테오도르는 가족들이 훌륭한 음식을 준비하고 있는 모습을 보면서 갑자기 "만일 내가 저 음식들과 포도주를 먹고 마신다면 하나님의 영원한 생명을 보지 못할 것이다"라는 이상한 느낌을 받았다. 그는 집 안에 있는 골방으로 가서 무릎을 꿇고 울면서 다음과 같이 기도했다: "나의 주 예수 그리스도시여, 내가 이 세상의 것을 원하지 않는다는 것, 그리고 내가 사랑하는 것은 오직 주님 및 주님의 풍성한 자비라는 것을 주님은 아십니다."

테오도르의 어머니는 아들이 학교에서 돌아온 아들의 모습이 보이지 않았기 때문에 이리저리 찾아다니다가 골방에서 기도하는 아들을 발견했다. 아들의 눈에 눈물이 가득한 것을 보고서 어머니는 "애야, 누가 너를 그렇게 괴롭혔는지 말하면 내가 그 사람을 엄하게 야단쳐 줄테다. 그렇지만 오늘은 축일이니 일어나 가서 음식을 먹자. 나와 네 형제들을 비롯하여 식구들 모두가 아침부터 너를 기다리고 있었단다"라고 말했다. 테오도르는 "가서 식사하세요. 지금은 먹지 않겠어요"라고 대답했다. 그는 먹지도 않고 마시지도 않은 채 다음 날 아침까지 기도했다. 그는 아침에 집을 떠나 스네(Sne) 교구에 있는 수도원으로 가서 경건한 늙은 수도사들과 함께 은둔생활을 했다. 당시 그는 열네 살이었다. 그는 그곳에서 아주 겸손하게 행동하면서 살았다. 6년이 지난 후 전심으로 구하는 사람들을 잊지 않으시는 하나님의 섭리로 말미암아 형제들과 관련된 일 때문에 남쪽 지방에 왔던 늙은 페코스가 테오도르를 파코미우스에게 데려갔다. 이때 테오도르는 20세였다(AD 328년경).

32. 테오도르의 덕의 성장

테오도르가 파코미우스의 수도원에 도착했을 때, 파코미우스는 하나님을 향한 테오도르의 사랑이 어떠한지를 알았기 때문에 기뻐하며 맞이했다. 수도원에 들어간 후 테오도르는 금욕고행과 금식과 철야에 힘썼는데 누구도 그를 능가하지 못했다. 또 그는 큰 자비의 덕을 획득하려고 애썼고, 그 결과 어린 나이에도 불구하고 많은 사람들의 위안자가 되어 위로의 말로 실족한 많은 사람들을 세워 주었다. 테오도르의 덕이 갈수록 성장하는 것을 본 파코미우스는 얼마 후에 하나님이 그에게 많은 영혼을 맡기시리라는 것을 깨달았다.

테오도르는 담대하게 살면서 모든 면에서 크게 성장했다. 그는 파코미우스의 가르침 안에서 성장했고 매사에 그분을 본받아 살았다. 테오도르가 사무엘처럼 성장하며 보편적인 조화를 누리는 것을 본 형제들도 그를 본받기 시작했다. 사부 파코미우스는 형제들에게 시험과 환란을 당할 때에 테오도르에게 가서 위로를 받으라고 말하곤 했고, 형제들은 테오도르를 형제들의 위안자라고 불렀다. 테오도르는 말로써 모든 형제들의 평온함을 회복시켜 주곤 했다. 그는 종종 주께서 형제들의 시험을 종식시켜 주실 때까지 그들과 함께 기도했다.

33. 하나님을 보고픈 테오도르의 열망

파코미우스의 수도원에 들어온 지 채 여섯 달이 안 되었을 때의 일이다. 어느 날 그는 눈물을 흘리면서 파코미우스에게 왔다. 파코미우스는 "왜 울고 있느냐"고 물었다. 왜냐하면 아직 풋내기 수도사인 테오도르에게서 눈물 흘리는 성향을 보고 종종 놀랐었기 때문이다. 테오도르는 "아버지여, 내가 장차 하나님을 볼 것이라고 분명히 밝혀 주십시오. 그렇지 못하다면 내가 세상에 태어난 것이 무슨 유익이 있겠습니까?"라고 대답했다. 파코미우스가 "이 세상에서 하나님을 보기를 원합니까, 아니면 내세에서 보기를 원합니까?"라고 물었더니, 테오도르는 "영원히 지속될 세상에서 하나님을 보기를 원합니다"라고 대답했다. 파코미우스는 이렇게 말했다: "서둘러 '마음이 청결한 자는 복이 있나니 그들이 하나님을 볼 것임이요'(마 5:8)라는 말씀에서 말하는 열매를 맺으세요. 만일 증오나 사악함, 형제를 향한 질투나 시기나 멸시, 인간적인 허영심 등의 더러운 생각이 정신 속에 들어온다면, 즉시 이 말씀을 기억하면서 '내가 이것들 중 어느 것에라도 동의한다면 주님을 보지 못할 것이다'라고 말하세요." 이 말을 들은 테오도르는 주께서 변함이 없는 세상에서 하나님을 보려는 그의 열망을 충족시켜 주시도록 겸손하고 정결한 생활을 하기로 결심했다.

34. 테오도르가 받은 첫째 계시

수도원에 들어간 첫해의 일이다. 어느 날 테오도르는 수실에 앉아서 밧줄을 꼬며 성경 구절을 암송하고 있었다. 그는 마음에 감동이 올 때마다 일어서곤 했다. 성경을 암송하고 있던 그는 수실이 밝아져 깜짝 놀랐다. 눈부시게 빛나는 사람의 모습을 한 두 명의 천사가 나타났다. 한 번도 계시를 받은 적이 없었던 그는 놀라서 수실에서 뛰쳐나가 지붕으로 올라갔다. 그런데 천사들도 지붕으로 와서 그를 두려움에서 벗어나게 해주었다. 그중 한 천사가 "테오도르, 손을 내밀어라!"하고 말했다. 테오도르는 성찬을 받는 사람처럼 손을 내밀었고, 천사는 그의 손바닥에 많은 열쇠를 놓아 주었다. 테오도르는 받은 열쇠들을 오른손으로 쥐었다. 놀라서 하늘을 올려다보니 천사들은 사라져 보이지 않았다. 자기의 두 손을 보니 열쇠들도 보이지 않았다. 파코미우스에게서 "나에게 은밀하게 열쇠들이 주어졌다"는 말을 들었었기 때문에 테오도르는 이 계시를 파코미우스에게 알리지 못한 채 "죄인인 내가 어찌 하나님의 사람인 파코미우스 사부와 등등하게 될 수 있겠는가! 중요한 것은 평생 겸손하게 사는 것이다. 우리는 그것이 하나님의 뜻임을 알고 있다"고 혼잣말을 했다.

35. 테오도르가 금식에 대해 파코미우스와 상담하다

사순절 기간에 테오도르는 파코미우스 사부에게 가서 "우리의 죄사함과 구원이 완성되는 유월절이 엿새이니, 마지막 이틀만 아니라 처음 나흘 동안에도 금식해야 하지 않습니까?"라고 질문했는데, 파코미우스는 다음과 같이 대답했다: "교회의 규칙은 우리가 마지막 이틀에만 함께 모이도록 되어 있습니다. 그리해야 우리가 명령받은 일, 즉 쉬지 않고 드리는 기도, 철야, 하나님의 법 낭송, 성경에서 명령했고 가난한 사람들을 구제하기 위해 행해야 할 노동 등을 성취할 힘을 소유할 수 있습니다. 독수도 생활을 하는 사람들은 물론이요 이런 일들을 행하는 사람들은 쉴 새 없이 괴롭히곤 하는 인간적인 짐들로부터 해방됩니다. 그러나 우리는 종종 그들이 자기보다 형편이 어려운 사람들의 시중을 받는 것, 그리고 교만하거나 무기력하거나 헛되이 인간적인 영광을 추구하는 것을 봅니다."

36. 테오도르가 두통에 대해 파코미우스와 상담하다

어느 날 테오도르가 "나의 두통을 어떻게 해야 합니까?"라고 물었더니, 파코미우스는 "신실한 사람은 숨길 수 없는 질병이 아닌 한 자기가 앓고 있는 병을 10년 동안 말하지 말아야 합니다"라고 대답했다. 테오도르는 파코미우스에게서 이 말을 듣고 자기에게 닥치는 모든 일을 십자가를 향한 사랑에서 우러나는 감사함으로 참고 견디기로 결심했다.

37. 어머니와 남동생 파프노우티가 찾아오다

얼마 후 테오도르의 어머니는 스네(Sne)의 감독에게서 수도원 밖에서 아들을 만나도록 허락하라고 파코미우스에게 권하는 편지를 얻어냈다. 왜냐하면 파코미우스의 수도원에 들어간 사람은 친척을 만날 수 없다는 말을 들었기 때문이다. 어머니는 아들 파프노우티(Paphnouti)와 함께 남쪽을 향해 오면서 짐꾼 편에 파코미우스에게 편지를 전했다. 파코미우스는 편지를 읽고서 테오도르를 불러 "수도원 밖으로 나가서 어머니와 동생을 만나세요. 감독님이 그 일에 대해 편지하셨습니다"라고 말했다. 테오도르는 다음과 같이 대답했다: "만일 내가 밖으로 나가 어머니를 만난다면, 장차 주님 앞에서 복음에 기록된 명령을 범했다고 책망 받지 않을까요? 만일 책망 받지 않는다면 만나겠습니다. 그러나 만일 그 일이 장차 나의 약점이 된다면, 하나님은 내가 어머니를 만나는 것을 금하실 것입니다. 옛날 레위의 아들들이 모세를 통해서 받은 주님의 명령에 따라 행동했던 것처럼, 만일 어머니를 죽여야 한다면 죽이겠습니다. 하나님은 육신에 따른 부모님을 향한 사랑 때문에 나를 지으신 하나님께 범죄하는 것을 금하십니다." 파코미우스는 이렇게 대답해 주었다: "당신이 복음의 명령에 순종하기를 원하는데 내가 어찌 그 명령을 범하게 할 수 있겠습니까? 나는 결코 그 일을 강요하지 않겠습니다. 그러나 당신의 어머니가 문 앞에서 울고 있다는 소식이 나에게 전해질 때에 당신이은 그 소식을 듣고 마음이 아프지 않을까 두렵습니다. 내가 당신에게 바라는 것은 삶의 모든 명령들 안에 견고히 서는 것입니다. 감독들은 성경에 따라서 우리를 가르치는 분들이시므로 당신이 어머니를 만나지 않았다는 것을 알게 된다면 우리에게 편지를 보낸 감독은 슬퍼하지 않고 오히려 기뻐하실 것입니다."

파코미우스는 테오도르의 어머니 일행을 그 지위에 걸맞는 특별한 장소에서 후대하라고 명령했다. 사흘 후에 테오도르의 어머니는 "테오도르는 오지 않을 것입니다"라는 말을 들었다. 어머니는 하염없이 울기 시작했다. 그녀의 상심이 큰 것을 본 교회의 성직자들은 형제들에게 "노부인이 저렇게 우는 까닭이 무엇입니까?"라고 물었다. 형제들은 아들 테오도르가 만나러 오려 하지 않기 때문이라고 말했다. 그들은 다음 날 아침에 테오도르가 형제들과 함께 일하러 나올 것이라고 알려 주고, 그녀를 어느 집 지붕 위에 올라가게 했다. 그녀는 참을성 있게 기다리다가 마침내 형제들과 함께 나오는 아들을 보았다.

38. 테오도르가 동생을 모질게 대하다

그때 테오도르의 동생이 울면서 형의 뒤를 쫓아가서 "나도 수도사가 되어 형과 함께 이곳에서 지내고 싶습니다"라고 말했다. 테오도르는 동생이 계속 울다가 지쳤음에도 불구하고 멈추어 서서 말하지 않았고 동생 취급도 하지 않았다. 테오도르가 동생을 거칠게 대했다는 말을 전해들은 파코미우스는 테오도르를 불러내어 "테오도르, 처음에는 그들을 새로 심은 나무를 다루듯이 친절하게 다루어야 합니다. 우리는 새로 심은 나무를 특별히 보살피며 뿌리를 내릴 때까지 물을 줍니다. 그들도 이런 식으로 대해야 합니다"라고 말했다. 테오도르는 동생을 수도원에 데려오라고 명령하였고, 동생은 수도사가 되어 모든 형제들과 똑같은 생활을 했다. 테오도르를 만나지 못했을 뿐만 아니라 어린 아들 파프노우티마저 그녀를 떠나 수도사가 되었기 때문에 크게 상심한 테오도르의 어머니는 슬피 울며 돌아갔다.

39. 수도원에 희사된 곡식

언젠가 먹을 양식이 거의 떨어졌을 때 형제들은 자기들의 가난한 처지로 인해 무척 슬퍼했다. 사부 파코미우스는 형제들을 위로하면서 "우리 주 예수 그리스도께서 우리를 버리지 않으시리라고 믿습니다. 그러나 여기 누군가가 형제들에게 오면서 가져온 두 개의 좋은 돗자리가 있으니, 주님이 우리에게 필요한 것을 공급해 주시기를 기다리는 동안 그것을 팔아 사용합시다"라고 말했다. 그는 밤새 그 일에 대해 하나님께 기도했다. 제1시에 그 상황에 관해 묵상하고 있을 때 하나님의 섭리 및 사람들을 향한 넘치는 사랑으로 말미암아 어느 원로원 의원이 수도원 문을 두드렸다. 문지기가 문을 여니 그는 "나와 내 가족들의 영혼 구원을 위해 광산에서 일하는 사람들에게 주기로 했던 밀을 가져왔다고 당신들의 아버지께 전하세요. 나는 그것이 여러분에게 필요하다는 환상을 보았습니다. 사람을 보내어 내 배에서 그것을 가져오십시오. 그리고 나를 기억해 주십시오"라고 말했다. 문지기에게서 이 소식을 전해 들은 파코미우스는 매우 놀랐다. 그는 밖으로 나가서 그 사람에게 "우리에게는 분명히 양식이 필요합니다. 그러나 하나님의 은혜로 우리가 당신의 은혜를 갚을 수 있을 때까지 기다려 주십시오"라고 말했다. 그 사람은 "당신에게 팔려고 양식을 가져온 것이 아니라 내 영혼의 구원을 위해서, 그리고 여러분이 하나님의 사람들이기 때문에 가져왔습니다"라고 대꾸했다. 이 말을 듣고서 파코미우스는 동행한 형제들의 도움을 받아 양식을 배에서 내렸다. 그런 후에 그 사람에게 약간의 배추와 야채와 빵을 가져다 주었는데, 그 사람은 하나님께 대한 큰 믿음으로 그것을 받았다. 사부 파코미우스는 그를 축복했고, 그는 매우 기뻐하면서 활발하게 그곳을 떠났다. 파코미우스는 앉아서 하나님이 적절한 시기에 형제들에게 주신 선물에 대해 말해 주었다. 형제들은 하나님이 거룩한 종인 파코미우스 때문에 자기들에게 필요한 밀을 신속하게 보내주신 것에 크게 놀랐다.

40. 찾아오는 수도사들을 받아들임

순교자들의 시대가 지난 후에 사부 디오니시우스(Dionysios)라는 고백자가 있었다. 그는 니텐토리(Nitentori)의 사제로서 하나님을 경외하는 사람이요 사부 파코미우스의 친구였다. 그는 파코미우스가 외부의 수도사들(형제들을 방문하며 이리저리 다니는 수도사들)을 전처럼 수도원 안에 받아들이지 않고 수위실 곁에 있는 장소에 묵게 한다는 말을 듣고서 매우 상심했다. 그리하여 이 문제에 대해 파코미우스를 책망하려고 타벤니시로 찾아왔다. 그의 말이 끝나자 하나님의 사람 파코미우스는 "디오니시우스 사부님, 내가 한 사람의 영혼을 슬프게 만들며 거룩한 입술로 '여기 내 형제 중에 지극히 작은 자 하나에게 한 것이 곧 내게 한 것이니라'(마 25:40)고 말씀하신 주님을 슬프게 만들려 한다고 생각하지 마세요. 공동체 내에서는 노인과 청년, 초심자들, 온갖 종류의 사람들이 있다는 것을 당신은 아십니다. 그렇기 때문에 우리를 찾아오는 사람들을 기도시간과 성찬예배에 참석시킨 후에 정해진 장소에서 식사를 하게 하는 것이 좋다고 선언했습니다. 또 그 사람들이 수도원을 이리저리 다니면서 초심자들을 보고 분개하는 일이 없게 해야 한다고 선언했습니다. 이것이 내가 이러한 조처를 취한 이유입니다. 실제로 족장 아브라함은 여호와 및 그분과 함께 한 사람들을 장막 밖 나무 근처의 장소에서 섬겼습니다." 사부 디오니시우스는 이 말을 들으면서 그의 설명에 만족했다.

41. 파코미우스가 병든 여인을 치유하다

오랫동안 혈루증을 앓아온 여인이 있었다. 그녀의 남편은 니텐토리(Nitentori)의 원로원 의원이었다. 그녀는 사부 디오니시우스가 파코미우스를 만나러 간다는 말을 듣고서 디오니시우스를 찾아가서 다음과 같이 부탁했다: "하나님의 사람인 파코미우스가 당신의 친구라는 것을 알고 있습니다. 나를 데리고 가서 그분을 만나게 해주십시오. 내가 그분을 만나기만 해도 주님이 내 병을 낫게 해 주실 것이라고 확신합니다." 디오니시우스는 그 여인의 고통을 알고 있었기 때문에 부탁을 들어주었다. 그들은 그 여인과 함께 배를 타고 북부 지방의 사부 파코미우스에게 갔다. 디오니시우스는 파코미우스를 만나서 어느 곳에 떨어져 지내는 형제들에 대한 문제를 해결한 후에 "우리와 관련된 중요한 문제가 있으니 일어나서 수위실로 가봅시다"라고 말했다. 파코미우스는 일어나서 디오니시우스를 따라 수도원 문 밖으로 나갔다. 그들은 앉아서 함께 담화했다. 그때 그 여인이 파코미우스의 뒤로 다가와서 믿음으로 그의 옷을 만졌는데 병이 나았다. 하나님의 사람 파코미우스는 항상 인간적인 영광을 피하려 했기 때문에 그 일로 인해 매우 슬퍼했다.

42. 보호받기를 원한 수도사

타벤니시에서 남쪽으로 약 3km 떨어진 곳에 작은 수도원이 있었다. 그 수도원의 원장은 파코미우스가 매우 사랑하는 친구였기 때문에 종종 그를 만나러 왔다. 그는 자기 수도원의 수도사들로

하여금 하나님의 명령들을 두려워하게 하려고 파코미우스에게서 들은 하나님의 말씀을 그들에게 전하곤 했다. 그런데 그 수도원의 어느 형제가 특정한 지위를 부여해 달라고 요청했다. 그는 "파코미우스 사부께서는 당신이 그 일을 맡을 자격이 없기 때문에 그것을 허락하지 말라고 경고하셨습니다"라고 대답했다. 성난 형제는 그를 끌어당기면서 "그분에게로 갑시다. 그분은 나에게 그것에 대해 증명해야 합니다"라고 말했다. 수도원장은 장차 어떤 일이 벌어질지 몰라 놀라고 슬퍼하면서 형제의 뒤를 따라갔다.

이 두 사람과 또 다른 사람이 타벤니시에 도착했다. 그들은 파코미우스가 바삐 수도원 담을 쌓고 있는 것을 보았다. 문제의 그 형제는 파코미우스에게 다가가서 크게 성을 내면서 "거짓말쟁이 파코미우스여, 내려와서 내 죄의 증거를 제시하세요"라고 소리쳤다. 하나님의 사람 파코미우스는 인내하면서 한 마디도 대꾸하지 않았다. 그 형제는 계속해서 "당신에게 거짓말을 하라고 강요한 자가 누구입니까? 당신의 빛은 곧 어둠임에도 불구하고 당신은 분명한 환상을 본다고 자랑하는군요"라고 말했다. 하나님의 사람 파코미우스는 그 형제의 내면에 있는 마귀의 간계를 알아채고서 "내가 죄를 지었으니 용서해 주십시오. 그런데 당신은 전혀 죄를 짓지 않습니까?"라고 정중하게 말했다. 이 말을 듣는 즉시 그의 노염이 진정되었다.

사부 파코미우스는 그 수도원 원장을 한쪽으로 데리고 가서 "이 형제에게 무슨 일이 있었습니까?"라고 물었다. 원장은 "아버지여, 용서해 주십시오. 이 형제는 자기에게 합당치 않은 일을 요청했는데, 나는 그가 내 말에 순종하지 않으리라는 것을 알고 있었습니다. 그래서 그로 하여금 아무 말도 하지 못하게 하려고 당신의 이름을 사용했습니다. 이는 당신에게는 아무것도 감출 수 없다는 것을 알기 때문입니다. 보세요. 형제는 자신의 악에 악행을 더했습니다." 사부 파코미우스는 이렇게 말했다: "내 말을 들으세요. 그 형제에게 원하는 직무를 맡기세요. 그렇게 함으로써 우리는 그의 영혼을 원수의 수중에서 건질 수 있습니다. 우리가 악한 사람에게 선을 행한다면, 그로 인해 그 사람은 선을 인식하게 됩니다. 서로를 위해 노력하는 것이 곧 하나님의 사랑입니다." 거룩한 사부 파코미우스에게서 이 말을 듣고 크게 위로를 받은 두 사람은 하나님께 감사하면서 그곳을 떠났다.

수도원에 도착한 후 수도원장은 파코미우스의 가르침대로 그 형제에게 요구한 직무를 맡겼다. 며칠 후 자기의 잘못을 뉘우치게 된 형제는 파코미우스에게 돌아가서 손과 발에 입을 맞추고 이렇게 말했다: "하나님의이 사람이시여, 당신은 우리가 들어 알고 있는 것보다 더 위대하십니다. 만일 그날 당신이 나의 행동을 참아 주시지 않았다면 나는 당신에게 무례하게 행동했을 것이며, 또 만일 당신이 나에게 가혹한 말을 하셨다면 나는 수도생활을 거부하고 세상으로 돌아갔을 것입니다. 내 주 아버지, 하나님의 사람이시여, 당신의 인내와 너그러움 덕분에 주님은 나를 생명으로 이끄셨습니다."

43. 귀신 들린 여인을 고쳐줌

어떤 사람이 사부 파코미우스에게 귀신 들린 딸을 데려왔다. 문을 지키는 형제로부터 그 사실을 전해 들은 파코미우스는 "그녀의 옷 중에서 빨아 깨끗한 옷을 나에게 보내 주십시오"라고 그녀의 아버지에게 전했다. 아버지는 깨끗한 옷을 파코미우스에게 보냈다. 파코미우스는 그 옷을 쳐다본 후에 다시 아버지에게 보내면서 다음과 같이 말했다: "그 옷은 분명히 그녀의 것이지만, 그녀는 수도적인 순결을 지키지 않고 있습니다. 그녀에게 장차 자신을 위험에서 지킨다고 약속하게 하세요. 주님이 그녀를 고쳐주실 것이라고 믿습니다." 이 말을 듣고 크게 걱정한 그녀의 아버지는 딸에게 질문을 시작했고, 딸은 자신이 행한 일을 고백하면서 이제부터는 자신을 지켜 평생 다시는 죄를 범하지 않기로 약속했다. 사부 파코미우스는 축성된 기름을 그녀에게 가져갔다. 그녀가 기름을 자신에게 바르는 순간 주님의 이름으로 치유되었다.

44. 귀신 들린 소년을 고쳐줌

어떤 사람이 다루기 어려운 귀신에게 사로잡힌 아들을 파코미우스에게 데려와서는 기도하여 낫게 해 달라고 간청했다. 사부 파코미우스는 수도원으로 돌아가면서 문지기 수도사에게 "형제들의 빵 한 덩이를 가져다가 귀신 들린 소년의 아버지에게 주고 '주께서 아들을 고쳐주실 것을 믿고 이 빵을 아들에게 먹이시오' 라고 전하세요"라고 말했다. 빵을 받은 소년의 아버지는 그 빵에 세 번 입을 맞추었다. 그리고 아들이 배고파할 때에 수도사들의 빵을 다른 빵과 섞어서 주었다. 아들은 다른 빵은 먹었지만 수도사들의 빵은 먹지 않았다. 나중에 아버지는 약간의 대추야자와 치즈 속에 그 빵 부스러기를 넣었다. 이번에도 아들은 안에 들어있는 빵은 던져 버리고 대추야자와 치즈만 먹었다. 그래서 이틀 동안 먹을 것과 마실 것을 주지 않고 굶긴 후에 이 빵으로 죽을 쑤어 주었더니 마치 아주 건강한 사람처럼 죽을 먹었다. 그런 후에 아버지는 파코미우스 사부에게 약간의 기름을 보내면서 기도로 축성해 달라고 부탁했다. 병든 소년이 누워있을 때 아버지는 주 예수의 이름으로 소년에게 기름을 발라 주었고, 소년의 병은 즉시 치유되었다. 그리하여 그는 하나님, 그리고 하나님의 사람인 거룩한 파코미우스의 기도에 크게 감사하면서 평안히 집으로 돌아갔다.

45. 기적에 대한 파코미우스의 태도

주님은 파코미우스를 통해서 많은 치유를 행하셨다. 그러나 파코미우스는 치유를 위한 기도를 주님이 들어주시지 않아도 전혀 괴로워하지 않았다. 그는 항상 "주여, 당신의 뜻이 이루어지이다"라고 기도했다.

46. 영적 치유에 관한 파코미우스의 가르침

어느 날 파코미우스는 형제들에게 이렇게 말했다: "육적인 치유를 치유라고 생각하지 마세요. 진정한 치유는 영혼을 치유하는 영적 치유입니다. 그러므로 만일 오늘 우상숭배로 인해 마음의 눈이 먼 사람이 주님의 길로 이끌림을 받으며 창조주를 분명히 보고 인정하게 된다면, 이것이 주님 앞에서 영혼과 육체의 치유요 구원이 아니겠습니까? 또 만일 어떤 사람이 거짓말을 하여 진리를 말하지 않아 벙어리가 되었지만 그의 눈이 열려 의롭게 행한다면, 이것이 치유가 아니겠습니까? 만일 어떤 사람의 두 손이 하나님의 명령들을 따름에 있어서 게을러 마비되었지만 두 눈이 열려 선을 행한다면, 이것 역시 치유가 아닐까요? 마지막으로 어떤 사람이 교만하고 간음을 행했지만 누군가가 그에게 길을 보여 회심에 이르게 되었다면, 이것 역시 큰 치유가 아닐까요?"

47. 병든 파코미우스가 특별한 대우를 거부하다

언젠가 사부 파코미우스는 골풀을 수확하기 위해서 형제들과 함께 섬으로 갔다. 테오도르는 형제들에게 필요한 것을 준비하고 있었다. 저녁 파코미우스는 허리를 펴지 못하고 돌아와서 자리에 누웠다. 테오도르가 담요를 가져다 덮어주자 파코미우스는 "내게서 담요를 벗기고 다른 형제들처럼 멍석을 덮어 주세요"라고 말했다. 테오도르는 그의 말대로 했다. 그는 대추야자를 한줌 가져와서 파코미우스에게 드리면서 "아버지여, 이것을 조금 드십시오. 지금까지 아무것도 드시지 않았습니다"라고 말했다. 그는 그것을 거절하면서 테오도르에게 슬픈 음성으로 이렇게 말했다: "형제들에게 필요한 것을 공급하고 노동해야 할 우리에게 자신을 편안하게 할 권리가 있습니까? 하나님을 두려워해야 합니다. 그대는 방금 병자가 있는지 알아보려고 형제들의 오두막들을 방문하고 오지 않았습니까? 지금 나에게 제공한 것들이 하찮은 것이라고 생각하지 마세요. 하나님은 모든 것을 조사하시는 재판관이십니다." 그는 이틀 동안 앓으면서 아무것도 먹지 않았다. 그 동안에 마음의 뜨거움과 하나님을 향한 사랑 때문에 종종 일어나서 기도하곤 했다. 사흘째 되는 날 병이 나아 일어나 나가서 다른 형제들과 함께 음식을 먹었다.

48. 병든 형제를 불쌍히 여김

언젠가 파코미우스는 지나친 고행 때문에 병들어 거의 죽게 되었다. 형제들은 그에게 약간의 야채를 먹이려고 병든 형제들이 머무는 곳으로 그를 데려갔다. 거기에는 또 다른 병든 형제가 누워 있었다. 그는 오랫동안 앓았기 때문에 피골이 상접했다. 그 형제는 시중드는 형제들에게 고기를 조금 먹게 해 달라고 부탁했는데, 형제들은 "여기에서는 통상적으로 고기를 주지 않습니다"라고 말하며 거절했다. 그는 그들이 고기를 주지 않으려는 것을 알고서 "나를 사부님에게 데려다 주세요"라고 부탁했다. 형제들은 그를 파코미우스에게 데려갔다. 파코미우스는 그 형제의 몸이 쇠약한 것을 보고서 매우 놀랐다. 그는 한숨을 쉬면서 "여러분은 사람들을 존중하는 사람들인데, 하나님이 두렵지 않습니까? 여러분은 이웃을 내 몸처럼 사랑해야 합니다. 시체와 같은 모습의 이 형제가 보이지 않습니까? 왜 그가 부탁하는 것을 주지 않습니까? 이 형제가 말한 것을 주지 않는다면, 나는 아무것도 먹거나 마시지 않겠습니다. 병든 사람과 건강한 사람이 같습니까? 깨끗한 자에게는 모든 것이 깨끗하지 않습니까(딛 1:15)?"라고 말했다. 그는 울면서 계속해서 말했다: "만일 내가 수도원에 있을 때에 그 형제가 원하는 것을 요청했다면, 중병이 들어 고통하는 형제를 내버려 두지 않았을 것입니다." 파코미우스에게서 이 말을 들을 형제들은 서둘러 사람을 보내어 어린 염소 고기를 사오게 해서 조리하여 형제에게 주었다. 그런 후에 그들은 파코미우스에게 조리된 야채를 조금 가져다 주었다. 파코미우스는 감사하면서 수도원의 다른 형제들처럼 그것을 먹었다.

49. 프보우의 설립

타벤니시 수도원의 형제들이 증가하여 방이 부족했기 때문에, 파코미우스는 그 문제에 대해 주께 기도하기 시작했다. 그는 환상 중에 "북쪽으로 가서 하구 쪽에 있는 프보우(Phbow: 오늘날의 Fawel-Kebli)[3]라는 황폐한 마을에 수도원을 세워라. 그곳은 네 기초요 근원지가 되어 네가 영원히 유명해질 것이다"라는 음성을 들었다. 그는 즉시 몇 명의 형제들과 함께 북쪽 지방에 있는 그 마을로 가서 며칠 동안 지내면서 수도원 담을 쌓았다(AD 329년경). 나중에 그는 디오스폴리스의 감독의 허락을 받아 작은 예배실을 짓고 숙소도 몇 채 지었다. 그리고 최초의 수도원 규칙에 따라서 원장들을 임명하고 그 밑에 부원장들을 두었다. 파코미우스 자신은 선하신 목자의 종으로서 밤낮 두 공동체들을 감독했다.

---

3) Southern Faw는 타벤니시에서 하류 쪽으로 3.2km 정도 떨어진 곳에 위치했다. 따라서 파코미우스는 쉽게 두 개의 수도원을 지도할 수 있었다.

50. 세네세트 수도원의 설립

얼마 후 세네세트(Seneset)라고 불리는 공동체의 원장인 사부 에보느(Ebonh)가 파코미우스의 명성을 듣고 사람을 보내어 다음과 같은 메시지를 전했다: "내 수도원을 하나님이 당신에게 주신 코이노이아(Koinonia)의 관할 아래 두고 싶습니다. 또 당신에게 하늘에서 주신 규칙이 있듯이 우리를 위해서 규칙을 제정해 주시기를 원합니다." 파코미우스는 몇 명의 형제들을 데리고 그곳으로 가서 다른 수도원들의 규칙에 따라서 수도원을 설립하고 원장과 부원장들을 임명했다. 그리고 종종 그곳을 방문하고 하나님의 법 안에서 그들을 격려하고 지도했다.

51. 트모우손즈의 설립과 프맘페스테르포센의 합병

얼마 후 트모우손즈(Thmousons)라는 공동체의 원장인 유능하고 위대한 요나스(Jonas) 사부가 파코미우스를 부르러 사람을 보냈다. 파코미우스는 세 명의 형제들을 데리고 그에게 갔다. 파코미우스를 만난 요나스는 인사를 한 후에 "하나님이 우리 시대에 당신을 통해서 큰 향기를 발하셨습니다. 나도 이 선한 향기에 동참하게 해주십시오"라고 말했고, 파코미우스는 "좋습니다"라고 대답했다. 파코미우스는 다른 수도원들과 동일한 규칙에 따라서 그들을 조직했다. 그들에게 영적으로나 물질적으로 필요한 것이 있어 그를 필요로 할 때면 그들을 자주 찾아갔다.

또 그는 자신이 세속에 살 때에 머물렀던 프맘페스테르포센(Pmampesterposen) 수도원을 합병하여 코이노니아 공동체 안에 두었다. 그들은 그곳에 있는 몇 그루의 대추야자 나무를 관리했다.

52. 트세의 설립

그로부터 얼마 후 파코미우스는 환상 중에 "트카스민(Tkahšmin)에 공동체를 조직하여 사람들이 나를 위해서 모일 수 있게 하라"는 말을 들었다. 그는 즉시 형제들을 데리고 그곳으로 가서 수도원과 수실들을 세우고 다른 수도원들과 동일한 규칙에 따라서 원장과 부원장들을 임명했다. 그리고 그들을 다스리기 위해 능력 있는 사부 페소(Pesso)를 수도원장으로 임명했다. 이 수도원은 트세(Tse)라고 불렸다. 파코미우스는 종종 그들을 방문하여 하나님의 말씀을 전하고 및 필요한 것을 공급했다.

53. 원로원 의원이 공동체에 배를 기증하다

상이집트(Upper Egypt)의 코스(Kos)[4]라는 도시에 사는 어느 경건한 원로원 의원은 파코미우스의 명성을 듣고서 배에 밀을 실어 보

---

4) Apollonopolis.

내면서 다음과 같이 편지를 썼다: "나는 당신의 경건함 및 하나님 안에 있는 자녀들을 방문하기 위해 남부 지방이나 북부 지방의 수도원들을 찾아가곤 한다는 말을 들었기에 이 작은 배를 보냅니다. 부디 이 배를 받아 형제들을 위해 사용해 주십시오. 앞으로 영원히 이 배를 당신 뜻대로 사용하시고, 나를 위해 기도해 주시며 또 하늘나라 임금님이 나를 불쌍히 여겨 주시기를 기원합니다. 이 배는 내가 드리는 것이 아니라 당신 및 당신의 공동체가 섬기는 분이 주시는 것입니다."

54. 스민 수도원의 설립

얼마 후 스민(Šmin)이라는 도시의 감독인 고행자 아리오스(Arios)가 파코미우스에게 "이곳에 오셔서 수도원을 조직하여 주님의 축복이 우리 땅에 임하게 해주십시오"라는 메시지를 전했다. 파코미우스는 노인 몇 명을 포함하여 형제들을 데리고 배를 타고 스민을 향해 북쪽으로 향했다. 그들이 도착하자 감독은 그들이 묵을 장소를 정해 주었고 또 한 척의 작은 배를 주면서 "이 작은 배는 당신의 것이니 필요한 대로 사용하십시오"라고 말했다. 사부 파코미우스는 다른 형제들과 똑같이 등에 흙을 지고 나르면서 수도원을 건축했다.

일부 악하고 시기심 많은 사람들이 여러 번 어려움을 일으켰다.

그들은 밤에 와서 낮에 형제들이 쌓아올린 것을 무너뜨렸다. 하나님은 파코미우스에게 인내심을 주셨다. 파코미우스는 꿈에서 천사가 마치 불타는 담처럼 수도원을 에워싸리라는 것을 깨달았다. 그 후 파코미우스는 수도원 건축을 마칠 때까지 형제들과 함께 즐겁게 일했다. 그런 후에 다른 수도원들처럼 원장과 부원장들을 임명했다.

55. 철학자들의 방문

그를 시기하는 몇 명의 철학자들이 그의 말을 시험하기 위해 찾아와서 "우리에게 와서 함께 대화합시다"라고 말했다. 하나님의 사람 파코미우스는 그들 안에 있는 마귀가 그를 잡으려고 올무를 놓았음을 깨달았다. 그는 코르넬리우스(Cornelios)를 그들에게 보내면서 "육신에 관한 것만 생각하는 저 무분별한 사람들에게 당신의 마음에 떠오르는 대로 대답하세요"라고 말했다. 코르넬리우스는 두 명의 형제들과 함께 그들에게 갔다. 철학자들은 "당신들의 사부는 어디에 있습니까?"라고 물었는데, 코르넬리우스는 정중하게 "그분에게 무엇을 원하십니까? 그분의 영이 우리 위에 임하여 있습니다. 당신들이 하고픈 말을 해보십시오"라고 대꾸했다. 그들 중에 가장 위대한 사람이 "당신들은 위대한 수도사들이며 지혜를 말한다고 알려져 있습니다. 그런데 당신들은 어떤 사람이 스민에 올리브를 가져와서 판다는 말을 듣지 못했습니까?"라고 말했다. 코르넬리우스 사부는 다음과 같이 대답했다: "당신은 어떤 사람이 스민에서 올리브를 압착하여 기름을 만든다는 말을 듣지 못했습니까? 그들은 그것들이 썩지 않도록 소금을 뿌립니다. 우리는 소금이며, 당신들에게 소금을 뿌리기 위해서 이곳에 왔습니다. 왜냐하면 당신들은 세상에 있는 대부분의 사람들보다 더 싱겁기 때문입니다. 당신들은 스스로 교사라고 자부하지만 당신들이 말하는 것은 공허합니다. 이런 식의 대화는 좋지 못한 것입니다."

그들은 자신의 헛된 지식으로 내면에 거주하시는 주님의 지식을 소유한 사람들을 이기지 못했기 때문에 크게 수치를 당하고서 물러갔다. 철학자는 동료들에게 돌아가서 자신이 크게 치욕을 당한 경위를 이야기했다. 그들 중에서 가장 위대한 사람은 그를 다음과 같이 책망했다: "당신이 질문한 것이 그것뿐이었습니까? 내가 직접 가서 성경에 대해서 그들과 논하겠습니다."

그는 교만하게 몇 사람과 함께 수도원에 가서 사부 파코미우스에게 말을 전했고, 파코미우스는 테오도르와 두 명의 형제들 보내어 그들의 맹목적인 질문에 대답하게 했다. 수도원 앞에 도착한 철학자는 "나는 당신들의 사부와 함께 성경에 대해 대화하기를 원합니다"라고 말했다. 테오도르는 겸손하게 "그리스도의 종이신 사부님은 당신들을 만날 일이 없습니다. 당신이 하는 정욕적인 말에 대해 신령하신 그분이 대답해 주실 것입니다"라고 대답했다. 철학자는 "당신들은 성경을 잘 알고 해석할 수 있다고 자랑합니다. 그렇다면 태어난 적이 없으나 죽은 사람, 태어났으나 죽지 않은 사람, 죽었지만 썩지 않은 사람이 누구인지 말하십시오"라고 말했다. 테오도르는 다음과 같이 대답했다: "당신의 정신은 새는 물통과 같고 호흡처럼 약해져서 사라집니다! 태어난 적이 없는 사람은 아담이요, 태어났지만 죽지 않은 사람은 에녹입니다. 죽었지만 썩지 않은 사람은 롯의 아내입니다. 그녀는 소금 기둥으로 변하여 당신처럼 어리석게 자랑하는 싱거운 정신에 소금을 쳐줍니다."

의로운 테오도르의 지혜로운 말을 들은 철학자는 내심 매우 난처했다. 그는 테오도르에게 "당신의 사부에게 전하세요: '당신은 흔들리지 않으며 영원히 깨지지 않는 바위에 집을 지었습니다. 당신, 그리고 당신에게서 태어난 세대들에게 복이 있습니다. 당신에게는 우주의 조물주와 동등한 총명한 정신이 있습니다. 여인에게서 태어난 사람은 누구도 당신의 일을 방해하지 못할 것입니다. 당신이 하는 일은 널리 보급되고 강해져서 세상 끝까지 전해질 것입니다'"라고 말했다. 이 말을 한 후에 철학자는 테오도르를 통해서 말씀하신 하나님의 위대하심에 경탄하면서 동료들과 함께 자기 집으로 돌아갔다. 테오도르의 이야기를 들은 파코미우스는 놀라 "골리앗 및 시온을 미워하는 모든 사람들을 논파하신 나의 주 하나님을 찬미합니다"라고 소리쳤다.

그 후 그의 영은 점점 더 강해졌다. 그는 형제들과 함께 일하여 다른 수도원들과 동일한 규칙을 지키는 수도원을 세웠다. 그리고 하나님의 영에 의해서 생활하는 사부 사무엘을 그 수도원의 원장으로 임명하고 그들을 주께 맡기고서 그곳을 떠났다. 그는 선한 목자이신 그리스도를 따르는 양을 지키는 자였기 때문에, 여러 번 그들을 방문했다.

56. 페트로니우스의 이야기 및 트베우 수도원의 설립

헤우(Hew) 교구의 코크(Čoč)[5]에 페트로니우스(Petronios)라는 사람이 살았다. 부모와 함께 살 때부터 그의 내면에는 하나님의 영이 거했다. 그의 부모는 상류층에 속했고 재산이 많았다. 페트로니우스는 사람들과 어울리려 하지 않았고, 부모의 소유인 어느 장소에 가서 혼자 힘으로 트베우(Thbew)라는 수도원을 짓고, 그리스도 안에서 살기를 원하는 사람이라면 누구든지 받아들였다. 그는 거룩한 코이노니아에 대한 말을 듣고서 사부 파코미우스에게 "경

---

[5] Thbew 수도원은 타벤니시 수도원 이후에 설립된 세 수도원과 동일한 교구에 속했다. 그곳은 나일 강 서안에 위치했지만 Thmousons보다 훨씬 북쪽에 위치했다.

건한 당신이 여기에 오셔서 우리로 하여금 주 예수께서 당신에게 주신 거룩한 코이노니아의 그늘 안에 살게 해 주십시오"라는 말을 전했다. 파코미우스는 형제들과 함께 그곳으로 가서 다른 수도원들과 동일한 규칙에 따라 수도원을 조직하고 원장과 부원장들을 임명했다. 그는 페트로니우스의 부친 프센트보(Pšenthbo)와 남동생 프세나파히(Pšenapahi)에게 하나님의 말씀을 전하여 그들 및 온가족을 수도사로 만들었다. 그들은 생을 아름답게 마감했다. 그 후 그는 자신이 소유한 모든 것, 곧 양, 염소, 가축, 낙타, 나귀, 마차, 여러 척의 배 등을 파코미우스의 코이노니아에 기증했다.

57. 트스미네 수도원 설립

후일 파코미우스는 하나님의 섭리와 성령의 감화에 따라 형제들과 함께 북쪽 스민(Šmin) 근처로 가서 트스미네(Tsmine)라는 수도원[6]을 건축하기 시작하여 다른 수도원들처럼 훌륭히 완공했다. 그는 하나님의 감화하심을 받아 트베우(Thbew) 수도원에서 지내던 경건한 사부 페트로니우스를 이 수도원의 원장으로 임명했다. 그는 가까이에 있는 다른 두 수도원을 돌보는 일도 맡겨 그들을 지도하게 했다. 이는 그가 말을 소금으로 맛을 내는 것같이 했기

---

6) 이것은 스민(Šmin) 지방에 세운 세 번째 수도원이다.

때문이다. 그 후 파코미우스는 트베우 수도원에 아폴로니우스(Appolonios)를 원장으로 임명하여 사부 페트로니우스와 같은 방식으로 형제들을 다스리게 했다.

58. 프노움 수도원의 설립

얼마 후 파코미우스는 남부에 또 다른 수도원을 조직하라는 환상을 보고서 형제들을 데리고 스네(Sne) 산 너머 프노움(Phnoum)으로 갔다. 프노움(Phnoum)은 파코미우스가 세운 마지막 수도원으로서 345년 가을 이전에 설립되었다. 이 수도원은 스네(Sne) 산(사막)에 있는 다른 수도원들과는 멀리 떨어져 있었다.

그가 수도원 담을 쌓고 있을 때 그 교구의 감독이 사람들을 데리고 와서 공격하여 그를 몰아내려 했다. 하나님의 사람 파코미우스는 그 위험을 잘 견뎌냈고 마침내 주님이 그들을 흩으셨다. 그들은 그의 면전에서 도망쳤다. 그는 큰 수도원을 완공하여 자신이 세운 다른 여덟 수도원과 동일한 규칙을 지키도록 했다. 그리고 형제들을 주 예수 그리스도의 명령들 안에 굳게 세울 수 있는 소우로우스(Sourous)를 원장으로 임명했다.

사부 파코미우스는 종종 수도원들을 순회하면서 유모가 자기 자녀를 기르듯이 (살전 2:7) 하나님의 말씀으로 형제들을 위로했다.

59. 파코미우스가 두 형제와 코르넬리우스에게 교훈함

어느 날 형제들이 빵을 굽고 있을 때 파코미우스는 두 명의 형제들과 함께 작은 배를 타고 트모우손즈 수도원의 형제들을 방문하러 갔다. 저녁이 되어 형제들은 조촐한 식사를 시작했고, 두 형제는 자기 앞에 놓인 치즈, 올리브, 야채 등 모든 것을 먹었다. 그런데 사부 파코미우스는 눈을 내리뜨고 눈물을 흘리면서 빵만 먹었다. 식사를 마친 후 파코미우스가 울고 있는 것을 눈여겨 본 한 형제가 "아버지여, 어찌하여 식사 때에 울면서 빵만 드셨습니까?"라고 물었다. 파코미우스는 "그것은 당신들이 절제하지 않고 차려진 음식을 다 먹는 것을 보면서 당신들 안에 하나님에 대한 경외심이 없다고 판단했기 때문입니다. 사도 바울의 말을 따르면 하늘나라의 일을 생각하는 사람은 모든 일에 절제해야 합니다. 나는 물에 적신 빵을 먹는 것으로 만족했습니다"라고 대답했다.

이어서 파코미우스는 "오늘밤 철야하시겠습니까?"라고 물었고, 그들은 "예"라고 대답했다. 파코미우스는 이렇게 말했다: "나는 거룩한 팔라몬(Palamon) 사부에게서 철야하는 세 가지 방식을 배웠습니다. 그것을 가르쳐 드릴 테니 그 중 하나를 선택하십시오. 첫째, 저녁때부터 한밤중까지 기도한 뒤에 성찬예배 전까지 잠을 잡니다. 둘째, 자정까지 잔 뒤에 아침까지 기도합니다. 셋째, 저녁때부터 아침까지 조금 자고 조금 기도하는 일을 반복합니다." 그들은 잠자는 것과 기도하는 것을 교대로 하는 방식을 택했다. 하나님의 사람 파코미우스는 그들이 선택한 방법에 따라서 잠자는 시간과 기도하는 시간을 조정했다. 졸음을 이기지 못한 한 형제는 혼자 어딘가로 나가서 잠을 잤다. 나머지 한 형제는 파코미우스와 함께 아침까지 기도했다. 성찬 예배 때에 그들은 잠든 형제를 깨워 성찬예배를 드렸다. 아침까지 참고 기도한 형제는 배 안의 은밀한 곳으로 가서 잠을 잤다. 밤에 잠을 잔 형제는 파코미우스와 함께 트모우손즈 수도원에 도착할 때까지 노를 저었다.

수도원에 도착한 파코미우스는 자신이 원장으로 임명한 사부 코르넬리우스를 비롯하여 모든 형제들을 얼싸안았다. 사부 코르넬리우스는 함께 배를 타고 온 형제들에게 "요즈음 사부님은 무슨 일을 하십니까?"라고 물었고, 그들은 "어젯밤 그분은 우리에게 하나의 교훈을 가르쳐 주셨습니다"라고 대답했다. 코르넬리우스는 "이 시대 사람들은 정말 연약합니다. 저 연약한 노인으로 하여금 젊은 당신들을 능가하게 한 것이 옳은 일입니까?"라고 말했다.

저녁때 그들은 식사하러 갔다. 사부 파코미우스가 "일어서서 기도해도 되겠습니까?"라고 물었더니, 사부 코르넬리우스는 "마음대로 하십시오"라고 대답했다. 그리하여 그들은 일어서서 기도했는데 성찬예배 때까지 계속 기도했다. 성찬예배를 알리는 신호가 주어졌을 때에 코르넬리우스는 기도를 멈추고 파코미우스에게

"아버지여, 내가 당신께 무슨 일을 했기에 이러한 교훈을 가르쳐 주십니까? 당신께서는 밤에 내가 식탁을 떠날 때부터 물 한 모금 마시는 것도 허락하지 않으셨습니다"라고 말했다. 사부 파코미우스는 "코르넬리우스, 연약한 노인이 당신을 능가하는 것이 옳은 일입니까?"라고 물었다. 코르넬리우스는 자신이 형제들을 비웃으면서 "당신들은 연약한 노인으로 하여금 당신들을 능가하게 했습니다"라고 말할 때에 파코미우스가 하나님으로 말미암아 그 말을 들었음을 깨닫고서 즉시 그 앞에 엎드려 "아버지, 용서해 주십시오. 그런 식으로 말한 것이 옳지 않다는 것을 알았습니다"라고 말했다. 그런 후에 그들은 성찬예배를 드리러 갔다.

60. 파프노우티가 사무장으로 임명되다

파코미우스 일행은 트모우손즈를 떠나 트베우로 가서 형제들을 방문한 후 곧바로 프보우로 돌아왔다. 프보우 수도원에서 파코미우스는 테오도르의 동생인 파프노우티(Paphnouti)를 곁에 두고 수도원들을 관리하게 했다. 왜냐하면 파프노우티는 모든 덕에 있어서 완전한 사람이었기 때문이다.

61. 파코미우스의 금욕

언젠가 사부 파코미우스가 병이 들었다. 형제들은 그를 위해 고깃국을 준비했다. 고깃국을 본 파코미우스는 테오도르에게 "물 한 단지를 가져오세요"라고 말했다. 파코미우스는 테오도르가 가져온 물 일부를 고깃국에 붓고 손으로 계속 저어 국물 속의 기름을 완전히 제거했다. 그 다음에 테오도르에게 "손을 씻게 물을 부어 주세요"라고 말했다. 그는 손을 씻은 물을 테오도르의 발에 부었다. 테오도르는 "아버지, 이것은 무슨 의미입니까?"라고 질문했는데, 파코미우스는 이렇게 대답했다: "단맛이 내 안에 있는 육적인 욕망을 불러 일으키지 못하게 하기 위해서 야채 접시에 물을 부었습니다. 당신이 내 손에 물을 부은 것은 나를 위해 손을 씻어 준 것과 같습니다. 당신이 내 손을 씻어주었기 때문에 나도 당신의 발을 씻어 준 것입니다. 이 모든 것은 모든 사람의 종이 되어야 하는 내가 당신의 시중을 받음으로써 정죄되지 않기 위해 행한 것입니다."

62. 테오도르가 형제를 위로하다

파코미우스는 수도원의 어느 형제를 구원하기 위해 종종 견책했다. 어느 날 테오도르는 그 형제와 대화했다. 낙심하여 수도원을 떠날 생각을 하고 있었던 그 형제는 테오도르에게 "나는 그렇게 퉁명스럽게 말하는 노인과 함께 지낼 수 없습니다"라고 말했다. 테오도르가 그 형제를 짓누르고 있는 짐을 덜어주려고 지혜롭게 "당신의 마음에도 슬픔이 가득하지 않습니까?"라고 질문했더니, 형제는 "그렇습니다"라고 대답했다. 테오도르는 계속해서 "나는 당신보다 더 고생하고 있습니다. 우리가 서로를 위로하며 다시 그분을 시험해 봅시다. 만일 그분이 우리를 선하게 대해주시면 그분과 함께 지내지만, 그렇지 않다면 우리 둘이서 다른 곳으로 갑시다"라고 말했다. 그 형제는 테오도르의 말을 듣고 큰 위로를 받았다. 테오도르는 그 형제 몰래 사부 파코미우스에게 가서 이 일의 전말을 이야기했다. 사부 파코미우스는 "참 잘했습니다. 밤이 되면 나를 책망하려는 것처럼 하고서 그 형제를 내게 데려오세요. 그러면 나는 하나님이 명하시는 대로 말하여 그가 원하는 마음의 만족을 주겠습니다"라고 말했다. 그날 밤 테오도르는 그 형제에게 가서 "사부님이 당신에게 뭐라고 말씀하는지 가 봅시다"라고 말했고, 그 형제는 기꺼이 그를 따라갔다. 두 사람은 파코미우스에게 가서 항의하기 시작했다. 파코미우스는 "용서해 주세요. 내가 죄를 지었습니다. 당신들은 나의 착한 아들들이니 아버지인 나를 참고 받아들일 수 있지요?"라고 말했다. 테오도르는 정말 화난 사람처럼 파코미우스를 비난하기 시작했다. 그랬더니 그 형제는 파코미우스를 변호하면서 테오도르에게 "그만 하면 됐습니다. 나는 큰 위로를 받았습니다"라고 말했다. 테오도르는 선한 계략을 사용함으로써 고통하는 형제에게 유익을 주었다.

63. 어느 형제가 가족들을 만날 때 테오도르가 동행하다

어느 형제가 파코미우스에게 "집에 가서 가족들 만나는 것을 허락하시지 않으면 집으로 돌아가서 다시 세속인이 되겠습니다"라고 말했다. 파코미우스는 즉시 테오도르를 불러 이렇게 말했다: "나는 당신이 지혜롭다는 것과 고통하는 사람들을 불쌍히 여긴다는 것을 알고 있습니다. 이 형제를 맡으십시오. 이 형제와 함께 가서 그의 부모님을 만나십시오. 매사에 그를 만족하게 하여 다시 우리에게 데려오십시오. 그 사람에게는 장점이 많습니다. 무엇보다도 우리가 모든 일에 모든 사람을 만족하게 하여 그들의 영혼을 원수에게서 구해내는 것이 하나님의 뜻이기 때문입니다. 당신의 수고에 대해서 하나님이 상 주실 것입니다." 테오도르는 겸손히 순종하여 형제와 함께 출발하여 그 형제의 집에 도착했다. 그 형제는 부모에게 "우리 두 사람이 따로 방에서 수도사들이 먹는 음식을 먹게 해주세요"라고 말했다. 음식이 준비되었고 그 형제는 테오도르에게 "식사하세요"라고 말했다. 테오도르는 세속인의 집에서 먹는 것이 습관이 되지 않았기 때문에 음식을 먹으려 하지 않았다. 그러나 그는 형제가 난처하여 얼굴이 어두워지는 것을 보고서 속으로 "내가 모든 일에 그와 함께 하지 않으면 그는 결코 나와 함께 돌아가지 않을 것이다. 게다가 세속사람 누구도 우리가 음식을 먹는 모습을 보지 못할 것이며, 우리는 수도사들이 먹는 음식만 먹을 것이다"라고 생각했다. 그는 마치 자신이 제물로 바쳐진 듯 음식을 조금 먹었고, 매사에 형제의 기분을 맞춰 주어 결국 그를 다시 수도원으로 데려왔다. 수도원에 돌아온 테오도르는 그 동안 있었던 모든 일을 파코미우스에게 보고했다. 파코미우스는 테오도르가 자의로 이런 일을 한 것이 아니라 하나님을 위해서, 그리고 형제의 구원을 위해서 했다는 것을 알았기 때문에 그를 책망하지 않았다.

후일 테오도르는 그 형제가 다시 부모를 찾아가지 않도록 설득하기 위해 성경에 대해 토론하면서 "'무릇 내게 오는 자가 자기 부모와 처자와 형제와 자매와 더욱이 자기 목숨까지 미워하지 아니하면 능히 내 제자가 되지 못하고'(눅 14:26)라는 복음의 말씀을 어떻게 이해합니까?"라고 물었다. 그 형제는 "성경 말씀은 너무 고매하기 때문에 우리는 그중 일부만 실천할 수 있습니다. 우리가 어찌 부모를 미워할 수 있습니까?"라고 대답했다. 테오도르는 계속해서 말했다: "그것이 타벤니시 수도원 사람들의 믿음입니까? 당신은 자신의 권위에 의존하여 복음과 다른 것을 말하고 있습니다. 주님은 그것을 알고 계십니다. 만일 이것이 당신의 믿음이라면, 나는 이전에 머물던 작은 수도원으로 돌아가겠습니다. 왜냐하면 내가 그곳에서 만났던 원로들은 복음서를 부인하지 않았기 때문입니다." 그는 이렇게 말한 후에 그곳을 떠나는 체 하고서 잠시 어딘가에 숨어 지냈다. 그 형제는 파코미우스에게 와서 이 일의 전말을 이야기했다. 파코미우스는 "당신은 인내하는 데 있어 노련한 수사이지만 테오도르가 초심자라는 것을 알지 못했습니까? 서둘러 그를 찾으십시오. 만일 그가 이곳을 떠난다면, 우리의 평판이 나빠질 것입니다"라고 말했다. 그 형제는 테오도르를 찾아가서 말로 그를 설득하려 했다. 테오도르는 그 형제에게 "내가 이곳에 머물러 있기를 원한다면, 주님과 형제들 앞에서 '나는 모든 일에 있어서 복음서를 따르겠습니다'라고 약속하십시오"라고 말했다. 그 형제는 다시는 부모를 찾지 않겠다고 약속했다. 테오도르는 선한 계략을 가지고 행동함으로써 결국 그 형제를 거룩한 복음의 온전함으로 인도했다.

64. 원장에게 복종하여 금식하고 시편을 찬송하다

어느 날 천사가 사부 파코미우스에게 나타나서 어느 형제에게 구원에 대해 가르치라고 말했다. 그 형제는 수행과 고행에 몰두하고 있었지만 하나님을 위한 것이 아니라 허영심에서 비롯된 것이었다. 사부 파코미우스는 그 형제를 불러내어 "성경에 '내가 하늘에서 내려온 것은 내 뜻을 행하려 함이 아니요 나를 보내신 이의 뜻을 행하려 함이니라'(요 6:38)라고 기록되어 있습니다. 내 말에 복종하십시오. 점심 때 식사 시간을 알리는 신호가 주어지면 당신도

가서 음식을 조금 드십시오. 배불리 먹지는 않더라도 형제들이 먹는 음식은 모두 조금씩 드십시오. 저녁 식사 시간에는 가서 적절하게 먹으세요. 나는 원수가 당신을 시기하여 당신의 노고를 파괴하려 하는 것을 보았습니다. 그러니 내 말에 순종하십시오"라고 말했다.

그 형제는 파코미우스의 말에 순종했다. 형제들에게 점심 식사 시간을 알리는 신호가 주어졌을 때, 그 형제도 형제들과 함께 음식을 먹었다. 그런데 그 형제는 또다시 자기기만에 빠져서 "성경에 '금식하지 말라'는 말이 어디 있는가?"라고 중얼거렸다. 그는 다시 헛된 판단을 따라 형제들과 함께 식사를 하지 않았다.

마음이 상한 사부 파코미우스는 테오도르를 보내면서 "그 형제가 어떻게 하고 있는지 가 보세요. 만일 그가 기도하고 있으면 내가 갈 때까지 저지하고 계세요. 곧 그의 허영심이 생생하게 모습을 드러낼 것입니다"라고 말했다. 테오도르는 파코미우스가 명한 대로 했다. 형제가 기도하고 있는 곳에 도착한 테오도르가 그를 제지했다. 그 형제는 마귀처럼 화를 내면서 큰 돌을 집어들고 테오도르의 머리를 내리치려 하면서 "불경한 테오도르여, 너는 내가 주 하나님께 기도하지 못하게 방해하려느냐?"라고 말했다. 테오도르는 그를 책망했고, 그 즉시 형제의 내면에 살고 있는 귀신은 잠잠해졌다. 그 귀신은 "너는 내가 즐거움을 위해 기도하는 자들의 내면에서 일하는 자임을 알고자 하느냐? 나를 믿지 못하겠거든 기도하고 있는 저 형제의 말을 들어보아라. 그는 그 구절로 아홉 번 찬양할 것이다"라고 말했다. 그때 어느 수실에서 "내가 여호와를 찬송하리니 그는 높고 영화로우심이요"(출 15:1)로 시작하는 모세의 찬송 첫 부분을 찬송하는 형제가 있었다. 테오도르가 들어보니, 마귀가 말한 대로였다. 마귀의 술책에 관해 깊이 생각하니 두려웠고, 그 형제가 많은 환난을 피할 수 있을지 의심스러웠다. 테오도르가 그 형제 가까이에 앉아서 지켜보고 있을 때 사부 파코미우스가 도착했다. 파코미우스와 테오도르는 그 형제를 위해 함께 기도했고 주님은 그 형제를 치유해 주셨다. 그는 마음의 눈이 열려 지혜 없는 자같이 하지 않고 지혜 있는 자같이(엡 5:15) 행하는 법을 깨달을 수 있게 되어 하나님께 영광을 돌렸다.

65. 불평하는 늙은 형제에 대하여

어느 날 사부 파코미우스는 형제들과 함께 수도원 내의 웅덩이를 청소하러 갔다. 세상에서 오래 살다가 갓 수도사가 된 노인이 있었는데, 그 노인은 "사부님은 사람의 자녀들을 죽이려고 웅덩이 속에 데리고 내려가는가?"라고 말하며 불평했다. 그날 밤에 그 노인은 꿈을 꾸었다. 꿈에서 그는 그 웅덩이를 내려다보고 있었는데 웅덩이 속에서 일하고 있는 형제들 가운데 영광으로 빛나는 사람이 있었다. 그는 그들에게 "여러분, 순종과 능력의 영을 받으십시오. 그리고 늙은 당신은 거룩한 사람들을 향한 불충성의 영을 받으십시오"라고 말했다. 다음날 아침 성찬예배에 참석한 그는 형제들 앞에 엎드려 이 일을 고백했다.

66. 파코미우스가 본 코이노니아의 장래에 관한 환상

언젠가 사부 파코미우스는 형제들과 함께 골풀을 채집하러 갔다. 형제들은 골풀을 잔뜩 지고서 파코미우스를 따라 성경을 낭송하면서 배로 돌아가고 있었다. 그런데 파코미우스는 도중에 하늘을 바라보며 큰 계시를 받았다. 파코미우스와 형제들은 골풀 짐을 내려놓고 서서 기도했다. 하나님의 사람 파코미우스는 자신이 본 무서운 환상 때문에 한참동안 어리둥절했다. 그는 엎드려서 울었고, 형제들도 함께 눈물을 흘렸다.

파코미우스가 울음을 멈추고 일어서자, 형제들은 "아버지여, 무엇을 보았는지 말씀해 주십시오"라고 말했다. 파코미우스는 앞아서 형제들에게 하나님의 말씀으로 이야기하면서 "나는 코이노니아 공동체가 큰 고통 속에 있는 것을 보았습니다. 어떤 형제들은 불길에 둘러싸여 헤어나지 못하고 있었습니다. 또 다른 형제들은 날카로운 가시덤불 속에서 빠져나오지 못하고 있었습니다. 또 어떤 형제들은 깊은 계곡에 있는데 절벽이 가팔라서 올라가지 못하고 강에는 악어떼가 있어 물에 뛰어들지도 못한 채 우왕좌왕하고 있었습니다. 자녀들이여, 내가 죽은 후에 이 일이 일어날 것인데 그러한 어려움 속에서 위로해 줄 사람을 발견하지 못할 것입니다." 이렇게 말한 후 그는 일어나서 기도하고는 골풀 짐을 졌다. 형제들도 각기 자기의 짐을 지고 성경을 낭송하면서 배가 있는 곳까지 갔다.

67. 파코미우스의 명령을 이해하지 못한 테오도르

배에 돌아온 후에 그곳에서 홀로 수도생활을 하는 형제가 찾아왔다. 파코미우스는 그를 포옹하고서 테오도르에게 "먹을 것을 얻기 위해 찾아온 이 형제에게 음식을 준비하여 대접하십시오"라고 말했다. 테오도르는 파코미우스가 "내가 형제와 이야기할 수 있도록 자리를 비켜 주시오"라는 의미라고 생각하고서 밖에 나와 앉았다. 나중에 파코미우스는 다른 형제를 보냈는데, 그 형제도 역시 그의 말을 이해하지 못하고 나와서 앉았다. 사부 파코미우스는 이것이 영들의 소행이라고 이해하고서 친히 음식을 마련하여 형제에게 먹인 후에 헤어졌다. 그런 후에 테오도르를 불러 말했다: "만일 육신의 아버지가 무슨 명령을 했다면, 당신은 그 명령에 순종하겠지요? 그런데 왜 찾아온 형제에게 먹을 것을 주라는 내 명령에 복종하지 않았습니까?" 테오도르는 "용서해 주십시오.

나는 '내가 형제에게 말을 할 수 있도록 자리를 비켜 주시오'라고 말씀하신다고 생각했습니다"라고 말했다. 파코미우스는 또 다른 형제를 불러 물었는데, 그 역시 같은 대답을 했다.

파코미우스는 한숨을 쉬면서 말했다:

"나는 그것이 선행을 방해하는 악령이었다고 생각하며, 사랑하는 자들에게 지혜와 인내를 주신 주님을 찬양합니다. 나는 가끔 악령들이 사람들에게 행한 여러 가지 악에 대해서 서로 말하는 소리를 듣습니다. 어느 날 한 마귀가 다른 마귀에게 '요즈음 나는 다루기 힘든 행동을 하는 사람 때문에 바빠요. 내가 악한 생각을 속삭이면, 그 사람은 즉시 멈춰 서서 주 앞에서 울며 기도합니다. 그러면 나는 격분하여 나갑니다'라고 말하는 소리를 들었습니다. 그러므로 악한 생각을 경계하십시오. 방이 백 개나 되는 집이 있다고 상상해 보십시오. 오늘 어떤 사람이 집주인에게서 구석방 하나를 빌렸다면, 그가 그 방에 들어가는 것을 누구도 막을 수 없습니다. 마찬가지로 신실한 사람이 성령의 모든 열매를 가지고 있다 해도 그중 하나를 소홀히 한다면, 원수의 면전에서 약할 수밖에 없습니다. 그가 그것을 고치지 않는다면, 원수는 다른 열매도 파괴할 것입니다. 하나님을 섬기는 데 있어서는 하나의 표준만 있는 것이 아닙니다. 영적으로 많은 사령관들이 있고; 오십 명, 백 명, 천 명을 지휘하는 대장들이 있습니다. 또 '하나님이 세우신 지도

자'(창 23:6)라고 불린 아브라함처럼 완전한 왕, 평범한 왕이 아닌 왕의 왕이 우리와 함께 계십니다."

파코미우스는 배에서 내려 해안에 있는 오두막집에서 이 말을 하여 형제들로 하여금 영혼 구원에 대한 두려움을 느끼게 했다.

68. 마우오의 이야기

다음 날 아침 그는 골풀이 더 필요했기 때문에 형제들을 데리고 골풀을 베러 갔다. 형제들 중에 마우오(Mauo)라는 수도원장이 있었다. 그는 몸이 아픈 체하며 골풀을 베러 가지 않고 남아서 오두막에서 잠을 잤다. 사실상 그는 아픈 것이 아니라 전날 밤 파코미우스의 가르침으로 인해 화가 나 있었다. 그는 "저 노인은 왜 저녁에 오랫동안 강의를 하는가? 우리는 매 시간 넘어질 위험에 처해 있지 않은가?"라고 중얼거렸다. 선하신 하나님은 이런 생각에 빠져 있는 그의 평온함을 회복시켜 주려 하셨다.

그때 어느 감독이 파코미우스에게 수도복을 입은 수도사와 또 다른 형제 편에 "당신에게 이 늙은 사람을 보냅니다. 이 사람은 도둑질을 하다가 잡혔는데 그가 수도사이기 때문에 당신에게 보내니 당신이 판단하십시오"라는 내용이 편지를 보냈다. 이 두 명의 수도사가 도착했을 때 파코미우스는 형제들과 함께 골풀을 베러 가고 없었다. 마우오 사부는 그들을 포옹하고서 "사부님이 오실 때까지 앉아 기다리십시오"라고 말했다. 그는 테오도르가 형제들을 위해 음식을 준비하는 것을 보고서 "서둘러 음식을 준비하여 우리를 찾아온 형제들에게 대접하십시오. 저 사람의 모습을 보니 경건한 사람입니다"라고 말했다.

저녁때 파코미우스 사부는 형제들과 함께 골풀을 지고 돌아왔다. 그는 손님들을 포옹했고, 그들은 감독의 편지를 전했다. 하나님의 사람 파코미우스는 내면에 거하시는 성령의 분별에 의해서 편지를 읽고 그 수도사의 잘못을 책망했다. 그 수도사는 울면서 파코미우스에게 겸손하게 잘못을 고백하면서 호소했다. 파코미우스는 "우리는 누구나 자주 실족하지만 자비하신 하나님께 기도합니다. 장차 우리가 자신을 경계하여 지킨다면 하나님은 우리를 고쳐 주실 것입니다"라고 말했다. 이 말을 들은 후 늙은 수도사는 파코미우스가 부과한 가벼운 보속 때문에 크게 위로를 받고 동행한 형제와 함께 그곳을 떠났다.

사부 마우오는 그 늙은 수도사에 대한 이러한 말을 듣고서 전날 밤에 자신이 파코미우스에게서 견실한 말을 들은 데 놀라 하나님을 찬양했다. 사부 파코미우스는 "마우오, 당신은 흔들리지 않는 견고한 바위에 굳게 자리잡았기 때문에 모든 사람이 그 길을 찾을 것이라고 생각하십니까? 우리를 악한 자와 마귀의 공격에서 구해 달라고 주께 기도합시다"라고 말했다. 늙은 마우오 사부는 "하나님의 사람이여, 용서해 주십시오. 내 마음이 무지하여 당신 안에 계신 성령을 모욕했습니다"라고 말했다.

69. 테오도르의 첫 가르침

어느 주일 사부 파코미우스는 테오도르에게 "저녁 때 형제들이 식사를 마치고 나올 때에 한 형제의 시중을 들고 나서 학습을 위해 모이는 곳으로 오세요"라고 말했다. 테오도르는 파코미우스의 말대로 했다. 서서 형제들에게 하나님의 말씀을 전하던 파코미우스는 테오도르의 손을 잡고 형제들 가운데로 가더니 "여기에 서서 하나님의 거룩한 말씀을 우리에게 전하세요"라고 말했다. 테오도르는 어쩔 수 없이 파코미우스를 비롯한 모든 형제들 앞에서 가르치기 시작했고, 파코미우스는 다른 형제들과 함께 서서 그의 말을 경청했다. 형제들 중 몇몇 교만한 사람들은 화가 나서 말씀을 듣지 않고 수실로 돌아갔다. 그들은 "우리는 원숙한 노인들인 데 반해 그는 젊은 애송이가 아닌가! 그런 애송이에게 우리를 가르치라고 명령하다니!"라고 말했다. 당시 파코미우스는 테오도르가 33세였지만 노인들보다 크게 진보했다는 것을 알았기 때문에 그를 일으켜 가르치게 했던 것이다.

몇몇 형제들이 테오도르의 가르침을 듣지 않고 돌아갔다는 것을 알고서 파코미우스는 앉아서 형제들에게 "내가 젊은이를 가르치는 자로 임명했다고 해서 이렇게 소란을 떠는 것은 참으로 어리석고 미친 행동입니다. 그의 말은 우주의 주님의 말씀이 아니었습니까? 주님은 '누구든지 내 이름으로 이런 어린 아이 하나를 영접하면 곧 나를 영접함이니'(마 18:5)라고 말씀하시지 않았습니까? 또 나도 여러분들과 똑같이 서서 그의 말을 듣지 않았습니까? 나는 그의 말을 듣는 체한 것이 아니라 여름에 갈증을 느껴 냉수를 원하는 사람처럼 진심으로 경청했습니다. 주님의 말씀은 마음으로 받아들여야 합니다. 하나님의 자비와 인자하심을 저버리고 떠난 사람들은 불쌍합니다. 교만함을 뉘우치지 않으면 그들의 삶은 고통일 것입니다. 여호와는 마음이 상한 자를 가까이 하시고 충심으로 통회하는 자를 구원하십니다(시 34:18)." 이렇게 말하고 기도한 후에 형제들은 수실로 돌아갔다. 파코미우스는 골풀 채취를 마친 후 수도원으로 돌아갔다.

70. 테오도르가 타벤니시 수도원의 사무장이 되다

파코미우스는 테오도르가 주의 영 안에서 능력이 있다는 것을 알아채고서 그를 타벤니시의 사무장으로 임명하여 형제들을 다스리게 했다. 파코미우스는 여덟 개 수도원의 집행부가 있는 프보우 수도원에서 지냈다(AD 336-337). 테오도르는 타벤니시의 사무장으로 임명되었으나 육적인 욕망이 전혀 없었기 때문에 임명되지 않은 사람 같았다. 여호와의 말씀이 불을 통해서 그를 검증하고 강하게 하여 세상에 속한 것을 생각하지 않고 하늘나라의 것만 생각하게 했다. 그는 복음서에서 주신 명령대로 마음을 다해 주 하나님을 사랑하는 데에만 노력을 기울였다. 그의 말에는 은혜가 가득했기 때문에 형제들에게 많은 유익을 주었다.

71. 프보우 수도원의 사무장으로 임명됨, 메소레(Mesore)라고 불리는 달 즉 8월의 모임

파코미우스는 프보우 수도원에서 지내면서 테오도르의 동생 파프노우티를 가까이 두고 다른 수도원들에서 노동하여 거둔 열매를 접수하고 그들에게 필요한 모든 것을 공급해 주는 책임을 맡겼다.

그들은 일 년에 두 차례 프보우 수도원에 모였다. 하나님의 말씀 안에서 유월절을 지키기 위해 모였고, 또 수확기인 메소레 월 20일(8월 13일)에 사무장에게 보고하기 위해 모였다. 필요한 경우에는 성찬식을 거행한 후에 각기 자기 처소로 돌아갔다.

72. 젊은 형제가 파코미우스의 잘못을 고쳐줌

언젠가 사부 파코미우스는 한 형제의 사소한 잘못 때문에 형제들을 방문하러 타벤니시로 갔다.

수도원에 도착한 그는 항상 하던 대로 먼저 자기가 앉을 멍석을 짜기 시작했다. 멍석을 짜고 있는데 매주 공동체에서 봉사하는 청년이 들어왔다. 그는 파코미우스가 멍석 짜고 있는 것을 보더니 "요즘 우리는 그런 식으로 하지 않습니다. 테오도르 원장님은 엮은 밀짚을 빳빳하게 해야 멍석 소리가 좋고 보기에도 좋다고 말씀하셨습니다!"라고 말했다. 사부 파코미우스는 즉시 일어나서 그 형제에게 "이리 와서 앉아서 가르쳐 주시오"라고 말했다. 청년은 멍석 짜는 방법을 가르쳐 주었고, 파코미우스는 교만이라는 생각을 물리쳤기 때문에 기뻐하며 다시 앉아서 멍석을 짰다. 그는 경솔하게 말한 그 청년을 책망하지 않았다.

그는 멍석을 완성한 후에 앉아서 아침부터 저녁까지 형제들에게 하나님의 말씀을 전했다. 그 다음에 형제들에게 "오늘 나는 어떤 사람의 복지 때문에 이곳으로 보냄을 받았는데, 토기 항아리 안에서 나를 여기에 오게 한 것이 무엇인지 발견했습니다"라고 말했다. 그것은 어떤 사람이 범한 죄를 빗대어 말한 것이었다. 마침 그곳에 엘리아스(Elias)라는 무식한 형제가 있었는데, 그는 금식한 후에 먹으려고 무화과 다섯 개를 땄었다. 그는 사부 파코미우스의 두려운 말이 자기를 두고 한 말임을 깨달았다. 그는 즉시 일어나 밖으로 나가서 무화과를 담은 그릇을 형제들이 있는 곳으로 가져와 사실을 고백하면서 "아버지여, 내 죄를 용서해 주십시오. 이것이 내가 딴 무화과 전체임을 주님은 아십니다. 보십시오. 내 죄를 당신께 다 고백했습니다"라고 말했다. 형제들은 사부 파코미우스 안에 계신 하나님의 영과 그의 통찰력에 놀랐다. 파코미우스는 일어나서 기도한 후 아무것도 먹거나 마시지 않은 채 프보우로 돌아갔다.

73. 파코미우스가 무서운 유령을 보다

타벤니시 수도원에서 승진한 후 테오도르는 사부 파코미우스에게서 하나님의 말씀을 듣기 위해 매일 노동을 한 후에 프보우로 가는 습관이 생겼다. 그는 당일 타벤니시로 돌아와서 형제들 모두에게 자신이 들은 말을 전하곤 했다. 그는 오랫동안 그렇게 행했다. 언젠가 테오도르가 늘 하던 대로 가르침을 받으러 왔으나 파코미우스를 만나지 못했다. 그는 성경을 낭송하려고 집회실 지붕으로 올라갔다. 사부 파코미우스는 그것을 알지 못했다. 파코미우스는 기도 중에 무시무시한 유령들과 계시들을 보았다. 그리고 갑자기 집회실이 크게 흔들렸다. 테오도르는 지붕이 흔들리는 것을 느끼고서 두려워 서둘러 내려왔다. 그는 두려움 때문에 기도하려고 집회실로 들어갔다. 기도하면서 두 손을 뻗었지만 두려움 때문에 서 있을 수 없어서 바닥에 앉았는데, 마치 담과 담 사이에 낀 사람처럼 압박을 느꼈기 때문에 집회실에서 급히 도망쳐 나왔다. 이런 일이 일어나는 동안 집회실 안에 파코미우스가 있다는 것을 그는 알지 못했다.

사부 파코미우스는 기도하면서 계시를 보았다. 그는 성소의 동쪽 벽이 금빛으로 변하고 그 위에 머리에 면류관을 쓴 사람을 그린 커다란 그림과 같은 성상이 있는 것을 보았다. 그 면류관은 무척 화려했다. 면류관의 사면에는 보석 비슷한 여러 가지 색깔의 형상들이 있었는데, 그것들은 성령의 열매-사랑, 희락, 화평, 오래 참음, 자비, 양선, 충성, 온유, 절제-였다. 성상 앞에서는 존엄하고 위대한 두 명의 대천사들이 움직이지 않은 채 집회실에 나타난 주님의 형상을 보고 있었다. 사부 파코미우스는 이 위대한 계시를 보면서 계속 다음과 같이 기도하고 탄원했다: "주님, 당신의 두려움이 우리에게 영원히 임하여 우리가 평생 당신께 죄를 짓지 않게 해주십시오." 그는 이 기도를 반복했다. 그때 천사들이 그에게 "당신은 주님의 두려움을 견뎌낼 수 없습니다"라고 말했고, 파코미우스는 "하나님의 은혜에 의해서 나는 견딜 수 있습니다"라고 대답했다. 그 즉시 두려움의 광선이 마치 온세상에 솟아오르는 태양처럼 서서히 그를 향해 다가왔다. 그 빛나는 광선은 진초록색이었는데, 보기에 무척 두려웠다. 그 두려움이 파코미우스에게 접촉하여 사지, 심장, 골수, 온몸을 위축시켰기 때문에 그는 땅에 쓰러져 마치 살아있는 물고기처럼 괴로워서 몸부림쳤다. 그는 죽은 듯이 기절했고 그의 영혼은 매우 슬퍼했다. 천사들은 사부 파코미우스에게 나타난 주님의 형상에서 시선을 떼지 않은 채 파코미우스를 지켜보았다. 그들은 "주님을 보는 충격을 견디낼 수 없다고 말하지 않았습니까?"라고 말했다. 그는 "내 주 예수 그리스도시여, 나를 불쌍히 여기소서"라고 소리쳤다. 그 즉시 두려움의 광선은 서서히 원래 있던 곳으로 물러갔고, 자비의 광선이 마치 성유처럼 그를 향해 다가왔다. 그 광선이 그에게 닿자 그는 위로를 받았다. 그는 즉시 일어나서 형제들이 성찬예배를 드릴 때까지 하나님을 찬미했다. 그 후에 그는 잠시 쉬었다.

아침 성찬예배 후에 테오도르는 파코미우스가 몇 명의 경험 많은 사부들에게 이 일을 이야기하는 것을 보았다. 그는 탄식하고 눈물을 흘리면서 다음과 같이 말했다. "어젯밤 내가 집회실에서 주님 앞에 두 손을 폈을 때 내 영혼이 내게서 찢겨 나가는 것 같았습니다. 내 영혼이 비탄에 빠져 있을 때에 담대한 사람이 들어왔는데 그 사람의 영혼도 두려움 때문에 거의 찢겨 나갔습니다." 이 말을 들은 테오도르가 말했다: "아버지여, 그 사람이 저였습니다. 나는 저녁때 당신에게 축복을 받으려고 찾아갔는데 당신을 찾지 못했습니다. 그래서 집회실 지붕에 올라가서 잠시 묵상하고 있는데 집회실이 흔들렸기 때문에 두려워서 내려왔습니다. 나는 집회실에 들어가려 했지만 온몸이 덜덜 떨려서 겁에 질려 밖으로 나왔습니다." 사부 파코미우스는 "내 아들 테오도르여, 하나님의 크신 자비로 말미암아 그대가 그곳에서 황급히 도망쳤다는 것을 주님은 아십니다"라고 말했다. 노인들은 이 말을 듣고서 크게 두려워하며 "이 거룩한 사람들은 우리 주 예수 그리스도에 대해 마치 하늘나라 사람들처럼 생각하는군요"라고 말했다.

74. 형제들이 주방에서 침묵을 깨다

어느 날 테오도르가 파코미우스를 만나러 프보우 수도원에 갔다. 파코미우스는 몸이 무척 약해져 있었다. 파코미우스는 테오도르에게 "가서 얼마나 많은 사람들이 규율을 어기고 저녁에 주방에서 말을 하는지 조사하십시오"라고 말했다. 테오도르는 다섯 형제가 침묵을 깨고 말을 했다는 것을 알아내어 파코미우스에게 보고했다. 파코미우스는 다음과 같이 말했다.

"테오도르, 그들은 그것이 인간적인 일이라고 생각합니까? 비록 사소한 일에 대한 것일지라도 명령은 중요한 것입니다. 많은 무리가 받은 명령에 순종하여 칠일 동안 여리고 성 주위를 행진했고, 명령을 받았을 때에 순종하여 큰 소리로 외쳤습니다. 그리하여 그들은 명령을 내리는 사람에 의해 선포된 하나님의 뜻을 성취했습니다. 이 형제들은 장차 신중하게 행하며 이미 행한 일을 용서받아야 합니다. 그들의 영혼에 유익한 것이 아니었다면, 나는 그렇게 명령하지 않았을 것입니다."

파코미우스는 종종 테오도르를 다른 수도원에 보내어 형제들을 심방하게 했고, 형제들에게 "나와 테오도르는 동일하게 하나님을 섬기고 있습니다. 그에게는 아버지요 교사로서 다스리는 능력이 있습니다"라고 말하곤 했다.

75. 도둑 누명을 쓴 형제

어느 날 테오도르가 형제들을 심방하러 어느 수도원에 갔다. 형제들은 도둑질을 했다는 혐의를 받는 형제를 그에게 데려와서 수도원에서 쫓아내 달라고 말했다. 그러나 범인은 그 형제가 아니라 모든 형제들이 신실하다고 여기는 다른 형제였다. 형제들은 태만한 것처럼 보인다고 여겨 그를 범인으로 몰았다. 도둑은 자신이 첫째 계명을 범했다는 것, 그리고 자기 때문에 형제들이 죄없는 형제를 수도원에서 쫓아내려 한다는 것을 깨닫고서 은밀히 테오도르에게 가서 "아버지여, 나를 용서해 주십시오. 내가 도둑입니다"라고 말했다. 테오도르는 "당신이 우리 앞에서 무죄한 형제의 누명을 벗겼으므로, 주께서 당신의 잘못을 용서해 주셨습니다"라고 말했다. 그러고는 누명을 썼던 형제를 불러 "나는 당신이 도둑이 아님을 압니다. 그러나 당신이 범하지 않은 잘못 때문에 형제들이 당신을 약간 괴롭혔다고 해서 무죄함을 자랑하지 마십시오. 왜냐하면 당신은 이미 범한 다른 죄들로 인해 주께 빚을 지고 있기 때문입니다. 그러니 평생 주님을 두려워하고 감사말했다: "여러분은 이 일에 대한 판단을 나에게 맡겼습니다. 그의 죄를 용서해 주어야 한다는 것이 하나님의 뜻입니다. 사실 우리 모두가 하나님의 자비를 필요로 합니다."

76. 파코미우스와 테오도르가 본 또 하나의 환상

타벤니시 공동체의 한 형제가 마귀의 시험을 받았다. 테오도르는 프보우에 머물고 있는 파코미우스의 기도를 받기 위해서 그를 나귀에 태워 데려갔다. 그들이 도착하기 전에 파코미우스는 형제들에게 영혼의 구원에 대한 하나님의 말씀을 전하면서 이미 멀리서 그들을 보았다. 그는 형제들을 내버려 두고 곧바로 테오도르를 만나러 나갔다. 몇몇 형제들은 화가 나서 "그는 젊은 테오도르를 보자마자 그를 만나기 위해서 우리 원로들을 버려두었다"고 말했다. 이 형제들은 과거에도 사부 파코미우스가 테오도르에게 형제들의 영혼 구원에 대한 가르침을 맡겼을 때에 불쾌하게 여겼었다. 파코미우스는 테오도르를 포옹하고서 "당신이 이곳에 도착하기 전에 주님은 당신에 관해 나에게 명령하셨습니다. 그러니 이제 당신이 데려온 이 병든 형제를 다른 사람에게 맡기고 속히 나와 함께 집회실로 갑시다"라고 말했다. 사부 파코미우스는 형제들을 위해서 기도하고 나서 그들을 해산했고, 형제들은 각기 수실로 돌아갔다.

파코미우스는 테오도르를 데리고 집회실에 들어갔고, 두 사람은 제2시부터 제9시까지 서서 기도했다. 두 사람이 기도할 때에 위로부터 높은 탑처럼 큰 보좌가 나타났는데 거기에는 주님이 앉아계셨다. 이따금 그 보좌는 두 사람이 볼 수 없을 정도로 위로 올라갔고, 또 어떤 때는 아주 밑으로 내려와서 손으로 만질 수 있었다. 이런 과정이 대략 세 시간 동안 계속되었다. 보좌가 아래로 내려오면 파코미우스는 마치 테오도르를 보좌에 앉으신 분에게 바치려는 듯이 두 손으로 테오도르를 붙들고서 "주님, 내가 바치는 이 선물을 받아 주십시오"라는 기도를 계속 반복했는데, 마침내 "네 기도가 응답되었으니 담대하라"는 음성을 들었다. 그 후 파코미우스는 테오도르를 내보냈다. 테오도르는 병든 형제를 데리고 집회실에 들어갔고, 두 사람은 함께 그 형제를 위해 기도했다. 주님이 병을 고쳐주셨으므로 이 형제는 전혀 아픈 적이 없었던 듯이 테오도르와 함께 타벤니시로 돌아갔다.

77. 형제들이 또다시 주방에서 침묵을 깨다

어느 날 파코미우스는 프보우 수도원에서 일 년 동안 필요한 빵을 공급하기 위해 타벤니시 수도원의 형제들과 함께 빵을 만들고 있었다. 프보우 수도원에는 아직 빵 굽는 사람이 없었다. 파코미우스는 주방에서는 함께 하나님의 말씀을 낭송하는 것 외에 절대 침묵해야 한다고 명령했었다. 반죽하는 사람들은 물이 필요하면 반죽통을 손으로 두드렸다. 언젠가 반죽하던 한 형제가 시중 드는 사람들에게 "물을 가져다 주세요"라고 말했다. 사부 파코미우스는 조금 떨어진 곳에 서 있었는데, 형제들이 서로 이야기하는 동안 주의 천사가 즉시 알려주면서 "저 사람들의 행동을 보세요. 당신의 명령에 복종하지 않았습니다. 만일 테오도르가 와서 항의한다면 그를 용서해 주시겠습니까?"라고 물었더니 파코미우스는 "그렇지 않습니다"라고 대답했다.

다음 날 아침 파코미우스는 테오도르를 소환했다. 테오도르는 타벤니시 수도원 원장이요, 주방과 빵 굽는 사람들을 관리하는 책임을 맡고 있었다. 그는 테오도르에게 "어제 저녁에 주방에서 명령을 어긴 사람을 찾아내십시오"라고 말했다. 테오도르는 철저히 조사하여 18명이 명령을 어겼음을 알아냈다. 그는 부끄러운 표정으로 파코미우스에게 와서 "언제부터 언제까지입니까?"라고 손을 들면서 말했다. 테오도르가 손을 드는 모습을 보는 순간 파코미우스는 천사의 말을 기억하고서 크게 노하여 웃음을 터뜨렸다. 파코미우스의 웃음이 어떤 웃음인지 알았기 때문에 테오도르는 더욱 슬펐다. 그 자리에 있는 몇 사람이 "왜 울고 계십니까? 그분이 무어라고 말씀하셨습니까?"라고 물었다. 파코미우스는 그들에게 "그 사람을 내버려 두세요. 하나님 앞에서 태만한 데 대해 울게 내버려 두세요"라고 말했다.

테오도르는 파코미우스의 뜻을 따라 주방의 지휘권을 다른 형제에게 맡기고 공동체 안 어느 곳으로 물러갔다. 그는 이틀 단위로 탄식과 신음으로 금식하면서 밤낮 형제들의 행동에 대해 눈물을 흘리며 기도했다. 테오도르가 그렇게 세 주일 동안 고행한 후, 파코미우스는 "그만하십시오. 그만하면 충분합니다. 그러나 앞으로는 태만하여 형제들이 명령을 범하는 일이 없게 하십시오. 그렇지 않으면 당신은 주 예수 그리스도 앞에서 죄인이 될 것입니다"라고 말했다.

78. 테오도르가 프보우 수도원에서 파코미우스의 보좌 역이 되다

테오도르가 주의 일을 하는 데 있어서 크게 진보한 것을 본 파코미우스는 타벤니시 수도원에는 사부 소우로우스 2세(Sourous the Young)를 수도원장으로 앉히고 테오도르를 프보우로 데려갔다. 눈의 아들 여호수아가 모세의 곁에서 도왔던 것처럼, 파코미우스는 테오도르를 곁에 두어 자기를 돕게 했다. 그는 테오도르를 여러 수도원에 보내어 형제들을 하나님의 말씀으로 격려하게 하곤 했다. 테어도어는 각각의 공동체에 수도사가 되려고 찾아오는 사람들을 받아들였고, 필요한 경우 하나님의 명령이나 파코미우스의 명령에 의해 수도사들을 축출했다.

79. 부추를 너무 많이 먹은 형제

어느 날 테오도르가 형제들과 함께 일하고 있었다. 저녁에 일을 마친 후 테오도르는 형제들을 위해 음식을 준비하게 했다. 형제들이 음식을 먹는 동안 테오도르는 서서 시중을 들었는데, 그중 한 형제가 부추를 많이 먹는 것에 주목했다. 그는 수도원에 들어온 지 얼마 되지 않은 건장한 청년이었다. 형제들의 식사 시중을 마친 후 테오도르는 홀로 밖에 나가서 담에 기댔다. 왜냐하면 그는 이틀 동안 금식하고 있었는 데다가 날씨가 무척 더웠기 때문이었다. 그런 후에 형제들에게 "수도사는 부추를 많이 먹지 말아야 합니다. 왜냐하면 부추는 몸에 원기를 돋우고 영혼을 공격하기 때문입니다"라고 말했는데, 그 자리에는 부추를 많이 먹은 형제도 참석하여 그 말을 들었다. 이렇게 말하는 동안 테오도르가 형제들과 함께 일하는 곳을 보려고 파코미우스가 그곳에 도착했다. 그는 테오도르가 담에 기대어 선 것을 보고서 "담이 당신의 몸을 지탱해 줍니까?"라고 물었다. 테오도르는 즉시 자세를 똑바로 하고 파코미우스 앞에 엎드렸다. 그는 주의 법 안에서 완전하기 위해 모든 일에 있어서 쉬지 않고 자신을 낮추었다.

테오도르는 부추를 많이 먹은 형제를 책망한 일 때문에 마음이 아팠다. 왜냐하면 그런 식으로 말하는 것이 하나님의 뜻이 아닐 수도 있었기 때문이다. 그는 혼잣말로 "주님이 그의 마음을 움직여 자유로이 선택하게 하실 때까지, 그리고 그 형제가 덕에 의해 육신을 억제하며 선하게 생활하는 형제들의 본을 보고 배울 때까지 기다리지 못했을까?"라고 중얼거렸다. 한편 테오도르의 말을 들은 그 형제는 죽을 때까지 부추를 먹지 않았다. 이 형제가 다시는 부추를 먹으려 하지 않는 것을 본 테오도르는 다른 사람을 책망하여 먹지 못하게 한 자신이 정죄될까 두려워 죽을 때까지 부추를 먹지 않았다.

80. 테오도르가 지나친 호기심 때문에 책망받다

어느 날 테오도르는 외투를 입고서 공동체의 윗사람 명령을 받아 봉사하러 어딘가에 다녀오는 형제를 만나서 "어디에 다녀오십니까?"라고 물었다. 파코미우스는 조금 떨어진 곳에서 이 말을 들었다. 그 형제가 간 후에 파코미우스는 테오도르를 불러 다음과 같이 말했다: "테오도르여, 사람들의 구원에 대한 질문 외에 '어디에 다녀오십니까?'라고 질문하는 행동이 습관이 되지 않게 하려면 절제하여 마음을 다스리십시오." 테오도르는 이 말을 마음에 새기고 "그것이 작은 일이든 다시는 그렇게 하지 않겠습니다"

라고 말했다.

81. 파코미우스와 테오도르가 본 또 다른 환상

어느 날 제7시에 날씨가 무척 더웠다. 파코미우스는 테오도르를 부르더니 "예비 수도사 형제가 임종하려 하기 때문에 우리는 빨리 트모우소즈 수도원으로 가야 합니다. 그러니 빵을 조금 먹습니다"라고 말했다. 테오도르는 "사부님 뜻대로 하십시오"라고 대답했다. 두 사람은 즉시 식당으로 갔다. 식당에는 다른 형제들은 없고 두 사람만 있었다. 빵을 물에 담군 후에 파코미우스는 테오도르에게 "빵에 물이 배어 부드러워지기를 기다리는 동안에 기도합시다"라고 말했다. 그리하여 기도를 시작한 두 사람에게 큰 두려움이 임했다. 그들은 빛나는 사람이 그들 앞에 서서 손을 내밀면서 "당신들의 향기로운 기도를 주면 내가 그것을 주님 앞에 가져가겠습니다"라고 말했다. 두 사람은 즉시 땅바닥에 엎드려 눈물을 흘리면서 "우리 주 하나님, 우리를 불쌍히 여기소서"라며 많은 탄원을 했는데, 저녁때까지 기도했다. 사부 파코미우스는 자기들이 도착할 때까지 예비 수도사 형제를 죽지 않게 해 달라고 탄원했다. 저녁 때에 두 사람은 앉아서 식사를 한 후에 곧 일어나 길을 떠났는데 한밤중에 트모우손즈 수도원에 도착했다.

그들은 곧바로 병든 형제가 있는 곳으로 들어갔다. 그곳의 책임자는 "저 형제는 이틀 동안 앓고 있습니다. 그를 일으켜 남쪽 수도원으로 데려가 세례를 받게 해야 하는데 도중에 숨을 거둘까 염려됩니다"라고 말했다. 모든 수도원의 예비 수도사들은 사순절 기간에 프보우 수도원에 가서 세례를 받는 것이 관습이었다. 사부 파코미우스는 "그의 건강이 악화되고 있는 것을 알면서 왜 여기에서 세례를 주지 않았습니까?"라고 물었더니 "이곳에서는 세례를 집전할 사제가 없습니다"라고 대답했다. 그 형제가 숨을 거두기 전에 그들이 대화를 하고 있을 때, 사부 파코미우스와 테오도르의 눈이 열려 그 형제에게 은밀하게 세례를 주러 온 천사들을 보았다.

82. 죽음을 맞이한 영혼들의 운명에 관한 환상

주님은 여러 번 파코미우스에게 빛의 천사들이 선한 형제들을 찾아오는 방식에 대해 계시해 주셨다. 만일 임종하는 사람이 선한 사람이라면, 임종하는 사람의 행동의 분량에 상응하는 세 명의 천사들이 그를 데리러 온다. 만일 수행에 있어 높은 계층의 사람이라면, 탁월한 천사들이 그를 하나님께 인도하기 위해 파견된다. 반면에 덕행이 보잘것없는 형제는 낮은 계층의 천사들이 데리러 온다. 하나님이 이렇게 행하시는 까닭은 인간을 찾아오는 천사들이 적절하게 인내하며 그를 몸 밖으로 들어올릴 수 있게 하기 위함이고, 높은 계층의 천사들이 수행이 빈약한 사람에게 파견되어 세상 권세들의 관습에 따라 그를 다루는 일이 없게 하기 위함이다. 세상 권세들은 부와 헛된 영광의 자극을 받아 불공평하게 행동하며, 멸시받거나 가난한 사람들을 그 가난하고 멸시받는 처지에 상응하게 다룬다. 그러나 신적 권세들은 매사에 바른 판단에 따라서, 주의 명령 및 인간이 성취한 공로에 상응하게 행동한다.

　인간을 데려가기 위해 파견된 세 천사들은 각기 계층이 다른데, 그중 계층이 낮은 천사는 언제나 높은 계층의 천사에게 복종한다. 인간이 숨을 거둘 때에 한 천사는 머리맡에 서고 한 천사는 발 옆에 서는데, 마치 임종하는 사람의 영혼이 몸을 떠날 때까지 두 손으로 기름을 바르는 사람들의 태도와 흡사하다. 셋째 천사는 영혼을 받기 위해 커다란 영적 보자기를 펼친다. 거룩한 사람의 영혼은 눈처럼 희고 아름답다. 영혼이 몸에서 나와 보자기에 떨어지면 한 천사가 그 보자기의 위쪽 두 끝을 붙들고, 또 한 천사가 아래쪽의 두 끝을 붙드는데, 이것은 마치 세상에서 사람들이 시신을 들어올리는 것 같은 모습이다. 셋째 천사는 아무도 알지 못하는 언어로 영혼 앞에서 노래한다. 다른 사람들, 즉 이 환상을 보고 있는 파코미우스와 테오도르도 그들의 노래를 이해하지 못했다. 그들은 단지 천사가 노래하는 "알렐루야"라는 단어를 들었을 뿐이다. 천사들은 그 영혼과 함께 동쪽으로 이동한다. 천사들은 인간들처럼 걷는 것이 아니라 흐르는 물처럼 미끄러지듯이 앞으로 나아가는데, 이는 그들이 영이기 때문이다. 그들이 영혼을 데리고 높이 올라갔기 때문에 영혼은 우주의 이쪽 끝에서 저쪽 끝을 볼 수 있었고, 피조세계 전체를 보고 그 주인이신 하나님을 찬양했다.

그 후 천사들은 그 영혼이 선행으로 획득한 안식의 장소에 들어간 후에 자신이 어떤 고통을 피했는지 깨닫고, 그럼으로써 우리 주 예수 그리스도의 선하심으로 말미암아 그 모든 고난에서 구해 주신 주님을 더욱 찬미하게 하기 위해서 주님의 명령에 따라서 영혼이 쉬게 될 장소를 알려주었다. 그런 후에 천사들은 그들을 자신의 법으로 그 영혼을 양육하며 주께 대한 경외심을 가르쳐 주었던 하나님의 사람에게 데려왔다. 그때 그는 거리낌 없이 "나의 주여, 당신의 모든 성도들과 함께 당신을 찬미하리이다"라고 찬미한다. 그 후 천사들은 그가 성취한 선행의 분량에 따라 주께서 정해 주신 안식처로 그를 인도한다. 영혼은 주님 앞에 설 때에 세상에서 성취한 선행의 공로에 따라서 주님 가까이에 서거나 멀리 선다. 영생을 얻는 영혼은 주님이 예비하신 안식처에 들어가기 전에 찬송하며 주님을 찬미한다. 주님을 찬미할 때에 깨끗한 마음 덕분에 주님을 보고 찬미하며 "마음이 청결한 자는 복이 있나니 그들이 하나님을 볼 것임이요"(마 5:8)라고 말하는 영혼들이 있다. 수행을 게을리 하는 사람은 마음의 정결함이 완전하지 못하기 때문에 신성의 영광 속에 계신 하나님을 볼 자격이 없다. 그럼에도 불구하고 만일 그가 단순한 생활을 할 자격이 있다면 하나님의 아들의 육체 즉 인성을 보는데, 그것은 그분의 신성과 하나로서 그 안에 뗄 수 없이 존재한다.

죽은 사람들 각각의 공로에 따라서 성도들은 주님의 명령에 의해서 하나님의 선하신 즐거움을 충족시킨 사람들을 만나러 엄숙하게 나아간다. 그들은 생명의 문까지 누군가를 만나러 가서 포옹한다. 그들은 자신의 공로에 비례하는 거리만큼 멀리 있는 성도들에게로 간다. 어떤 성도들은 그들이 가까이 와서 포옹하는 것을 허락한다. 그러나 성도들의 포옹을 받을 만큼의 공로를 획득하지 못한 사람들도 있다. 그들은 자신의 보잘것없음의 분량대로 생명을 물려받는다. 그들이 성도들을 만나러 올 때 의로운 사람들은 그들을 맞이하러 나온 사람이 세상에서 마귀를 대적한 전투에서 획득한 것보다 더 밝은 면류관을 쓴다. 물론 부활 때에 의로운 재판관이신 하나님에게서 받을 의의 면류관은 예외이다. 의인의 영혼이 생명의 문에 가까이 오면, 주님이 다윗의 말을 그의 입에 주시므로 그는 "내게 의의 문들을 열지어다 내가 그리로 들어가서 여호와께 감사하리로다"(시 118:19)를 반복하며, 생명의 문을 지키는 천사는 "이는 여호와의 문이라 의인들이 그리로 들어가리로다"(시 118:20)라고 응답한다. 완전한 사람들의 제자의 영혼을 인도한 천사들은 문 앞에 도착했을 때에 "너희는 문들을 열고 신의를 지키는 의로운 나라가 들어오게 할지어다 주께서 심지가 견고한 자를 평강하고 평강하도록 지키시리니 이는 그가 주를 신뢰함이니이다" (사 26:2-3)라고 외친다.

사부 파코미우스는 예비 신자인 형제가 죽기 전 은밀하게 세례를 받을 때에 트모우손즈 수도원에서 이 큰 계시를 받았다. 파코미우스는 의인이 육신을 어떻게 떠나는지 본 후에 죄인의 영혼은 어떻게 육신을 떠나는지 질문했는데, 천사는 다음과 같이 대답했다:

"주님은 당신을 완전히 만족시켜 주실 것입니다. 악하게 생활한 영혼이 죽을 때에는 무자비한 두 명의 천사가 데리러 옵니다. 그가 죽을 때가 되어 아무도 알아보지 못할 때, 무자비한 천사 하나는 그의 머리 가까이에 서고 또 한 천사는 발 앞에 서서 그 불쌍한 영혼이 죽을 때까지 때립니다. 그 다음에는 그의 입에 낚시 바늘처럼 생긴 것을 집어넣고 몸에서 영혼을 잡아당깁니다. 그 영혼은 어둡고 거무스름합니다. 들은 그 영혼을 혼말(spirit-horse)의 꼬리에 묶은 뒤에 그가 행한 악에 상응한 고통을 겪게 하거나 지옥 밑바닥으로 데려갑니다.

사실 마지막으로 병을 앓는 동안, 또는 마지막 숨을 내쉴 때에 이러한 고통을 경험하는 선한 사람들이 많습니다. 이는 그들이 조리되었지만 식탁에 오르기 전에 조금 더 요리되어야 하는 고기와 비슷하기 때문입니다. 주님 앞에서 정결하고 모든 것으로부터 자유롭기 위해서 죽기 전에 시련을 받는 신자들의 경우도 마찬가지입니다. 우리는 죽을 때에 시련을 당하는 거룩한 사람들을 알고 있습니다. 예를 들어 스데반, 순교자들, 기타 그들과 비슷한 사람들이 있습니다. 욥, 다윗 등의 거룩한 사람들도 살면서 큰 고난과 많은 시련을 당했고, 어떤 사람들은 임종 때에 고난을 당했습니다. 사실 '악인도 악한 날에 적당하게 하셨느니라'(잠 16:4)고 기록된 것처럼 많은 죄인들은 장차 그들을 기다리고 있는 환난과 형벌 때문에 이 세상에서 고난을 받지 않은 채 고요히 죽습니다. 그런 까닭에 전도자는 이런 사람들을 본 후에 '모든 사람에게 임하는 그 모든 것이 일반이라 의인과 악인, 선한 자와 깨끗한 자와 깨끗하지 아니한 자, 제사를 드리는 자와 제사를 드리지 아니하는 자에게 일어나는 일들이 모두 일반이니 선인과 죄인, 맹세하는 자와 맹세하기를 무서워하는 자가 일반이로다'(전 9:2)라고 말했습니다. 우리는 만백성의 주이신 구주께서 십자가에 달리셨을 때에 그 오른편과 왼편에 강도들이 함께 달렸던 것을 압니다."

이것은 트모우손즈 수도원에서 파코미우스가 받은 가르침이다. 그는 예비 수도사가 주님의 거룩한 백성들이 머무는 안식처에 들어갔기 때문에 기뻤다. 그 형제의 시신을 산으로 가져가서 다른 형제들 곁에 묻은 후 사부 파코미우스는 자신이 본 계시로 인해 주께 감사하면서 테오도르와 함께 속히 프보우 수도원으로 돌아 왔다.

83. 천사들의 호위를 받아 천국으로 들어가는 영혼을 보다

어느 날 테오도르는 집회실에 앉아있으면서 공중에서 천사가 부르는 노랫소리를 들었다. 그는 즉시 일어나서 사부 파코미우스에게 갔다. 파코미우스는 "그것은 육신을 떠나 천사들과 함께 우리 위로 지나가고 있는 의로운 영혼입니다. 우리는 그 영혼 앞에서 하나님을 찬미하는 사람들의 소리를 듣는 은혜를 받았습니다"라고 말했다. 두 사람은 함께 이야기하면서 하늘에서 천사들의 방문을 받은 영혼을 보았는데, 두 사람이 아는 사람이었다.

주님은 종종 그들의 눈을 열어 주셨다. 그들은 성소 안 제단 앞에서 사제나 감독이 주는 성찬을 받을 자격이 있는 사람들에게 하나님의 천사가 함께 성찬을 나누어 주는 것을 보았다. 혹시 자격이 없거나 더러운 사람이 성찬을 받으러 나오면 천사는 손을 거두어 들였으므로 그 사람은 천사에게서는 성찬을 받지 못한 채 집례자가 주는 성찬을 받았다.

84. 테오도르가 본 또 다른 환상

어느 날 사부 파코미우스는 영혼에 관한 일로 형제 한 사람을 데리고 어느 수도원을 향해 떠났다. 그는 테오도르에게 자신이 돌아올 때까지 형제들을 보살피라고 명령했다. 어느 날 테오도르는 형제들을 감독하기 위해서 밤중에 일어나 공동체 전체를 순시하면서 어느 곳에 서서 기도했다. 기도하는 동안 그는 몰아의 상태에서 다음과 같은 환상을 보았다: 형제들 모두가 마치 쉬는 양들처럼 누워있고 한 천사가 그들 가운데서 지키고 있었다. 천사를 본 테오도르가 마치 그에게 다가가려는 듯이 자리에서 일어섰다. 천사는 그에게 눈짓을 하면서 그가 말하려는 것을 정신 속에 넣어주어 입으로 표현하게 했다. 그는 "형제들을 지키는 자는 누구입니까? 당신입니까, 나입니까?"라고 말했다. 그 즉시 테오도르는 걱정스럽게 제 위치로 돌아와서 "우리가 지키는 것처럼 보일 뿐입니다. 실제로 천사들은 우리의 목자들이며, 그리스도의 영적인 양무리에 속하는 우리를 지켜줍니다. 우리를 원수의 악한 올무에서 안전하게 지켜주는 자도 천사들입니다"라고 말했다. 이 천사는 입은 수도복 때문에 마치 왕의 군사처럼 보였다. 그는 손에 매우 밝고 불같은 칼을 들고 있었고, 예배 때에 입는 긴 예복을 입었는데 이 빛나는 예복에는 큰 메달들이 달려 있었다. 그의 붉은 색 허리끈은 무수히 많은 광선을 발휘했다.

85. 테오도르가 멀리 떨어진 곳에서 파코미우스의 가르침을 듣다

어느 날 사부 파코미우스는 트카스민(Tkahšmin) 수도원 형제들의 긴박한 문제를 보살피게 하려고 테오도르를 보냈다. 테오도르는 이 수도원 안의 무화과 나무 근처에서 기도하던 중 90km 이상 떨어진 프보우 수도원에서 사부 파코미우스가 앉아서 형제들에게 하나님의 말씀을 가르치고 있는 모습을 보고 함께 그 말씀을 들었다. 프보우 수도원으로 돌아온 테오도르는 사부 파코미우스에게 가서 자신이 프보우에서 기도하고 있는 중에 파코미우스를 보고 형제들을 가르치는 말씀을 들었다고 이야기했다. 사부 파코미우스는 "테오도르, 당신은 실제로 내 말을 들었군요"라고 대꾸했다.

86. 파코미우스가 또 환상을 보다

어느 날 사부 파코미우스는 어느 곳에서 홀로 기도하다가 몰아의 상태에 들어갔다: 형제들 모두가 예배에 참석했는데 주님은 높은 보좌에 앉으셔서 복음의 비유들을 말씀하고 계셨다. 그날 환상 속에서 파코미우스는 주님이 하시는 말씀뿐만 아니라 그 해석도 들을 수 있었다. 그날 이후 파코미우스는 형제들에게 하나님의 말씀을 가르치고 싶을 때면 주님이 앉아서 형제들에게 말씀하시는 것을 보았던 장소를 사용하곤 했다. 그가 주님에게서 들은 말씀과 해석을 전할 때면 그의 입에서 번쩍이는 큰 빛이 나왔는데, 형제들은 그의 입에서 나오는 번쩍이는 빛을 닮은 가르침 때문에 크게 무서워했다.

87. 선한 영감을 따르지 않은 형제의 잘못을 고쳐준 테오도르

하루는 테오도르가 형제들과 함께 일했다. 그들은 저녁 무렵 일을 마친 후에 식사를 했다. 형제들 중에는 빵을 먹지 않는 사람이 있었기 때문에 테오도르는 그들을 위해 죽을 준비했다. 형제들 중에 파트롤(Patlole)이라는 건장하여 끊임없이 정념들과 싸우는 청년이 있었다. 죽을 먹고픈 욕망이 그를 덮쳤을 때에 하나님의 성령은 "그것은 죽을 필요로 하는 사람을 위해 조리된 것인데, 너에게는 그것이 필요하지 않다. 육체의 생각들이 너를 공격하고 있는 것이 그 증거이다"라고 권면했다. 그러나 그는 주님이 그의 내면에서 불러일으키신 생각에 복종하지 않고 죽을 먹었다.

식사를 마친 형제들은 항상 하던 대로 테오도르가 전하는 하나님의 말씀을 듣기 위해 오두막으로 갔다. 그들은 자기들의 잘못을 지적해 달라고 테오도르에게 말했다. 테오도르는 그들 중 몇 사람에게 "당신들은 무기력합니다"라고 책망하고, 또 몇 사람에게는 "당신들은 너무 쉽게 화를 냅니다"라고 말했고, 또 다른 사람들에게 "당신들은 말이 너무 거칩니다"라고 말하고는 "나는 여러분 중에 음식 냄비에 모든 소망을 거는 사람을 봅니다"라고 말했다. 문제의 그 형제는 이 말이 자기를 겨냥한 것임을 깨닫고 형제들 가운데서 즉시 땅바닥에 엎드려 "나를 위해 기도해 주십시오. 나는 의도적으로 양심의 소리를 무시했습니다. 내가 마음속에서 나온 선한 암시에 복종하지 않았기 때문에 주님은 대중들 가운데서 나를 책망하셨습니다"라고 말했다.

88. 죽은 후에 죄인들이 받을 형벌에 관한 환상

어느 날 파코미우스는 주님의 명령에 의해서 몰아 상태에서 사람의 자녀들이 받아야 할 형벌과 고통에 대해 관상하게 되었다. 우리는 그가 몸 안에 있었는지 몸 밖에 있었는지 알지 못하지만, 하나님은 그가 몰아의 도취상태에 빠져 있었음을 아신다. 그는 이 세상에서 멀리 떨어진 즐거움의 낙원 북쪽으로 가서 불이 가득한 강과 운하와 도랑을 보았다. 죄인들의 영혼들은 그 속에서 괴로워하고 있었다. 천사와 함께 고통의 모습을 보면서 걸어가던 중 위를 쳐다보니 처음에 보았던 영혼들보다 더 큰 고통을 당하고 있는 영혼들이 있었다. 그들은 손에 불채찍을 들고 있는 무섭게 생긴 고문하는 천사들에게 맡겨져 있었다. 그들은 만일 불 위로 손을 내미는 영혼이 있으면 세게 채찍질하여 불속 깊이 밀어 넣었다. 그 영혼들은 여러 가지 고통을 당하고 있어 기진맥진하여 소리치지도 못한 채 절망적으로 한숨을 쉬곤 했다. 고통을 당하는 영혼들이 무수히 많았다.

그는 또 한층 더 뜨거운 불이 가득한 우물과 웅덩이들을 보았다. 각각의 웅덩이 안에는 단 하나의 영혼이 들어 있었는데, 그 영혼의 두 발은 세상에서 입고 있었던 육신의 모습이었다. 영혼의 두 발이 웅덩이의 양쪽을 딛고 있었다. 불은 세상에서 더러워진 지체들을 차례로 태우고 있었다. 파코미우스는 어느 웅덩이에 빠져 괴롭힘을 당하고 있는 영혼을 자세히 살펴보았는데, 그는 성경에서 남색하는 자라고 불린 사람이었다.

파코미우스는 그곳에서 벌을 받고 있는 수도사들도 보고서 함께 걷고 있는 천사에게 "이 영혼들은 무슨 죄를 지었기에 이곳에 왔습니까?"라고 물었다. 천사는 이렇게 대답했다: "당신이 보고 있는 영혼들은 육신은 매우 순결하지만 형제들이 은자의 생활을 하고 있는 곳을 이리저리 찾아다닌 게으른 자들입니다. 그들은 형제를 찾아가서는 그 형제가 근처의 다른 형제와 사이가 좋지 않다는 것을 알고서 그를 비방합니다. 그들은 다른 형제를 비방함으로써 먹을 것과 마실 것을 얻을 것이라고 생각합니다. 그들은 이 형제를 떠나 자신이 방금 전에 비방했던 형제에게 가서 지금까지 아첨했던 사람을 비방하는데, 그들의 목적은 역시 후히 대접을 받으려는 데 있습니다. 그들은 이러한 비방 때문에 영원히 계속되는 고통 속에 빠져 있는 것입니다."

영혼들을 고문하는 천사들에게는 기쁨과 즐거움이 가득했다. 그들은 마치 관리인이 주인의 재산이 증식되는 것을 보면서 기뻐하는 것처럼 기뻐했다. 주님이 그들에게 고통을 가하도록 맡겨진 악인들로 인해 슬픔을 느끼지 못하도록 그들을 무자비한 존재로 지으셨기 때문이다. 만일 그들에게서 고통을 받는 영혼들이 동정을 베풀어 달라고 부탁하면, 그들은 크게 노하여 한층 더 무서운 벌을 가한다. 그들은 새로운 영혼을 맡으면 마치 엄청난 소득을 얻은 사람처럼 악인들의 몰락으로 인해 크게 기뻐한다.

사부 파코미우스가 안내하는 천사와 함께 이 고통의 광경을 바라보고 있을 때에 고문하는 천사 하나가 그를 잡아당기면서 "파코미우스, 이리 오세요. 당신에게 다른 형벌들을 보여주겠소"라고 말했다. 파코미우스는 그 형벌을 구경하려고 그 천사에게 끌려가면서 이 무자비한 천사들의 본성 및 그들이 그처럼 악한 형벌을 가하면서 즐거워하는 데 놀랐다. 파코미우스 자신은 고통을 받고 있는 사악한 사람들의 불쌍한 영혼을 보고 무척 슬펐다.

조금 더 가니 고문하는 무자비한 천사들에 의해 거칠게 몰려가는 무수히 많은 영혼들이 있었다. 그가 또 안내하는 천사에게 이들이 누구인지 물었더니 "이들은 오늘 세상에서 죽은 죄인들의 영혼입니다. 그들은 각기 자신의 공과에 따라서 형벌을 분류되고 있습니다"라고 대답했다.

  그를 안내하면서 형벌의 현장을 보여주는 천사와 함께 서쪽으로 더 가서 아래를 내려다보니 지옥문 입구가 있었다. 지옥은 무척 깊다. 그곳은 어두운데, 마치 난로처럼 열기를 내보내고 있었다. 그곳은 주님의 감옥이다. 그곳에 도착한 사람들의 영혼이 던져 넣어진다. 그들은 큰 소리로 "화로다. 구원받도록 나를 지으신 하나님을 알지 못했도다"라고 외친다. 그런 후에는 그곳의 뜨거움과 두꺼운 안개 때문에 전혀 말을 하지 못한다. 그들은 어둠 때문에, 그리고 그들을 사로잡은 비통함 때문에 더 이상 서로를 알아보지 못한다.

  파코미우스는 조금 더 남서쪽으로 갔다. 그곳에서 북쪽에서 보았던 것과는 종류가 다른 무서운 형벌을 보았다. 그는 길이와 넓이와 높이가 엄청나게 커다란 석조 건물이 불타고 있는 것을 보았다. 이 세상에서 부모 모르게 음란으로 몸을 더럽힌 젊은 사람들은 모두 이곳에 던져졌다. 그들은 하나님과 사람들 앞에서 악하고 음란한 행동들 때문에 이 무서운 고통을 당한다.

  천사는 주님의 명령에 의해서 과해지는 모든 형벌 및 거기에 수반되는 고통을 파코미우스에게 보여준 뒤에 다음과 같이 간곡하게 말했다: "파코미우스, 당신이 본 모든 것을 형제들에게 증언하여 그들이 이러한 악한 형벌의 장소에 떨어지지 않도록 노력하게 하십시오. 하나님은 당신에게 이 모든 것을 보여주라고 나를 보내셨습니다. 그러니 이것을 형제들과 온 세상에 증언하여 그들이 회개하고 구원받게 하십시오." 그날부터 파코미우스는 형제들을 모아놓고 먼저 성경을 가르치기 시작했다. 왜냐하면 성경은 하나님의 호흡으로서 주된 것이기 때문이다. 그 다음에 자신이 본 형벌들 및 거기에 수반되는바 천사가 주님의 명령을 받아 가르쳐준 고통에 대해서 알려주었다. 이는 그들로 하나님을 두려워하게 하며, 죄를 지어 그러한 형벌의 장소에 떨어져 고통을 받지 않게 하기 위해서였다.

89. 알렉산드리아 사람 테오도르의 소명

사부 파코미우스와 그의 사랑에 대한 평판은 모든 사람들에게 알려졌다. 그의 이름이 해외와 로마인들에게도 알려짐에 따라 그들도 수도사가 되어 함께 생활하려고 찾아왔다. 하나님의 사람 파코미우스는 마치 자녀를 위로하는 유모처럼 말과 교리로 그들을 훌륭히 대접했다.

알렉산드리아에 테오도르라는 27세 된 청년이 살고 있었다. 그는 태어나면서부터 이교도였고 부모님의 세심한 돌봄을 받았는데, 하나님의 성령의 감동을 받아 기독교인이 되었다. 그는 마음속으로 "주님이 나를 인도하여 기독교인이 되게 하신다면, 장차 수도사가 되어 주께서 나를 찾으실 그날까지 내 몸을 흠 없이 보존하겠다"고 결심했다. 며칠 후에 그는 대주교 아타나시우스를 찾아가서 마음에 있는 모든 것을 털어놓았다. 대주교는 즉시 그에게 세례를 베풀고 성경봉독자로 임명하여 교회 안에서 살게 해주었고, 테오도르는 그곳에서 금욕고행에 몰두했다. 그는 어머니와 누이동생을 제외하고는 여인을 전혀 만나지 않았다. 그는 교회에서 설교할 때면 "음욕을 품고 여자를 보는 자마다 마음에 이미 간음하였느니라"(마 5:28)고 하신 복음의 말씀과 "내 눈을 돌이켜 허탄한 것을 보지 말게 하시고"(시 119:37)라고 하신 말씀이 두려워서 시선을 사람들에게 돌리지 않으려고 애썼다. 그는 자신이 신선한 생수의 근원, 즉 사부 아타나시우스 대주교 가까이에 있음을 알았기 때문에 힘이 닿는 한 고귀하게 살았다. 그는 12년 동안 교회에서 성경봉독자로 지내면서 함께 지내는 사람들, 즉 성직자들이 허영심이 강한 논의를 일삼고 자주 먹고 교만하다는 것을 알게 되었다. 테오도르는 그들이 이런 식으로 행동하는 것을 보고서 한숨을 쉬면서 하나님께 눈물로 "주님, 당신의 거룩한 뜻과 일치하는 생활을 영위하는 사람을 보여주십시오. 그리하면 내가 당신의 종인 그분을 통해서 당신을 더 잘 알기 위해서 그분에게 가겠습니다"라고 기도했다.

그는 이 일에 대해 마음으로 기도하던 중 몇 명의 수도사들이 인간을 사랑하시는 하나님이 사부 파코미우스를 통해서 세우신 코이노니아 수도원을 칭찬하는 말을 들었다. 이 말을 들은 테오도르는 "내 주 예수 그리스도여, 나로 하여금 이 거룩한 당신의 종을 만나 축복을 받고 함께 살게 해주세요"라고 기도했다. 얼마 후 사부 파코미우스는 대주교를 만나고 병든 형제들에게 필요한 물건을 사 오도록 몇 명의 형제들을 작은 배에 태워 보냈다. 테오도르는 교회 안에서 대주교와 형제들이 대화하는 것을 보았다. 대주교가 그들에게 사부 파코미우스의 안부를 묻는 것을 보고서 테오도르는 크게 기뻐했다. 그는 그들에게 접근했다. 그가 통역을 통해서 그들에게 "나도 남쪽으로 가서 하나님의 사람이신 당신들의 아버지를 만나 축복을 받고 싶습니다"라고 말했는데, 그들은 "당신의 부모님과 대주교 때문에 우리는 당신을 데려갈 수 없습니다"라고 대답했다. 테오도르는 즉시 대주교에게 그들과 함께 가도 좋다는 허락을 받아냈다.

그는 사부 파코미우스가 있는 남부 지방에 도착하여 그를 포옹하고 입을 맞추었다. 파코미우스는 그가 겸손한 것, 그리고 테오도르의 부탁을 받고서 대주교가 보낸 편지 때문에 기뻐하며 그를 받아주었다. 파코미우스는 즉시 테오도르를 노련한 노인이 살고 있는 집에 배정해 주었는데, 이 노인은 헬라어를 알았기 때문에 테오도르와 대화하고 위로해 줄 수 있었다. 테오도르는 형제들의 규칙을 지키고 선한 일을 하는 데 크게 진보했다.

어느 날 사부 파코미우스는 통역의 도움을 받아 테오도르에게 알렉산드리아에서 독수도생활을 하는 사람들의 믿음 및 금욕고행에 대해 질문했다. 테오도르는 "아버지여, 당신의 거룩한 기도 덕분에 그분들은 그리스도의 거룩한 공교회의 정통 신앙 안에 견고하게 서 있습니다. 그들을 흔들 수 있는 사람이 없습니다. 왜냐하면 그들은 '견실하며 흔들리지 말고 항상 주의 일에 더욱 힘쓰는 자들이 되라'(고전 15:58)는 성경 말씀을 이행하기 때문입니다. 그들의 식탁에는 좋은 음식이 풍성합니다. 그들은 잘 먹고 마시며 '음식물은 하나님이 지으신 바니 믿는 자들과 진리를 아는 자들이 감사함으로 받을 것이니라'(딤전 4:3)라고 기록된 말씀에 따라 행하고 있습니다"라고 대답했다. 사부 파코미우스는 "그들이 적당하게 먹고 마시면서도 깨끗함을 지킬 수 있습니까?"라고 물었고 테오도르는 "모든 일에 있어서 그들은 매우 깨끗하며, 그들의 지식은 누구에게도 뒤지지 않습니다"라고 대답했다. 그때 파코미우스는 손에 들고 있던 작은 지팡이로 땅을 두 번 치면서 "만일 이 땅에 물과 거름을 주면 식물이 자라지 않겠습니까? 육신의 경우도 마찬가지입니다. 만일 우리가 먹을 것과 마실 것을 풍족히 먹고 편히 쉰다면, 육신의 깨끗함을 지킬 수 없을 것입니다. 그렇기 때문에 성경은 '그리스도 예수의 사람들은 육체와 함께 그 정욕과 탐심을 십자가에 못 박았느니라'(갈 5:24)고 말합니다"라고 말했다. 테오도르는 이 말을 듣고서 어리둥절했다.

얼마 후 형제들은 늘 하던 대로 알렉산드리아로 갔다. 그들이 돌아왔을 때에 테오도르는 알렉산드리아에서 은수사 생활을 하고 있는 몇 명의 형제들에 대해 "요즘 그들은 어떻게 지내고 있습니까?"라고 질문했다. 그들은 그중 몇 사람은 음란에 빠졌고, 또 몇 사람은 비열한 행동 때문에 평신도들에게서 악하다는 평판을 받고 있다고 알려주었다. 테오도르는 이 말을 들으면서 배불리 먹는 수도사들과 흙을 비교했던 파코미우스의 말을 생각하고 경탄했다.

테오도르는 파코미우스의 높은 신적 지식 및 먹고 마시는 자들이 완전한 순결을 유지하기 어렵다고 예고한 방식에 경탄하면서 엎드려 파코미우스의 발에 입을 맞추었다. 그리하여 그는 하나님의 사람인 파코미우스의 확고한 가르침 덕분에 한층 더 고결하게 살았다.

파코미우스는 테오도르의 신적 지식이 진보하는 것을 눈여겨보고서 그를 수도사가 되려고 찾아오는 헬라인들을 보살피는 사감으로 임명했다(AD 333, 343?). 한편 파코미우스는 성경에 따라서 그들을 권면하며 테오도르에게 맡은 형제들을 다스리는 방법을 가르치기 위해서 헬라어를 배우려고 노력했다.

90. 파코미우스가 테오도르에게 충고하다

어느 날 파코미우스는 테오도르에게 다음과 같이 말했다: "당신이 수도원 안에서 자신의 구원을 소홀히 하는 형제를 보살피고 개심시키며 영혼을 구원하기 위해 가르치는 것은 참 대단한 일입니다. 혹시 그가 화를 낸다면 주님이 그를 감화해 주시기를 기다리며 인내하십시오. 그것은 마치 어떤 사람이 다른 사람의 발에 박힌 가시를 빼주려는 것과 같은 일입니다. 만일 그가 가시를 빼내어 피가 흘러나온다면, 그 사람은 편안해질 것입니다. 반면에 가시를 빼지 못하고 더 깊이 들어가게 만든다면, 연고를 바릅니다. 그리하여 그 사람이 인내하면 가시는 저절로 빠져나와 치유됩니다. 성난 사람을 가르치면서 화를 내는 것도 이와 마찬가지입니다. 반면에 가르치는 사람이 참고 인내한다면, 그 사람은 큰 유익을 얻을 것입니다. 그러나 만일 죄가 심각한 경우에는 나에게 보고해 주십시오. 그리하여 우리는 하나님이 감화해 주시는 대로 행할 것입니다. 병자를 당신 자신을 보살피는 것보다 더 잘 보살피십시오. 항상 절제하십시오. 당신은 수도원장의 직위에 있으니 그들보다 더 많은 십자가를 지십시오. 또 매사에 형제들에게 덕성함양의 목표요 본보기가 되십시오. 만일 당신이 분별하고 싶지만 방법을 알지 못하는 것이 있으면 나에게 알려 주십시오. 그리하면 우리가 하나님의 은혜를 받아 함께 노력하여 정확한 대답을 발견하고 실천할 수 있을 것입니다."

91. 알렉산드리아 사람 테오도르가 파코미우스에게 한 질문

어느 날 테오도르는 사부 파코미우스에게 사부 코르넬리우스에 대해 질문했다. "그분은 마음을 매우 깨끗하게 했기 때문에 성찬 예배가 진행되는 동안 전혀 헛된 생각을 하지 않는다는 말을 들었습니다. 그런데 나는 자주 노력해 보았는데 무수히 많은 기도 중에서 세 가지 기도만이 여러 가지로 나를 공격하는 생각들을 격퇴시켜 줍니다." 사부 파코미우스는 이렇게 말했다: "테오도르여, 당신에게 용기를 주기 위해서 비유로 이와 관련된 당신의 소원을 충족시켜 주겠습니다. 만일 어느 노예가 가난하지만 자유로운 사람을 본다면, 자신도 자유를 동경할 것입니다. 마찬가지로 가난한 사람이 사령관을 본다면, 자기도 사령관이 되기를 원할 것입니다. 또 사령관이 왕을 본다면, 자기도 왕처럼 되기를 원할 것입니다. 모든 선한 일에 있어서 하나님이 주신 은혜로 성령의 열매를 획득하기까지 노력한 코르넬리우스의 경우도 이와 같습니다. 테오도르여, 당신은 그의 선한 본보기를 열심히 모방하여 배우며 마음을 다해 주님의 명령을 지키고 항상 감사하십시오. 그리하면 앞으로 결코 넘어지지 않을 것입니다." 테오도르는 파코미우스의 말을 들으면서 그의 놀라운 신지식에 압도되었다.

영리한 테오도르는 꾸준히 노력하여 이집트어를 이해하게 되었다. 테오도르는 파코미우스가 형제들에게 가르치는 하나님의 말씀을 갈망하여 경청했고, 자기 수도원으로 돌아와서는 이집트어를 알지 못하는 형제들에게 헬라어로 그 말씀을 통역해서 전달하곤 했다. 그는 자녀를 양육하는 유모처럼 사부 파코미우스의 생명의 말로 그들을 위로했다. 그들은 테오도르가 가르치고 권고하는 파코미우스의 말을 실천하고 마음에 새겼다.

테오도르의 수도원이 맺은 최초의 영적 열매들은 다음과 같다: 알렉산드리아인 대 아우소니우스(Ausonius the Great)와 또 다른 아우소니우스와 네온(Neon), 로마인 파르무스(Firmus)와 로물루스(Romulus), 아르메니아인 도미누스(Dominus). 테오도르는 파코미우스가 사망할 때까지 13년 동안 수도원장(housemaster)으로 활동하면서 파코미우스에게서 들은 가르침을 번역했고, 사부 호르시에시우스(Horsiesios)의 시대에도 하나님의 부르심을 받을 때까지 동일하게 행했다.

92. 불평을 일삼은 열 명의 늙은 형제들

프보우 수도원에는 육체적으로 순결하고 고결하게 살면서도 종종 영혼 구원과 치유를 위한 파코미우스의 말에 불평하는 열 명의 형제들이 있었다. 하나님의 사람 파코미우스는 그들이 잘못을 회개하고 고칠 때까지 주님 앞에서 철야하고 간구하고 금식했다. 그들은 한 사람씩 차례로 하나님의 평화 안에서 숨을 거두었다. 아멘.

93. 세상을 떠난 좋지 못한 형제를 위한 시편 찬송을 금함

어느 날 형제들 중 한 사람이 죽었다. 사부 파코미우스는 형제들이 그를 위해 시편을 노래하거나 찬미하는 것을 허락하지 않았다. 그는 형제들을 모아놓고는 그의 옷과 수도복을 태움으로써 그들에게 두려움을 불어넣어 영혼 구원을 소홀히 하지 않게 했다. 죽을 때까지 죄의 상태에 있었던 그 형제를 어떻게 참고 견뎠는지는 알 수 없다. 그러나 하나님의 사람들은 모든 일을 선한 목적을 가지고 행한다는 것, 그리고 그들의 선함과 엄격함의 기초는 우리 주 예수 그리스도를 기쁘시게 하는 완전한 지식이라는 것을 우리는 알고 있다.

94. 테오도르의 큰 시련

언젠가 사부 파코미우스가 중병에 걸려 목숨이 위험했다. 모든 공동체의 원장들과 프보우 수도원의 형제들 모두가 테오도르에게 모여와서 "만일 주께서 사부님을 데려가신다면 그분 대신에 당신이 우리의 수장이 되겠다고 약속해 주세요. 우리가 목자 잃은 양들처럼 불쌍하게 되어 흩어져서는 안 됩니다. 우리 중에 당신만큼 그분의 덕에 대해 아는 사람이 없습니다"라고 말했다. 그러나 겸손한 테오도르는 수도원장의 지위나 세상의 영광을 원하지 않았기 때문에 대답을 하지 않았다. 그들이 끈질기게 간청했기 때문에 마침내 테오도르는 그들의 부탁을 받아들였다.

이 일을 사부 파코미우스가 알게 되었다. 병이 조금 회복되었을 때 파코미우스는 형제들에게 "여러분들 각자가 자기의 결점을 이야기해 보세요. 나는 종종 형제들을 심방하는 일을 태만히 합니다"라고 말했다. 테오도르는 이렇게 말했다: "나는 칠 년 동안 사부님과 함께 지냈는데, 사부님은 종종 나를 다른 수도원에 보내어 형제들을 심방하게 하셨습니다. 나도 사부님처럼 모든 일에 있어서 규칙을 지킵니다. 나는 결코 사부님의 뒤를 이어 형제들의 원장이 될 생각이 없습니다. 형제들이 나에게 강청했기 때문에 이 일을 승낙했습니다. 만일 내가 그 사실을 부인하며 동의한 일이 없다고 주장한다면, 나는 평생 사부님 앞에서 거짓말쟁이가 될 것이며 '주는 거짓말하는 자들을 멸망시키시리이다'(시 5:6)라는 성경 말씀이 내게 이루어질 것입니다." 사부 파코미우스는 모든 형제들 앞에서 테오도르에게 이렇게 말했다: "이제부터 당신은 형제들과 관련하여 어떤 일도 행할 권한이 없습니다. 이 일에 당신이 동의한 데 대해서 주님이 용서하실 때까지 조용한 곳에 가서 기도하십시오."

테오도르는 한적한 곳으로 가서 자주 금식하고 밤낮으로 탄식하고 눈물을 흘리면서 주 앞에서 기도했다. 그는 지위를 잃은 것 때문이 아니라 자기 마음에 악한 생각이 들어올 틈을 만들었던 일로 인해 울었다.

테오도르가 크게 고통스러워하며 하염없이 눈물 흘리는 것을 본 어느 형제는 속으로 "저렇게 고통스러워하는 것을 보니 형제들을 버리고 가지 않을 것이다"라고 생각했다. 테오도르는 밤에 필요한 일이 있어 은신처에서 나왔는데, 이 형제는 그가 어딘가로 가지 못하도록 지키려는 듯이 그의 뒤를 따라갔다. 그러나 테오도르는 전혀 형제들에게서 떠나려는 생각을 하지 않았다. 그는 은신처로 돌아와서 이 형제에 대해서 "사부 파코미우스의 주 하나님, 사부님의 책망을 받았다고 해서 내가 형제들에게서 떠날 것이라는 악한 생각에서 저 형제를 구해 주십시오. 나에게 그런 일이 일어나지 않게 해주십시오"라고 기도했다. 얼마 후 성찬예배를 알리는 소리가 들렸을 때 테오도르는 집회실에 들어가서 형제들 가운데 서서 "주 예수 그리스도께서 나를 용서해 주시도록 나를 위해 기도해 주십시오. 나는 무의식중에 가증한 포도주에 취했었습니다"라고 말한 후 바닥에 엎드려 울었다. 눈물을 흘리며 우는 모습을 보고서 모든 형제들도 함께 울었다. 부복을 마친 후 테오도르는 사부 파코미우스의 명령대로 은신처로 돌아가 주 앞에서 밤낮으로 자신을 괴롭히며 계속 울었다. 실제로 그의 은신처 앞을 지나가면서 그가 우는 소리를 들은 많은 형제들도 울었다.

테오도르를 격려하기 위해서 많은 늙은 형제들이 찾아와서 "당신은 파코미우스가 지위를 박탈했기 때문에 괴로워하며 울고 있군요"라고 말했다. 그러나 테오도르는 그들이 세속적인 말을 하도록 내버려두지 않고 겸손하게 "나는 마귀가 당신들에게 암시해 준 것과 같은 생각 때문에 우는 것이 아니라 주님 앞에서 내가 범한 죄 때문에 울고 있습니다"라고 말했다. 그들은 테오도르를 격려하겠다는 의도로 파코미우스를 비판하기 시작하여 "당신이 무슨 잘못을 했기에 사부께서 이런 식으로 다룬단 말입니까? 장차 당신이 그의 후계자가 될 것이 분명하지 않습니까? 그런데 왜 지금 당신의 직위를 박탈합니까?"라고 말했다. 겸손한 테오도르는 그들이 하나님의 사람 파코미우스를 비판하는 말을 들으면서 마치 죽임을 당하고 있는 사람처럼 되었다. 그는 "사부님이 까닭 없이 이런 일을 하셨다고 생각하지 마십시오. 그분이 하시는 모든 일은 내 영혼의 구원을 위한 것이었습니다"라고 말했다. 그가 큰 겸손으로써 그들을 납득시켰으므로 그들은 그의 말에서 유익을 얻고 그의 안에 계신 하나님께 영광을 돌리며 떠나갔다.

그들이 떠난 후 사부 티토우에(Titoue)라는 매우 경건하고 금욕적인 형제가 찾아와서 그를 격려하면서 "테오도르여, 사부께서

하신 일로 인해 괴로워하지 마십시오. 만일 당신이 이 비천한 상황에서 주님이 행하신 일로 인해 감사하며 참고 견딘다면 의로운 욥처럼 복 받을 것을 주님은 알고 계십니다"라고 말했다. 티토우에도 테오도르를 격려하기 위해 많은 말을 하고 돌아갔다. 테오도르는 티토우에의 말을 주님의 말로 여겨 큰 힘을 얻고 일어나서 기도하고는 그곳에 있는 책을 들고 폈는데 "그 날에 내가 다윗의 무너진 장막을 일으키고 그것들의 틈을 막으며 그 허물어진 것을 일으켜서 옛적과 같이 세우고"(암 9:11)라는 구절을 읽게 되었다. 테오도르는 주님이 선지자를 통해서 자기를 격려해 주시는 방법에 의해 위로를 받았다.

스스로 위대하다고 생각하는 어느 형제가 마귀의 선동을 받아 악한 생각을 품고서 "테오도르가 아무런 잘못을 하지 않았는데도 사부 파코미우스가 그를 해임했단 말인가? 분명히 테오도르가 잘못을 행하고 있는 것을 알았기 때문에 해임했을 것이다"라고 생각했다. 내면에 사탄이 거주하는 이 형제는 테오도르를 시험하러 와서는 "당신에 대해 사부 파코미우스에게서 들은 말이 사실입니까? 나는 그분에게서 '내가 그를 해임한 것은 이 사건 때문만 아니라 그가 음란하다는 것을 알았기 때문이다' 라는 말을 들었습니다"라고 말했다.

이 말을 들은 테오도르는 고민하면서 울며 신음했다. 그는 그 일에 대해 "만일 내가 그런 일을 한 적이 없다고 말한다면, 이 말을 사부님에게서 들었다고 한 형제의 진술에 의해 내가 사부님을 거짓말쟁이로 만들게 될 것이다. 반면에 나는 태어난 이후로 그런 일을 한 적이 없으니 이 형제의 말이 사실이라고 대답하는 것은 옳지 않은 일이요 거짓말이 될 것이다"라고 생각했다. 그는 형제에게 한마디도 대꾸하지 않고서 하염없이 눈물을 흘리기 시작했다. 테오도르가 한 마디 말도 없이 한없이 우는 것을 본 형제는 크게 당황하여 그곳을 떠났다. 테오도르는 즉시 일어나서 "마귀야, 그 형제로 하여금 그 말을 하게 만든 너의 의도는 매사에 악의가 가득한 너의 악한 올무에서 나를 구해 주신 사부님에 대한 사랑을 내 마음에서 근절하려는 것이다. 너는 내가 매우 사랑하는 이 형제에게 악한 생각을 심어 주었으니, 내가 너를 부끄럽게 만들 것이다"라고 생각했다. 그는 일어나서 사부 파코미우스가 있는 곳에 들어갔다. 그는 파코미우스의 뒤에 다가가서 그의 머리를 붙들고 여러 번 입을 맞추었다. 파코미우스는 그가 누구인지 알지 못한 채 주위에 있는 사람들에게 "누가 내 머리에 입을 맞추었습니까?"라고 물었다. 그들은 "테오도르입니다"라고 대답했다. 파코미우스는 즉시 "테오도르여, 가까이 와서 앉으세요"라고 말했다. 테오도르는 "내 아버지여, 내가 지금까지 찾던 분을 드디어 발견했습니다"라고 말했다. 그는 은신처로 돌아갔는데, 파코미우스의 머리에 입을 맞춘 이유를 누구에게도 말하지 않았고, 아무도 그 이유를 묻지 않았다.

95. 테오도르가 트모우손즈 수도원으로 갈 때에 천사가 그를 위로하다

테오도르가 참회의 고행을 하고 있는 동안, 사부 파코미우스는 환상 속에서 "서둘러 테오도르를 주변에 있는 수도원들 중 한 곳으로 보내라. 그렇게 함으로써 그가 위로를 받고 안식을 발견할 것이다"라는 음성을 들었다. 파코미우스는 테오도르를 불러 "테오도르, 서둘러 트모우손즈 수도원으로 가서 형제들이 어떻게 지내고 있는지 살펴보세요"라고 말했다. 테오도르는 겸손하게 즉시 파코미우스가 명한 곳을 향해 출발했다.

테오도르는 세네세트(Seneset)에 도착하여 강둑에 앉아서 서쪽을 향해 가는 배를 기다렸다. 그때 늙은 수도사의 모습으로 변장한 천사 둘이 그곳에 도착하여 테오도르 가까이에 앉았다. 그중 한 천사가 테오도르를 칭찬하고 축하하면서 "내 아들 테오도르여, 그대는 세상과 세상에 속한 헛된 것들을 포기하고 하나님의 발 앞에 피했으니 운이 좋은 사람입니다"라고 말했다. 나머지 한 천사는 마치 성가신 듯이 "이 불쌍한 사람을 칭찬하는 일을 멈추세요. 그는 아직 당신이 쏟아내는 칭찬을 받을 만한 수준에 이르지 못했습니다. 그가 완전히 장성하여 자격을 갖춘 후에 칭찬하고 축하하세요"라고 말했다.

그 천사는 동료 천사에게 "어찌하여 당신은 이 사람을 그렇게 칭찬하는지 그 이유를 설명해 주세요"라고 말했다. 그의 동료는 "내 말을 들어 보세요. 내가 사람들에게서 들은 대로 설명해 드리겠습니다. 농사짓는 일이나 모든 일을 호되게 하는 농부가 있었습니다. 그의 밑에 일꾼으로 일하러 오는 사람들은 모두 일 년이 못되어 도망쳤습니다. 그가 사람들을 너무 거칠게 다루었기 때문에 모두 떠나갔습니다. 얼마 후에 어떤 사람이 용감하게 결심을 하고서 '그 농부가 일꾼들을 너무 가혹하게 다루기 때문에 누구도 일 년을 넘기지 못하고 떠난다고 하니, 내가 가서 그와 함께 일하여 일 년을 채우겠다. 나는 그가 명하는 모든 일을 그와 함께 하여 그가 일하는 법을 배우겠다'고 말했습니다. 그는 그 농부를 찾아가서 '올해 당신과 함께 일하고 싶습니다'라고 말했고, 농부는 '좋습니다. 나는 누구든지 내가 일하는 방법을 이해하는 사람과 함께 일하고 싶습니다'라고 대답했습니다. 그리하여 그 사람은 인내하면서 농부와 함께 일했습니다.

밭에 일하러 갈 때가 되었습니다. 농부는 그 사람에게 '이제 밭에 일하러 가야 합니다. 나는 낮에는 밭에 물을 대기 위해서 수차를 사용하지 않고 밤에만 사용합니다'라고 말했습니다. 그 사람은

'참 지혜로운 생각이군요. 우리가 낮에 물을 대지 않으면 새나 짐승들이 도랑의 물을 마시러 오지 않을 것이며, 그리하여 절약된 물은 쉽게 밭에 스며들겠군요'라고 말했습니다. 밭을 갈 때가 되었습니다. 농부는 '밭의 고랑 하나에는 밀을, 또 다른 고랑에는 편두콩을, 또 다른 고랑에는 보리를 심어 고랑마다 다른 씨앗을 심으세요. 이것이 우리가 밭에 씨를 뿌리는 방법입니다'라고 말했습니다. 그 사람은 '이 지혜로운 생각은 처음 것보다 훨씬 낫군요. 우리가 그런 식으로 씨를 뿌린다면 밭에는 여러 종류의 꽃들이 피어 매우 아름답겠습니다'라고 대답했습니다. 씨뿌리기를 마친 후 싹이 돋아났습니다. 곡식이 아직 완전히 자라기 전인데 농부는 '밭에 수확하러 갑시다. 추수할 때가 되었어요'라고 말했습니다. 그는 아주 겸손하게 '당신의 지혜는 무한하군요! 사실 당신이 마음에 있는 것을 말한 대로 행하여 곡식이 마르기 전에 수확한다면 이삭을 하나도 땅에 떨어뜨리지 않고 거둘 것입니다'라고 대답했습니다. 그들은 곡식을 모두 수확하고 타작마당에서 도리깨질을 하여 왕겨만 남겼습니다. 농부는 '바구니를 가져오세요. 바구니에 겨를 담아 측량하여 창고에 옮겨 장차 농사에 필요할 때 사용할 것입니다'라고 말했습니다. 그 사람은 '이 생각은 지금까지 당신이 생각한 그 무엇보다 더 지혜롭습니다. 우리가 이런 식으로 부지런히 나른다면, 겨를 창고에 보관할 수 있겠군요'라고 대답했습니다. 이 모든 시련을 겪게 하면서 그가 나약하지도 않고 포기하지도 않고 일 년 동안 참고 견디는 것을 본 농부는 '당신이 모든 일을 내가 원하는 대로 행했기 때문에 나는 당신이 항상 나와 함께 지낼 수 있다는 것을 알았습니다. 우리 두 사람은 한 사람처럼 되었습니다'라고 말했습니다. 그리하여 그 사람이 항상 농부와 함께 지내면서 일하게 되었습니다. 두 사람은 죽을 때까지 함께 평화로이 지냈습니다."

늙은 수도사로 변장한 천사가 이 이야기를 마치자 다른 천사는 "오늘 당신은 큰 비유를 이야기하셨습니다. 그 비유를 해석해 주십시오"라고 부탁했다. 천사는 "농부는 하나님입니다. 그분이 채택하신 거친 방법은 그를 섬기려 하는 사람들에게 주시는 시련과 시험입니다. 그분은 자신의 뜻이 항상 그들 안에서 실현되도록 하기 위해서 매사에 그들의 뜻을 대적하실 때에 그들이 참고 견딜 수 있게 하기 위해서 시험하십니다. 만일 스스로 '나는 그분의 종이다'라고 말하는 사람이 있다면, 그분이 시험하실 때에 감사함으로 참고 견디면 장차 그분의 택함을 받은 자들 중 하나가 될 것입니다. '나는 모든 일에 있어서 모든 사람들 앞에서 바보다'라고 말하지 않는 사람은 장차 당하는 모든 환난과 시련을 견뎌내지 못할 것입니다. 성경에서는 '너희 중에 누구든지 이 세상에서 지혜 있는 줄로 생각하거든 어리석은 자가 되라 그리하여야 지혜로운 자가 되리라'(고전 3:18)고 말합니다. 그러므로 이 수도사가 수도원장에 의해 주어지는 모든 시련을 참고 견딘다면 택함을 받은 자가 되어 주 예수 그리스도 앞에서 복을 받을 것입니다"라고 설명했다.

늙은 수도사로 가장한 두 천사가 이렇게 대화하는 동안, 테오도르는 그들로부터 그리 멀리 않은 곳에서 무릎에 고개를 파묻고 앉아 두 천사의 대화를 듣고 있었지만 그들이 천사임을 알지 못했다. 그는 두 사람이 자기에 대해 하는 말을 듣고 위로를 받았다.

잠시 후에 배가 해안에 도착했고 그들은 모두 배에 올랐다. 목적지에 도착해서 보니 늙은 두 수도사의 모습이 보이지 않았다. 테오도르는 즉시 그들이 하나님의 천사들이었음을 깨달았다. 그는 천사들에게서 들은 달콤한 말 때문에 울면서 트모우손즈 수도원까지 갔다. 형제들은 모두 그를 축하하면서 포옹했다. 그는 사부 파코미우스의 명령을 받아 그들을 방문한 후에 크게 위로를 받고 프보우로 돌아갔다. 그럼에도 불구하고 그는 여전히 고민하면서 끊임없이 "그러한 허영심이 마음속에 들어오도록 함으로써 죄를 지었습니다"라고 말했다.

96. 테오도르와 자캐오가 알렉산드리아로 가다

작은 배가 알렉산드리아를 향해 출항하려 할 즈음 그 배의 선장인 자캐오(Zachaeus)라는 노인이 사부 파코미우스를 찾아왔다. 테오도르가 너무 많이 울었기 때문에 시력이 상하지 않을까 염려한 선장은 테오도르를 알렉산드리아로 데리고 가면서 사공들을 보살피는 일을 하게 해 달라고 부탁했다. 파코미우스는 이 말을 듣고 기뻐하면서 테오도르를 자캐오의 배에 태워 알렉산드리아로 보냈다. 그는 사부 아타나시우스에게 편지를 썼다.

항해하는 도중 테오도르가 사람들을 대하는 태도는 매우 겸손했다. 그는 고개를 숙이고 다니면서 어린아이처럼 모든 사람들에게 복종했다. 선원들은 식사를 할 때면 테오도르에게 자리를 양보하여 먼저 하게 했지만, 테오도르는 제일 나중에 쉬지 않고 하나님의 말씀을 낭송하면서 식사를 했다. 그는 여러 번 성경을 낭송하면서 밤을 새웠다. 항해 도중 어느 곳에 정박해야 할 때면 테오도르가 제일 먼저 둑으로 뛰어내려 배를 기둥에 묶었다. 언젠가 한 형제와 함께 마을에 심부름을 가게 되었는데, 테오도르는 "만일 누군가가 우리에게 와서 인사를 한다면 당신이 답변하세요"라고 제안했다. 이것이 겸손한 테오도르의 소원이라는 것을 알았기 때문에 형제들은 그의 말에 동의했다. 테오도르가 알렉산드리아에 도착했을 때 대주교는 그를 보고 놀랐다. 그는 파코미우스에게 편지를 보냈다. 대주교는 종종 테오도르에 대한 소문을 듣고서 어떤 사람인지 만나고 싶었기 때문에 편지에서 그를 칭찬했다.

알렉산드리아로 갔던 배가 돌아왔을 때 사부 파코미우스는 자캐오와 테오도르와 모든 형제들을 환영하면서 "교회는 어떻습니까?"라고 물었다. 그들은 "하나님의 도우심과 사부님의 기도 덕분에 이제 평화가 자리잡기 시작했습니다"라고 말했다. 아리우스파가 강도처럼 일어나 교회를 대적했기 때문에 파코미우스는 항상 교회를 걱정하고 있었다. 하나님의 백성들이 학대를 당하고 대주교 아타나시우스를 빼앗긴 일로 인해 괴로워하던 그는 공교회의 평안을 위해 하나님께 기도했다. 그는 "주님은 신실한 자들을 시험하기 위해 이 일이 일어나는 것을 허락하셨습니다. 하나님은 악을 행하는 사람들에게 속히 보복하실 것입니다"라고 말하곤 했다.

97. 테오도르의 복직

그 후 파코미우스는 테오도르에 대해 다음과 같이 말했다: "형제들이여, 테오도르가 사람들 앞에서 공적으로 해임되었기 때문에 주님 앞에서 하찮게 되었다고 생각하지 마십시오. 결코 그렇지 않습니다. 그는 겸손히 참고 견뎠기 때문에 전보다 훨씬 진보했습니다. '누구든지 자기를 낮추는 자는 높아지리라'(마 23:12)는 복음의 말씀이 그에게서 이루어질 것입니다. 실제로 테오도르와 나는 이 정신을 가지고 함께 이 사역을 행합니다." 파코미우스가 죽는 날까지 테오도르는 그의 발자취를 따랐다. 테오도르는 파코미우스에 의해 파견되어 가서 형제들에게 하나님의 말씀을 전하곤 했다.

98. 파코미우스의 인내

형제들은 파코미우스가 바닥이나 불편한 곳에 앉아있는 모습을 보면 방석 같은 것을 가져와서 그 위에 앉으라고 했지만 파코미우스는 거기에 동의하지 않고 다음과 같이 말하곤 했다: "내 몸이 병들지 않고 건강할 동안에는 그렇게 하지 않겠습니다. 육신의 편안함을 추구하다가 다음 세상에서 나를 보는 모든 사람들 앞에서 종이 될까 두렵기 때문입니다. 거룩한 복음서에는 '너희 중에 누구든지 크고자 하는 자는 너희를 섬기는 자가' 되어야 하리라(마 20:26); '인자가 온 것은 섬김을 받으려 함이 아니라 도리어 섬기려 하고 자기 목숨을 많은 사람의 대속물로 주려 함이니라'(마 20:28)고 기록되어 있습니다. 그러므로 우리는 다른 사람들의 시중을 받으려 하지 말고 서로 종이 되어야 합니다."

그는 형제들에게 뱀이나 전갈이나 다른 사나운 짐승을 밟아도 자신감을 잃지 말라고 가르치고 "나에게 지식이 계시되기 전에 행한 모든 것을 나는 알고 있습니다"라고 말했다. 그날 이후 그는 형제들과 함께 일하다가 전갈에 물려 아파도 일을 중지하지 않았고, 그 고통을 그리스도에게서 받은 고통으로 여기곤 했다. 혹시 저녁 무렵에 물리면, 그는 상처가 나을 때까지 서서 "주님의 이름보다 더 효과적인 치료약은 없습니다"라고 기도했다.

어느 날 아침 성찬예배에 참여하여 형제들에게 하나님의 말씀을 가르치던 중 입구에 어둠의 영이 서 있는 것을 감지했다. 파코미우스의 머리 위에는 작은 환기구멍이 있었는데, 그 구멍에는 멍석을 덮고 벽돌 두 장을 얹어놓았었다. 어느 형제가 그 구멍을 열어 실내에 빛을 들어오게 하려고 멍석에 달린 끈을 잡아당겼는데, 벽돌이 파코미우스에게 떨어졌다. 형제들은 파코미우스가 머리를 다쳤을 것이라고 생각하고서 겁에 질려 소리쳤다. 하나님의 사람 파코미우스는 문가에 서 있던 자로 말미암아 무슨 일이 일어날 것이라고 생각하고서 재빨리 두 손으로 머리를 덮었기 때문에 고맙게도 벽돌의 충격을 견뎌냈다.

파코미우스는 즉시 형제들에게 침묵하라는 신호를 보냈다. 그 직후에 형제들은 "머리를 다치지 않았습니까?"라고 물었는데, 파코미우스는 "이 일이 일어나기 전에는 두통이 있었는데 지금은 평안합니다"라고 대답했다. 그는 이렇게 대답하면서 "범사에 감사하라"(살전 5:18)는 사도 바울의 말을 기억했고, 동시에 하나님의 허락 없이 일어나는 일은 없다는 것을 알았다.

파코미우스는 형제들과 함께 밭에서 추수하다가 저녁이 되자 그들에게 하나님의 말씀을 가르쳤다. 그가 가르치고 있는데 뱀 두 마리가 그의 발 근처에 와서 도사렸다. 그러나 그는 그것들을 쳐다보지 않았고 발을 움직이지도 않았다. 그가 가르침을 마친 후에 형제들은 기도하고 각기 자기의 처소로 돌아갔다. 파코미우스는 등불을 가져다 달라고 부탁했는데, 등불 빛을 비추어 뱀 두 마리가 자기 발 근처에 있는 것을 보고서 즉시 죽인 후 여호와께 소망을 두는 자를 구하시는 하나님께 영광을 돌렸다.

99. 전갈에 물린 형제

그날 밤에 폴이라는 위대한 수도자가 서서 성경을 낭송하다가 전갈에 발을 물렸다. 그러나 그는 새벽이 될 때까지 낭송을 멈추지 않았다. 독이 퍼져 정신을 잃을 정도였지만 그는 굳게 서서 "주님이 나에게 안식을 주시며 전갈의 독을 치료해 주실 때까지 기도를 멈추지 않겠습니다. 나는 박해를 받아도 그 고통 때문에 주님을 부인하지 않겠습니다"라고 기도했다. 그는 자기 밑에 있는 몇 명의 형제들에게 "이 일을 아무에게도 말하지 마세요. 자칫하면 내가 사부님과 비교되며, 죽은 후에 주님이 나를 위해 예비하신 상을 잃게 될까 두렵습니다"라고 말했다. 그러나 한 형제가 그 일을 모든 사람들에게 밝혔다. 아침이 되어 모여든 형제들은 그를 문 전갈이 그의 발 앞에 죽어 있는 것을 보고 놀랐다.

100. 가뭄이 들었을 때에 파코미우스가 금식하고 기도하다

어느 날 봉사하러 갔다 돌아온 형제들은 파코미우스에게 큰 가뭄이 들고 전염병이 창궐하여 세상이 멸망할 지경이라고 알려주었다. 파코미우스는 이 소식을 들은 다음 날 아무것도 먹지 않았다. 그 다음 날도 금식하면서 "나의 동료들이 굶주려 먹을 빵이 없이 지내는 동안에는 아무것도 먹지 않겠습니다"라고 말했다. 외부에서 가뭄이 계속되는 동안 파코미우스는 금식하고 기도하면서 슬퍼하고 자기를 죽임으로써 "만일 한 지체가 고통을 받으면 모든 지체가 함께 고통을 받느니라"(고전 12:26)는 바울의 말을 성취했다. 그는 강물의 수위가 높아져서 지상에 물이 넉넉해지고 사람들이 하나님의 뜻을 행하면서 먹고 살고 주를 찬양하게 해 달라고 끈질기게 기도했다.

101. 인류를 위한 파코미우스의 기도

파코미우스는 기도할 때마다 "임금들과 높은 지위에 있는 모든 사람을 위하여 하라 이는 우리가 모든 경건과 단정함으로 고요하고 평안한 생활을 하려 함이라"(딤전 2:2)는 사도의 권고를 기억했다. 그렇기 때문에 파코미우스는 기도할 때면 본질적으로 온 세상을 위해 기도하곤 했다. 처음에는 수도사들과 수녀들이 확고한 마음으로 선언한 약속을 이행할 수 있도록 수단을 수여해 달라고 다음과 같이 기도했다: "전능하신 주 하나님, 나와 동료 수도사들이 시작한 이 섬김을 성취할 수 있게 해주셔서 우리가 주께 합당한 자들이 되며, 주님이 우리의 몸과 혼과 영혼 안에 거하시며, 우리가 항상 주님의 사랑 안에서 완전하여 주님을 기쁘시게 하는 자들이 되게 해주십시오. 우리가 주께 범죄하지 않으며 성령을 시험하지 않게 해주십시오. 우리가 세상에 사는 동안 항상 주님 앞에서 흠이 없고 깨끗하게 해 주십시오. 그리하여 주님의 자비하심으로 말미암아 영원한 하늘나라를 소유하게 해주십시오."

그는 또 결혼생활을 하는 사람들이 복음서에 기록되어 있는 명령을 지킴으로써 영생을 얻게 해 달라고 기도했다. 또 세 가지 계층의 사람들을 위해서 기도했다. 첫째, 선한 것을 행하기 시작했지만 그것을 방해하는 세상의 헛된 염려 때문에 완성하지 못하는 사람들을 위해서 기도했다. 즉 그들을 이 헛된 세상을 향한 관심으로부터 완전히 해방시킴으로써 선한 것을 행하는 수단을 주시며, 그리하여 그들이 하나님의 뜻을 행하고 고통을 피하며 영원한 나라의 상속자들이 되게 해 달라고 기도했다. 둘째, 마귀의 일에 굳게 매달리는 사람들, 이교도들, 그리고 사람들에 의해 잘못된 길로 인도되어 부지중에 이단에 현혹된 사람들을 위해서 기도했다. 즉 하나님이 그들에게 행하시는 선을 염두에 두고 회개의 열매를 맺게 해 달라고 기도했다. 하나님은 낮에는 땅에 햇빛을 비추어 주셔서 각기 자신의 일에 종사하는 그들을 조명해주시고, 살아가는 데 반드시 필요한 것을 공급해 주신다. 밤에는 달과 별들이 우리를 위해 빛을 발한다. 결실의 계절, 비, 이슬, 바람 등은 밭에 뿌린 곡식 등과 사람들 및 하나님이 인간을 위해서 지으신 모든 피조물을 자라게 한다. 그렇기에 시편 기자 다윗은 "천지가 주의 규례들대로 오늘까지 있음은 만물이 주의 종이 된 까닭이니이다"(시 119:91)라고 말한다.

파코미우스는 세상의 왕들과 권세자들을 위해 기도하여 "나로 말미암아 왕들이 치리하며"(잠 8:15)라는 솔로몬의 말을 성취한다. 즉 자비하신 하나님이 그들로 하여금 하나님과 사람들을 사랑하게 해 달라고, 그들이 "억눌린 사람들을 위해 정의로 심판"(시 146:7)하게 해 달라고 기도하곤 했다. 그들이 하나님의 선하신 뜻을 행한 모든 성도들 가운데 나타나며, 이사야 선지자처럼 "대저 여호와는 우리 재판장이시요 여호와는 우리에게 율법을 세우신 이요 여호와는 우리의 왕이시니 그가 우리를 구원하실 것임이라"(사 33:22)고 말하게 해 달라고 기도하곤 했다. 또 그들이 유한한 이 세상의 왕권을 멸시하고 영원한 하늘나라의 상속자가 되며, 다윗이나 히스기야나 요시야처럼 의를 실천한 의로운 왕들을 닮게 해 달라고 기도했다.

또 보편 교회의 성직자들을 위해서 기도했다. 그는 "비록 그분들은 내 아버지들이지만, 그럼에도 불구하고 나는 그들을 기억하고 그들을 위해 기도해야 합니다. 왜냐하면 거룩한 사도는 '또한 우리를 위하여 기도하되 하나님이 전도할 문을 우리에게 열어 주사 그리스도의 비밀을 말하게 하시기를 구하라'(골 4:3)고 말하기 때문입니다"라고 말했다. 그는 이런 식으로 항상 모든 사람들을 위해 기도하곤 했다.

102. 태만한 열 명의 형제들

프보우 수도원에 태만하게 생활하는 열 명의 형제들이 있었다. 그들의 마음에는 사탄이 매 순간 심어 주는 악한 생각들이 가득했다. 그들은 마음에 가득 찬 더러운 생각들 때문에 사부 파코미우스가 형제들에게 들려주는 교훈들을 믿지 않고서 종종 여러 가지에 대해 공개적으로 그를 대적하곤 했다. 파코미우스는 그들 때문에 근심하면서 그들의 영혼 구원을 위해 밤낮으로 하나님께 기도했다. 그는 그들이 젊었을 때부터 그들을 위해 자신이 겪은 어려움들을 기억하고 있었는데, 특히 지금까지 그들이 악한 행동에 의해 육체를 더럽히지 않았다는 것을 알고 있었다. 그들의 구원을 위해 기도하고 있을 때, 하나님은 이 사람들 때문에 형제들 모두에게 진노를 발하셨다. 몇 명의 복수의 천사들은 심지어 사부 파코미우스의 목을 찌르기도 했다. 구원을 위한 파코미우스의 가르침을 무시하는 이 사람들을 위해 기도하고 있었기 때문에, 이 천사들은 기도하는 파코미우스의 영혼을 낚아채 가려 했다. 경륜이 많은 늙은 수도사 한 사람은 파코미우스에게 "왜 그 사람들을 위해 그처럼 수고하십니까? 지금 당신은 그 사람들 때문에 징계를 받고 있지 않습니까? 그들이 이 진노를 피하기 위해서 회개하지 않는데도 참고 있어 하나님을 노하시게 하기보다는 그들을 우리 가운데서 쫓아내는 편이 낫겠습니다"라고 말했다. 파코미우스는 이렇게 말했다: "당신은 정말 편협한 사람이군요! 그 사람들을 쫓아내라니 도대체 무슨 말입니까? 옛날 모세는 범죄한 백성들을 위해 자기 영혼을 포기하고서 '그러나 이제 그들의 죄를 사하시옵소서 그렇지 아니하시오면 원하건대 주께서 기록하신 책에서 내 이름을 지워 버려 주옵소서'(출 32:32)라고 말했습니다." 파코미우스는 그 형제들이 회개하고 영혼 구원을 위해 일하게 하기 위해서 이처럼 수고했다.

얼마 후 우연히 이 열 명의 형제들 중 한 사람을 만난 파코미우스는 쾌활한 표정으로 "아들이여, 요즘은 어떻게 지내고 있습니까? 그리고 당신의 형제들은 어떻게 지냅니까?"라고 물었다. 그 형제는 "주님과 사부님의 기도 덕분에 지금 내 마음은 편안합니다"라고 대답했다. 파코미우스는 다시 "우리 때문에 당신이 고난을 당하고 있다고 생각하던 시절, 마귀들은 당신의 마음속에서 쉼을 발견하지 못했기 때문에 당신을 대적했습니다. 그것은 마치 어느 집에 들어가 자기의 숙소로 삼으려는 군인과 같습니다. 그는 들어가고 싶은 집 문이 굳게 잠겨 있어 들어가지 못하면 많은 말썽을 일으킵니다. 그러나 집 안에 있는 사람들이 그를 두려워하여 문을 열어주어 들어가면, 더 이상 말썽을 부리지 않고 그곳에서 편안히 쉽니다. 당신의 경우도 이와 같습니다. 전에는 당신이 더러운 영의 일을 행하지 않았기 때문에 그 영이 당신을 괴롭혔지만, 이제는 당신이 문을 열어 주어 그 영이 당신 안에 거주하고 있으면서 '발바닥에서부터 정수리까지'(신 28:35) 가득 채웠습니다. 그리하여 당신이 그 영의 뜻을 완전히 성취했기 때문에 그 영은 여전히 당신을 성가시게 할 수 있습니다."

그 형제는 다시 "악한 귀신이 나에게서 떠나 내가 하나님의 뜻을 행하며 나 같은 죄인을 위해 예비된 형벌을 피할 수 있을까요?"라고 물었는데, 파코미우스는 이렇게 대답했다: "당신이 한 번에 이틀씩 금식하고 저녁부터 새벽까지 기도한다 해도 당신의 내면에 불신앙이 남아 있는 한 이 마귀는 떠나지 않을 것입니다. 그러나 만일 당신이 내 말을 하나님에게서 오는 참된 말로 믿는다면, 오늘 정오쯤이면 마귀가 떠나가고 당신은 평안을 되찾을 것입니다." 그 형제는 그 말을 듣고 떠나갔다. 그는 한 번에 이틀씩 금식했지만 죽는 날까지 하나님의 사람 파코미우스를 신뢰하지 않았다.

103. 파코미우스가 본 환상

어느 날 주님은 파코미우스에게 환상을 보여주셨다. 그는 어둡고 음침한 지옥을 보았는데, 지옥 한복판에는 기둥이 있었다. 사방에서 "여기 우리 가까이에 빛이 있다"고 외치는 소리가 들려왔다. 매우 어둡고 무서운 곳이었기 때문에 그곳에 있는 사람들은 더듬거리면서 다녔다. 그들은 "여기 우리 가까이에 빛이 있다"는 소리가 들리면 빛을 보려고 달려갔다. 그러나 그들은 뒤에서 "여기에 빛이 있다"고 말하는 또 다른 음성을 듣고 빛을 찾으려고 뒤로 돌아 달려갔다.

파코미우스는 환상 중에 어둠 속에서 기둥 주위를 빙빙 돌고 있으면서도 마치 자신이 앞으로 나아가 빛에 다가가고 있다고 생각하는 듯한 사람들을 보았다. 그는 코이노니아 공동체 전체가 깊은 어둠 때문에 길을 잃을까 두려워 서로 굳게 붙들고서 차례로 걷고 있는 모습을 보았다. 선두에 선 사람들은 길을 밝히려고 작은 등불과 같은 것을 들고 있었는데, 네 명의 형제만 빛을 보았을 뿐 나머지 형제들은 전혀 빛을 보지 못했다. 사부 파코미우스는 그들이 전진하는 모습을 지켜보았다. 혹시 한 사람이 앞 사람을 붙든 손을 놓친다면 그 자신뿐만 아니라 뒤에 선 모든 형제들이 어둠 속에서 길을 잃게 될 것이다. 파코미우스는 그들 중에서 파니스키(Paniski)와 몇 명의 형제들이 길을 안내하는 사람 뒤에 서기를 거부하는 것을 보았다. 하나님의 사람 파코미우스는 몰아 상태에서 형제들이 포기하지 않게 하려고 각 사람의 이름을 부르면서 "길을 잃지 않으려면 앞 사람을 꼭 붙잡으세요"라고 말했다. 형제들을 안내하는 작은 등불은 계속 전진하여 마침내 커다란 열린 구멍에 도착했는데, 그 구멍으로 큰 빛이 들어오고 있었다. 형제들은 그리로 기어 올라갔다. 이 열린 구멍에는 빛이 밑으로 내려가서 어둠 속에 있는 사람들이 그 빛을 보고 빠져 나오는 것을 방지하기 위한 큰 덫이 있었다.

파코미우스에게 이 모든 것을 보여주신 분은 이 환상의 해석에 대해서도 가르쳐주셨다. "당신이 본 지옥은 이 세상을 의미합니다. 그곳에 드리운 음침한 어둠은 어리석고 잘못된 생각들과 헛된 염려들입니다. 그곳에 빠져 있는 사람들은 지식이 없는 영혼들이며, '여기 우리 가까이에 빛이 있다'라고 외치는 음성들은 '우리의 것이 바른 견해이다'라고 주장하는 이단자들과 분파주의자들입니다. 사람들이 돌고 있는 기둥은 무식한 사람들에게 '우리는 구원자요 저들은 잘못 인도하는 자들이다'라고 말하여 믿게 하는 자들, 잘못된 견해를 만들어낸 사람들입니다. 등불을 들고 길을 안내하는 형제들은 주님을 사랑하며 '너희는 다 그리스도 예수 안에서 하나이니라'(갈 3:28)는 말씀대로 바른 믿음 안에서 행하는 사람들입니다."

그분은 계속해서 말했다: "앞 사람을 놓친 형제들은 그리스도에 대한 바른 믿음 안에 있지만 이단자들과 교제하며 자신이 가르치는 많은 사람들, 특히 악의를 알지 못하는 사람들을 잘못된 길로 인도하는 주교들을 상징합니다. 그들은 바르게 행하는 사람들을 소홀히 하며, 많은 사람들을 실족하게 합니다. 성경은 '실족하게 하는 그 사람에게는 화가 있도다'(마 18:7)라고 말합니다.

형제들을 안내하는 작은 등불은 하나님의 진리인 복음입니다. 자기 자신과 정념들에게 미혹된 사람은 순결하지 못합니다. 성경은 '그 중에 이 세상의 신이 믿지 아니하는 자들의 마음을 혼미하게 하여 그리스도의 영광의 복음의 광채가 비치지 못하게 함이니 그리스도는 하나님의 형상이니라'(고후 4:4)고 말합니다. 그렇기 때문에 그 등불은 작습니다. 복음서에는 천국에 대해서 '천국은 겨자씨 한 알 같으니'(마 13:31)라고 기록되어 있습니다. 열린 구멍을 통해 높은 곳에서 임하는 빛의 홍수는 '우리가 다 하나님의 아들을 믿는 것과 아는 일에 하나가 되어 온전한 사람을 이루어 그리스도의 장성한 분량이 충만한 데까지 이르리니'(엡 4:13)라고 한 바울 사도의 말입니다."

환상을 본 후 파코미우스는 환상에서 앞 사람을 붙들지 않았던 형제들을 불러 주님을 경외하며 살기 위해 노력하라고 충고했다. 그러나 그들은 태만함과 멸시함을 제거하기 위해 노력하지 않고 이전의 태도를 유지했기 때문에 형제들 및 주 예수의 영원한 생명을 알지 못하는 자들이 되고 말았다.

104. 코이노니아의 조직

파코미우스는 선하고 부지런한 정원사가 포도원을 돌보듯이 형제들의 영혼 구원을 위해 일하며 형제들에게 성인들에 대한 지식을 가르쳤다. 선한 정원사는 단호하고 세심하게 포도원을 가꾸며, 도둑과 짐승들이 들어오지 못하도록 담장이나 울타리를 돌본다. 그리고 새들이 수확한 것을 망치지 못하게 하려고 허수아비를 만들어 세운다. 그러므로 성경에는 "만군의 여호와의 포도원은 이스라엘 족속이요"(사 5:7)라고 기록되어 있다. 그분은 그들에게 율법과 전승들을 주셨다. 그중 일부는 기록되었고, 어떤 것은 그리스도의 복음서들처럼 암기되었다. 파코미우스는 각 수도원의 모든 형제들에게 "구원을 위해 주어진 명령을 범하는 사람에게 그 범한 죄에 상응하는 벌을 주면 주께서 불순종으로 범한 그의 태만을 용서해 주실 것입니다"라고 말했다. 또 형제들의 외부 사역을 책임지고 있는 사람들에게는 세상 일에 대한 소식을 공동체 안에 들여오지 말라고 권했다. 혹시 친척에 대한 소식이나 물건을 전해 달라는 부탁을 받은 사람은 공동체에 돌아와서 그 사람을 만나거나 말을 전하지 말고 공동체의 원장에게 가서 그 일을 보고해야 한다. 원장은 그 문제를 검토하여 만일 그 물건이나 소식을 전해 받는 사람이 그로 인해 유익을 얻을 것이라고 생각되면 전하고, 그렇지 못하면 전하지 말아야 한다.

형제들의 사회에서는 의견 충돌이 없었다. 그들은 거룩한 법과 일치하는 생활을 했다. 그들은 이 세상에 관심을 두지 않았다. 그들은 마치 그들이 유지하는 생활 방식과 고요함의 결과로서 세상에서부터 천국으로 옮겨진 것 같았다.

105. 파코미우스의 가르침

어느 날 파코미우스는 공동체를 통과하다가 세속적인 생각을 가진 사람이 다른 사람들에게 "지금은 포도철입니다"라고 말하는 소리를 들었다. 파코미우스는 이 말을 듣고 화가 나서 그를 책망하면서 다음과 같이 말했다: "가련한 사람아, 거짓 선지자들을 죽었지만 그들의 영은 지금도 사람들 안에 들어갈 자리를 찾고 있다는 것을 알지 못합니까? 그런데 어찌하여 그러한 귀신이 당신에게 들어와 당신의 입을 통해 말하여 지금 당신의 말을 듣고 있는 일부 무지한 사람들로 하여금 그 포도를 소유하려는 소원 때문에 포도가 시달릴 것이며, 당신이 그들의 영혼을 비방했기 때문에 하나님을 알지 못하는 사람이 된다고 생각하게 만듭니까? 성경에는 '생명은 생명으로'(출 21:23) 갚는다고 말합니다. '무릇 더러운 말은 너희 입 밖에도 내지 말고 오직 덕을 세우는 데 소용되는 대로 선한 말을 하여 듣는 자들'과 말하는 사람 자신에게 '은혜를 끼치게 하라'(엡 4:29)는 사도 바울의 말을 듣지 못했습니까? 당신이 방금 한 말이 형제들의 덕을 세우는 것이 아니라 멸망하여 지옥에 떨어지게 만드는 말이 되리라는 것을 알지 못합니까? 가련한 사람이여, 어찌하여 그들에게 그런 말을 했습니까? 이런 종류의 무익한 말이나 부적절한 논평, 어리석은 말 등은 하나님 앞에서 인간의 영혼을 더럽게 만듭니다.

형제들에게 부끄럽고 종잡을 수 없는 말을 하는 사람에게 하나님의 진노가 어떻게 임하는지 비유로 말해 보겠습니다. 그것은 마치 먹고 마시는 즐거운 잔치에 사람들을 초대한 부자와 같습니다. 초대받은 사람들은 식탁에서 제멋대로 일어나 그릇들을 던집니다. 성난 주인은 그들을 책망하면서 '감사를 모르는 사람들! 나는 당신들을 내 집에서 훌륭한 음식을 먹고 마시라고 초대했는데, 왜 당신들은 음식을 먹으면서 감사하지 않고 제멋대로 내 집의 그릇들을 내던집니까?'라고 말합니다. 수도생활을 하면서 종잡을 수 없는 말을 하는 사람의 경우도 마찬가지입니다. 주님은 그들에게 진노하셔서 '너희들은 이 거룩한 소명으로 부름을 받았음에도 불구하고 너희 자신의 영혼 및 내가 구원을 위해 불러모은 사람들의 영혼을 망하게 하려 한다! 너희들은 종잡을 수 없는 말을 하여 그들을 망하게 하려느냐?'라고 말씀하십니다.

자원하여 수고하면서 함께 선하게 생활하는 코이노니아에 속한 사람들의 영광과 존귀는 홀로 은둔생활을 하는 사람들의 영광과 존귀보다 더 탁월하다는 것을 보여주겠습니다. 또 코이노니아 안에서 바르게 살지 않는 사람들의 타락과 멸망은 홀로 은둔생활을 하는 사람들의 타락보다 더 큰 추문을 일으킨다는 것을 보여주겠습니다. 그것은 마치 날씨를 예측할 수 없는 바다를 항해하는 상인과 같습니다. 그가 바다의 위험을 피할 수 있다면 매우 부자가 되겠지만, 배가 침몰하면 재산뿐만 아니라 목숨을 잃어 사람들의 기억에서 영원히 사라질 것입니다. 이 비유를 해석해 보겠습니다. 코이노니아 공동체 안에서 순결과 순명과 겸손과 복종을 실천하며 다른 사람에게 걸림돌이 되거나 추문이 되는 말과 행동을 하지 않는 사람은 썩지 않고 영속하는 부를 더욱 풍성히 소유하게 될 것입니다. 그러나 태만한 사람, 그리고 다른 사람을 비방하여 영혼을 멸망하게 만드는 사람은 자기 영혼을 잃고 환란을 당할 뿐만 아니라 자신이 비방한 영혼에 대해 하나님께 보고해야 할 것입니다.

홀로 은둔생활을 하는 사람들에 대해 비유로 말하겠습니다. 그것은 마치 시장에서 빵이나 야채 등을 파는 상인과 같습니다. 그는 날마다 장사하여 얻는 이윤 때문에 부자가 되지는 않겠지만 이 세상 물질이 부족하지도 않을 것입니다. 은수사 생활을 하는 수도자의 경우도 그렇습니다. 그는 다른 수도자들에 대한 책임을 지지 않으며, 수행하는 사람들을 보고 따라하지도 않습니다. 그런 사람은 천국에서 높은 지위를 누리지 못하지만, 금욕고행의 정결함을 실천했기 때문에 영생을 빼앗기지 않습니다. 그가 그리스도의 이름으로 행한 수행과 금식과 기도에 대해 다음 세상의 주님 나라에서 그리스도께서 주실 상은 엄청나게 클 것입니다.

코이노니아 공동체에서 가장 저급한 형제들, 고행에 힘쓰지 않고 단지 육신을 정결하게 하며 규칙을 순종하는 데 그치는 사람에 대해 비유로 가르쳐 드리겠습니다. 은수사 생활을 하는 사람들이 볼 때 그들의 생활방식은 완전하지 못하여 가장 저급한 형제들로 간주됩니다. 그것은 마치 왕의 총애를 받는 종들이나 내시들과 같습니다. 궁궐 안에서 그들은 왕의 명령을 받아야 하며 내시들을 통하지 않고서는 왕에게 접근할 수 없는 권력자들보다 더 자유롭게 행동합니다. 코이노니아 공동체 안에서 가장 저급하다고 간주되는 형제들도 그렇습니다. 그들은 그 꾸준함 때문에 장차 그리스도의 법 안에서 완전하다고 간주될 것입니다. 그들은 하나님의 명령에 순종하며 수행합니다. 그들은 은수사 생활을 하는 사람들보다 훨씬 더 우월합니다. 왜냐하면 그들은 우리 주 예수 앞에서 '오래 참으며, 서로 친절하게 하며, 오직 사랑으로 서로 종 노릇 하라'(엡 4:2, 32; 갈 5:13)고 기록된 대로 행한 바울처럼 친절하고 상냥

하게 행하기 때문입니다."

106. 죄지은 형제에 대한 파코미우스의 환상

어느 날 사부 파코미우스는 어느 곳에서 기도하다가 환상 중에 결심을 버리고 가라지가 된 사람들에 관한 계시를 받았다. 거룩한 복음에 기록된 것처럼 "가라지는 악한 자의 아들들이요"(마 13:38), 즉 하나님의 형상을 더럽게 하는 자들이다. 파코미우스는 가라지와 같은 형제들을 좋은 곡식과 분리했다. 왜냐하면 가라지와 같은 사람들을 억제해야 의로운 사람들이 증가한다는 것을 알았기 때문이다. 악한 자에게 미혹되었던 사람이 작은 자라는 것을 발견했는데, 아무도 이 작은 자에 대해 알지 못한다는 것을 알게 되면, 그는 그 사람의 영혼을 양육하고 치유해 주었다. 게다가 그는 "형제들아 사람이 만일 무슨 범죄한 일이 드러나거든 신령한 너희는 온유한 심령으로 그러한 자를 바로잡고 너 자신을 살펴보아 너도 시험을 받을까 두려워하라"(갈 6:1)는 바울의 말을 기억하고서, 타락하여 죄를 범했던 사람을 발견했을 때에 그 사람이 회개하려 한다는 것을 알게 되면 서둘러 그를 마귀의 수중에서 구해 주었다. 결국 그는 악한 자의 아들들이 되었다고 판단되는 사람들은 수도복을 벗기고 세상의 옷을 입힌 후 형제들에게서 쫓아냈다. 종종 파코미우스는 내면에 거하시는 하나님의 영 덕분에 그들이 마음속에 품은 욕망을 실현하기 전에 그것을 알았고, 그들에게 끈질기게 질문함으로써 마음속에 품은 생각을 입으로 고백하게 한 후에 공동체에서 쫓아냈다.

107. 수도원에 들어오기 전에 음란하게 살았던 수도사

어느 날 형제들이 멍석 몇 장을 팔아 병든 형제들에게 필요한 것을 사려고 알렉산드리아로 갔다. 그들이 알렉산드리아를 떠날 때 수도사가 되기를 원하는 세 사람이 함께 배를 타고 프보우 수도원으로 왔다. 사부 파코미우스는 형제들 모두를 맞이하여 거룩한 그리스도의 공교회가 평안한지 물은 후에 그들의 인도자에게 "왜 이 가라지를 데려왔습니까? 수도사로 만들 작정이십니까?"라고 물었다. 그 형제는 아주 겸손하게 "거룩한 아버지여, 선한 사람과 악한 사람을 아는 은사를 주님이 나에게 주셨다고 생각하십니까?"라고 말했다. 파코미우스는 "이 사람은 어려서부터 하나님 앞에서 더러운 행동을 많이 했기 때문에 행위에 의해서는 가라지였습니다. 이런 부류의 사람들은 많이 수고하고 금식하고 오래 기도하고 고행하고 철야하지 않는 한 살기 어렵습니다. 그러나 당신이 그를 데려왔으니 나머지 두 사람과 함께 받아들입시다. 그렇지 않고 이 사람을 돌려보내면 나머지 두 사람이 낙심하여 포기할까 두렵습니다. 우리는 그 사람을 감독하며 구원받을 수 있는 방법을 보여주어야 합니다. 그렇지 않으면 이곳으로 데려오기 전에 항상 젖어 있던 악한 습관을 공동체 안에서 다시 행할 것입니다. 만일 그 사람이 회심하고 회개한다면 우리는 그 사람을 받아들여 우리 가운데 살게 하겠지만, 죄를 회개하지 않으면 당신이 처음 만났던 곳으로 돌려보내겠습니다. 만일 지금 그를 돌려보내기로 결정한다면, 나머지 두 사람이 슬퍼하여 포기할 것입니다. 그 사람에 대한 우리의 행동 때문에 두 사람의 영혼이 해를 입을 것이며, 주님은 우리를 책망하실 것입니다. 하나님 앞에서 진심으로 회개하기로 결심하지 않은 악한 사람들을 모아들일 필요가 있습니까? 올해 우리를 떠나간 사람들이 대략 일백 명입니다."

그 당시 코이노니아 공동체에 속한 형제들이 360명이었다. 그 형제는 "만일 당신이 지금 말한 그 형제들을 쫓아내지 않았다면 형제들이 늘었을 것이며, 코이노니아는 평화롭게 발달했을 것입니다"라고 말했다. 파코미우스는 "그렇지 않습니다. 만일 내가 그 사람들을 그대로 공동체 안에 살게 했다면 형제들의 수가 감소되었을 것입니다. 선한 사람들과 함께 생활하는 악한 사람들이 증가하면, 하나님의 진노가 선한 사람들에게도 임하여 모두가 저주를 받을 것입니다. 성경은 '그 지파는 죄로 말미암아 여호와의 저주를 받아 자라지 못하였다. 그러나 그들이 주의 백성들 가운데서 악인들을 몰아내었을 때에 여호와의 복이 모든 백성에게 임하여 그들이 크게 번성하고 하나님께 열매를 맺었다'고 말합니다."

그 형제는 다시 "'이 사람은 가라지입니다'라는 말의 의미를 가르쳐 주십시오. 그의 본성이 나면서부터 악하다는 말입니까? 이 사람이 악한 본성을 가지고 태어났다면, 어떻게 해야 합니까?"라고 물었다. 파코미우스는 다음과 같이 말했다: "하나님께서 아담에게서부터 지으신 모든 사람에게는 선이나 선을 선택하는 능력이 있습니다. 나면서부터 악한 본성을 가진 사람이 있는데, 그것은 분명히 부모의 악한 본성에서 온 것입니다. 그러나 그렇다고 해서 주님을 나무랄 수는 없습니다. 왜냐하면 그 사람은 자신을 괴롭히는 정념을 대적하여 자신을 정복할 자유를 가지고 있기 때문입니다. 본성적으로 용감하지 못함에도 불구하고 죽는 날까지 순결을 지키면서 고행에 전념하여 자신의 본성을 정복하는 여인들이 많은데, 하물며 하나님이 용감한 본성을 주셔서 자기의 형상과 모양으로 지으신 남자는 의지의 행위와 이성의 판단에 의해서 자신을 괴롭히는 정념을 정복하여 멀리 몰아낼 수 있지 않겠습니까?

성경은 하나님이 사람을 의롭게 지으셨지만 그가 자신의 의지로 악한 생각을 향하여 자신을 지으신 하나님을 노하시게 했다고 가르칩니다. 그는 자유의지로 마음의 방향을 악하고 더러운 생각과 혐오스러운 욕망과 부끄러운 말과 조롱 등을 향하게 했습니다. 솔로몬은 '내가 깨달은 것은 오직 이것이라 곧 하나님은 사람을 정직하게 지으셨으나 사람이 많은 꾀들을 낸 것이니라'고 말했습니다(전 7:29). 비록 태어나면서부터 좋지 못한 사람이라도 그 본성과는 상관없이 자신의 의지와 판단에 의해서 변화될 수 있습니다.

선지자 에스겔이 '가령 그가 아들을 낳았다 하자 그 아들이 그 아버지가 행한 모든 죄를 보고 두려워하여 그대로 행하지 아니하고, 손을 금하여 가난한 자를 압제하지 아니하며 변리나 이자를 받지 아니하여 내 규례를 지키며 내 율례를 행할진대 이 사람은 그의 아버지의 죄악으로 죽지 아니하고 반드시 살겠고'(겔 18:14, 17)라고 말하면서 이 진술을 확증합니다. 결국 그러한 성품을 갖지 못한 사람, 다시 말하자면 정념을 벗어나지 못한 사람이 피조될 때의 씩씩한 본성을 계발하려 한다면, 결코 혐오스러운 불의한 일을 범하지 않을 것입니다. 만일 그가 하나님을 경외하며 정직하게 행한다면 오직 아내에게만 만족하여 결혼생활을 순결하게 유지할 것이며, 간음하거나 매춘행위를 하지 않을 것입니다. 또 그가 '너희는 더욱 큰 은사를 사모하라'(고전 12:31)는 사도 바울의 말처럼 완전함을 사모한다면 천사들처럼 순결하게 살 것이며, 그 때에 성령이 그의 안에 거하시면서 그를 거룩하게 해주실 것입니다. 그는 수도사가 되어 지극히 순결하고 의롭게 주님을 섬길 것입니다."

사부 파코미우스의 말을 듣고서 그 형제는 이렇게 대꾸했다: "아버지여, 당신께서는 내 질문에 대해 성경으로 대답하여 나를 만족하게 해주셨습니다. 이제 수도사가 되려는 갈망을 가지고 우리를 찾아오는 사람들 중 많은 사람들을 받아들이지 않고 돌려보내시는 이유를 말해 주십시오. 무엇이 아버지로 하여금 이런 부류의 사람들을 받아들이지 않게 하며 '그들에게 회개가 없다'고 말하게 합니까? 왜 그들에 대해서 '그들은 진심으로 수도사가 되려고 온 사람들이 아니다'라고 말하십니까?" 파코미우스는 그에게 다음과 같이 말했다: "내가 하나님의 형상을 경시한다고 생각했습니까? 그렇지 않습니다. 내가 사람들을 존중하지 않다니 당치도 않습니다. 그러나 내가 받아들이지 않은 사람들은 방금 당신에게 가라지라고 말했던 사람과 같은 이들입니다. 이런 부류의 사람들은 정념들의 지배를 받고 있기 때문에 코이노니아에서 구원 받기 어렵습니다. 내면에 주님이 거하시는 사람이 아니고는 그런 사람들로 하여금 자신이 범하는 죄와 가증한 일들을 두려워하게 만들 수 없습니다.

만일 내가 형제들에게 그들의 행위를 드러내어 주님 앞에서 그들을 위해 기도하게 하려 한다면, 형제들은 그들을 위해 기도하지 않을 뿐만 아니라 그들을 멸시하고 조롱하며 함께 먹거나 마시지 않으려 할 것입니다. 형제들 중 하나라도 그들의 악한 행동에 물들고 마음이 굳어지며 마귀의 올무에 걸리지 않게 하려고 그들을 받아들이지 않는 것입니다.

나는 종종 이런 부류의 사람 한두 명을 받아들여 아주 힘들게 노력하여 원수의 수중에서 건져냅니다. 그들이 안전할 때까지, 또는 그들이 죽어 주님 안에서 안식할 때까지 종종 밤낮으로 그들을 돌보아야 합니다. 나는 '구원을 위해 서로 수고하라'는 사도의 말을 이루기 위해 이 일을 합니다.

내가 받아들이지 않는 사람들과 관련하여, 나는 두 가지 일을 할 수 없기 때문에 비옥한 땅을 버려둔 채 개간되지 않아 가시가 무성한 모래땅을 개간하려 하는 농부처럼 행하지 않을까 두렵습니다. 이것이 내 행동 방식입니다. 나는 부정한 사람들을 위해 바삐 일함으로써 순결한 형제들 찾아보는 일을 소홀히 하여 그들이 부정함에 굴복되는 일이 있어서는 안 된다고 스스로 다짐합니다. 나는 그리스도의 은혜로 순결한 영혼들에게 영생의 계명들을 가르칩니다. 나는 장차 생명의 길로 돌아오게 만들 수 있는 사람들로 하여금 악한 행위를 버리고 주님을 섬기게 하려고 서두릅니다.

나는 사람들을 공동체에 받아들이지 않고 돌려보내면서 이렇게 말합니다: '당신은 마음의 눈이 멀고 무지하여 이런 죄들을 범했으므로 회개할 수 있지만 코이노니아 공동체 안에서는 구원받을 수 없습니다. 홀로 어딘가로 가서 수도생활을 하면서 오랫동안 많이 고행하고 덕을 쌓으십시오. 당신이 지은 죄 때문에 하염없이 눈물을 흘리면서 밤낮으로 주님 앞에서 금식하고 기도하면 주님이 당신을 용서해 주실 것입니다. 또다시 이런 더러운 일에 빠지지 않으려면 항상 당신 자신을 지키며, 마귀가 당신의 마음에 뿌려 실천하게 하려는 악한 생각에 동의하지 마십시오.' 내가 이렇게 말하는 것은 장차 의로운 심판날에 하나님 앞에서 그들의 피와 무관하기 위해서, 그리고 그들이 '당신은 내가 주께 회개할 여유를 주지 않았습니다'라고 말하지 못하게 하기 위해서입니다."

파코미우스는 알렉산드리아에서 온 사람, 가라지라고 불렸던 사람을 따로 데리고 가서 형제들에게 소개시킨 후 많은 금욕적 훈련과 수행을 하게 했다. 이는 그렇게 행함으로써 그가 고통을 피하게 하기 위함이었다. 파코미우스는 매일 저녁까지 금식하고 조리된 음식을 먹지 말라고 강력하게 권했다. 그는 이렇게 말했다: "혹시 당신이 병이 든다면, 먼저 나에게 알려 주십시오. 내가 그 상황을 살펴 그것이 하나님에게서 온 것인지, 아니면 당신이 세상에 있을 때 빠져 있었던 것들을 통해서 당신을 지배하려고 마귀가 놓은 덫인지 판단하겠습니다. 만일 그 병이 하나님에게서 온 것이라면, 병자들을 돌보는 형제에게 당신을 건강해질 때까지 보살피라고 명령할 것입니다. 오늘부터 당신의 몸과 영혼을 깨끗이 지키며 마귀가 당신의 마음속에 뿌리는 더러운 생각에 복종하지 마십시오. 온 힘을 다해 눈물을 흘리고 하나님께 기도하며 깨어 지키십시오. 그리하면 지금까지 당신을 거처로 삼아온 악한 영이 떠나

갈 것입니다. 겸손한 마음으로 '내게 명하신 모든 것을 다 지킨 후에도 꺼지지 않는 불과 죽지 않는 형벌의 구더기를 피하여 살 수 없을 것이다'라고 말하십시오. 혹시 당신이 전에 범한 불의한 일들을 알지 못하는 형제들이 당신이 행하는 금욕고행을 보고 칭찬한다면, 즉시 눈물을 흘리면서 '내 주 예수여, 내가 당신 앞에서 밤낮 행해온 더러운 행위들과 지금 지니고 있는 더러움과 가증함을 저들이 안다면 나를 칭찬하지 않을 것이며, 내가 주 앞에서 범한 죄의 악취 때문에 내게 얼굴을 돌리려 하지도 않을 것입니다'라고 말하십시오. 항상 당신 자신을 지키고 경계하십시오. 죄를 더하여 영원한 형벌에 던져지지 않으려면 교만하고 헛된 생각이 당신의 정신 속에 들어오지 못하게 하십시오. 누가 당신을 욕하거나 해를 입혀도 감사하고 참으면서 '나는 더럽고 혐오스러운 행동으로 무수히 하나님을 노하게 했다'라고 스스로에게 말하십시오. 또 코이노니아의 규칙에 따라 불평하지 말고 겸손하고 온유하게 형제들에게 복종하십시오. 그리하면 하나님이 당신의 겸손함과 노력을 보실 것이며, 당신이 밤낮 하나님 앞에서 범한 죄와 불의와 가증한 일들을 용서해 주실 것이며, 당신을 영원한 형벌의 장소에 던지지 않으실 것입니다. 무슨 일을 하든지 주를 경외하십시오. 무슨 일이든지 인간의 영광을 위해서 하지 마십시오. 그렇지 않으면 당신의 노력이 수포로 돌아갈 것이며, 마귀가 다시 당신을 지배하여 종으로 삼을 것입니다."

그 사람은 파코미우스의 말을 듣고서 모든 형제들이 놀랄 만큼 금욕고행에 힘썼다. 그러나 그가 그처럼 금욕고행을 실천하게 된 것이 파코미우스의 권면 때문이라는 것을 전혀 알지 못하는 형제들은 그가 자발적으로 행하는 것이라고 여겼다. 또 그 사람을 알렉산드리아에서 데려온 형제와 파코미우스 외에는 아무도 그가 세상에서 얼마나 더러운 행동을 했는지 알지 못했다. 의로운 사람 파코미우스는 알렉산드리아에서 그를 데려온 형제에게 그가 알렉산드리아에서 범한 온갖 죄와 음행을 아무에게도 알리지 말라고 당부했다. 이 알렉산드리아 사람은 젊고 체격이 좋았다. 그는 금욕고행을 실천하며 7년을 지냈지만 하나님을 경외하지도 않고 회개하지도 않았다. 그는 여전히 자신의 악한 정념들과 혐오스러운 쾌락에 속한 행위에 몰두했다.

9년 동안 꾸준히 금욕고행을 실천한 후 그는 음란한 성향 때문에 또다시 어느 영혼을 멸망하게 만들 덫을 놓았다. 파코미우스는 내면에 거하시는 하나님의 성령으로 말미암아 이것을 알게 되었다. 그는 이 사람의 내면에서 마귀를 보았다. 그는 이미 마귀의 악한 생각을 받아들이고 그 충고에 따라서 혐오스러운 죄를 행하기 시작했다. 사부 파코미우스는 모든 형제들이 있는 곳에 그 사람을 소환했다. 그리고 그가 살아계신 하나님을 두려워하지 않은 채 실천하려고 마음속에 받아들인 생각에 대해 질문하기 시작했다. 그 사람은 파코미우스의 얼굴에 나타난 하나님에 대한 두려움을 보고서 걱정이 되어 자신이 범하려 했던 죄를 고백했다. 파코미우스는 즉시 그를 형제들에게서 쫓아냈다. 이 일을 알게 된 형제들은 모두 파코미우스 안에 거하시는 하나님의 은혜를 크게 두려워하며 하나님께 영광을 돌렸다.

108. 파코미우스가 죄를 범한 형제를 쫓아내다

어느 날 파코미우스는 몇 명의 형제들과 함께 골풀을 채취하기 위해서 남쪽으로 갔다. 타벤니시 공동체에 도착한 파코미우스는 그곳의 형제들을 방문하려 했다. 그는 형제들과 함께 성경을 낭송하면서 그곳으로 들어갔다. 모든 형제들과 인사를 나눈 후, 파코미우스는 그중 한 형제가 악한 죄 때문에 상처를 입은 것을 보았다. 그날 밤 그는 이 사람에 대해 이렇게 기도했다: "전능하신 주 하나님, 우리 주 예수 그리스도의 아버지시여, 이 거룩한 곳, 처음부터 하나님이 택하시고 사랑하셨으며 우리로 하여금 정결하게 살며 영원히 아버지의 거룩하신 이름을 찬양하게 하려고 기초로 삼으신 사도들에 의해 확립된 이 거룩한 코이노니아를 축복하신 하나님, 우리 가운데 있는 이 불쌍한 사람을 위해 지극히 선하고 자비하신 하나님께 기도합니다. 그는 아버지의 선하심과 은혜로

우심에 대해 무례했습니다. 그는 모든 사람을 구원하시는 성령의 택함을 받은 그릇이요 거처가 되지 못하고 마귀의 그릇이 되었습니다. 교활한 마귀의 자식이 된 그는 마귀가 선동하는 악한 생각에 동의하여 당신의 거룩한 집에서 다른 사람을 죽였습니다. 그 사람은 나의 기도가 필요할 만큼 성경에 대해 무지하지 않습니다. 그는 당신의 참된 지식을 잘 알고 있으며, 사람들에게 당신의 거룩하신 뜻을 가르치고 있습니다. 그는 사람들에게 피하라고 가르친 죄와 더러운 행위를 자기 자신이 범하고 있습니다. 그러므로 그는 죽어야 마땅합니다. 그러나 당신의 거룩하신 뜻이 아니라면 나는 그에게 어떤 일도 행할 수 없습니다. 모든 성도들의 하나님, 당신께서는 나에게 그의 혐오스러운 불의한 행동들을 계시해 주셨으니, 그를 어떻게 해야 하는지도 가르쳐 주십시오."

파코미우스가 기도하고 있을 때 주의 천사가 칼집에서 뽑은 불칼을 들고 나타나서 말했다: "하나님이 그의 이름을 생명책에서 지워버리신 것처럼, 당신도 그를 형제들 가운데서 쫓아내십시오. 이는 그가 무지하지 않기 때문입니다. 무지한 사람이 보기에도 이런 종류의 더러운 행위는 하나님 앞에서 가증한 것으로 보입니다." 아침이 되었다. 파코미우스는 그에게 세속의 옷을 입히고서 "가서 그 옷에 어울리게 행동하시오"라고 말하면서 쫓아냈다. 그리하여 "그들의 행위가 악하므로 내 집에서 그들을 쫓아내고 다시는 사랑하지 아니하리라"(호 9:15)는 선지자의 말이 이루어졌다.

그 후 파코미우스는 자리에 앉아서 형제들에게 하나님의 말씀을 가르쳤다. 그는 쫓겨난 사람들이 하나님 앞에서 밤낮으로 범한 혐오스러운 죄 때문에 초래된 불행한 운명에 대해 눈물을 흘리면서도 그들의 태만함을 지적하여 형제들의 마음에 두려움을 불러일으켰다. 그런 후에 일어나서 형제들 모두와 기도했다. 그 후 형제들은 각기 평온하게 하나님의 말씀을 묵상하면서 자기 처소로 돌아갔다. 파코미우스는 함께 온 형제들과 함께 골풀을 채취하러 떠났다. 그들은 북쪽 프보우 수도원에 도착할 때까지 하나님의 말씀을 낭송했다.

109. 파코미우스가 귀신 들린 사람을 치유하다

다음날 사람들이 귀신 들려 매우 고생하는 사람을 데리고 수도원에 도착했다. 이 사람들은 파코미우스에게 수도원 문을 지키는 형제를 통해서 자기들의 사정을 알리고 간청했다. 파코미우스는 재빨리 두 명의 형제를 동반하고 그들이 있는 곳으로 나왔다. 그는 병자를 데리고 온 사람들에게 "이 사람의 이름이 무엇입니까?"라고 물었는데, 귀신 들린 사람은 "내 이름은 일백(Hundred)입니다"라고 대답했다. 파코미우스는 "이 아무짝에도 쓸데없는 것아, 일백의 가치를 어디서 배웠느냐?"라고 말했다. 그는 고개를 숙이면서 "나를 혼란스럽게 한 당신의 말에 의해서 배웠습니다"라고 대답했다. 파코미우스는 다시 "너는 어디서 물을 마셨느냐?"라고 물었고 그는 "바닷물을 마셨습니다"라고 대답했다. 파코미우스가 다시 "더러운 영야, 진실을 말해라. 너는 어디서 물을 마셨느냐?"라고 물었더니, 그는 겸손하게 "바다 밑바닥에서 마셨습니다"라고 대답했다. 파코미우스는 또다시 "누가 너에게 이 사람 안에 들어가 괴롭힐 권세를 주었느냐?"라고 물었다. 더러운 영은 "십자가에 달렸던 분이 이 사람을 지배하는 권세를 나에게 주었다"라고 대답했다. 파코미우스는 또다시 "악한 영아, 그분이 너에게 이 사람의 내면에 거할 권세를 주셨으니 십자가에 달리신 분에게 박혔던 못을 나에게 보여라"라고 말했다. 그러나 귀신은 이를 갈면서 "너는 그 말을 하여 또다시 나를 때리고 혼란스럽게 했다"고 말했다.

 그때 의로운 사부 파코미우스는 두 손을 펴고 눈물을 흘리면서 주께 기도했다: "내 주 예수 그리스도시여, 당신의 이 종을 위해 기도합니다. 인간을 사랑하시는 주님, 당신의 형상이요 모양인 이 사람을 불쌍히 여겨 자비를 베푸시고, 이 악한 귀신에게서 구해주십시오. 이제부터 영원토록 아버지 하나님과 성령과 함께 당신만이 홀로 영광과 존귀와 권세를 받으시옵소서. 아멘." 파코미우스는 "아멘" 하면서 귀신 들린 사람에게 성부와 성자와 성령의 이름으로 십자성호를 그었다. 그리고 더러운 영을 꾸짖었는데, 즉시 그 영이 그 사람에게서 나왔다. 그리하여 그 사람은 파코미우스의 기도와 그리스도의 능력에 의해 회복되었다. 잠시 동안에 벌어진 이 광경을 보면서 파코미우스와 함께 있던 사람들은 모두 하나님과 파코미우스에게 영광을 돌렸다.

110. 파코미우스가 귀신 들린 형제를 치유하다

사람들이 어느 수도원에서 귀신에게 시달리고 있는 형제를 파코미우스에게 데려왔다. 파코미우스는 그 형제와 이야기했는데, 그는 마치 조금도 귀신에게 시달리지 않는 사람처럼 대답했다. 파코미우스는 그 형제를 데려온 사람에게 "이 귀신은 저 형제 안에 숨어 있는데 저 형제의 음성으로 나에게 말하지 않을 것입니다. 그렇지만 나는 그의 온몸을 조사하여 그의 지체 중 어디에 숨어 있는지 알아내겠습니다"라고 말했다. 파코미우스는 그의 온몸을 조사하다가 손가락에 이르렀을 때에 형제들에게 "이곳이 귀신이 들어간 길입니다. 나는 그의 손가락에서 그 길을 찾아냈습니다"라고 말했다. 그 다음에 귀신이 숨어 있는 목에 도달했을 때 귀신은 크게 소리쳤다. 그리고 그 사람은 경련을 일으켰는데 세 사람이 간신히 붙잡을 수 있었다. 사부 파코미우스는 귀신이 있는 부분을 붙잡고 그리스도께 그 형제를 치유해 달라고 기도했다. 파코미우스가 기도하고 있는 동안 귀신은 그 형제에게서 나왔다. 파코미우스의 기도 덕분에 그 형제는 즉시 회복되었다. 이것을 본 형제들은 주님이 성도들을 통해서 보여주시는 능하신 일로 인해 주께 영광을 돌렸다.

111. 귀신에게 시달렸지만 치유받지 못한 형제

수도사가 되려는 사람이 수도원 문앞에 도착했다. 이 사람의 내면에는 귀신이 있어 종종 괴롭혔다. 그러나 그는 매우 겸손하고 훌륭한 사람이었다. 파코미우스는 그 사람을 대면하여 보면서 내면에 귀신이 있음을 알고 즉시 그 사람을 한쪽으로 데리고 가서 주께 이 귀신을 쫓아내달라고 기도했다. 그런데 더러운 영은 파코미우스에게 이렇게 말했다: "파코미우스, 나를 어떻게 하려느냐? 나를 이 사람에게서 쫓아내려 하느냐? 이 사람이 하나님의 온전한 뜻을 행하는 것을 내가 조금이라도 방해하고 있느냐? 주님은 이 사람이 죽는 날까지 이 거처를 지키라고 하셨다. 네가 나를 이 사람에게서 쫓아내려 한다면, 나는 너에게 복종하지 않고 이 사람을 죽이고서야 나올 것이다. 이런 식으로 이 사람을 다룰 권세가 나에게 주어졌기 때문이다." 파코미우스는 이 말을 듣고서 또다시 주께 이 악한 귀신을 쫓아내 달라고 기도했다. 파코미우스가 이 사람을 불쌍히 여겨 귀신을 쫓아내고 치유해 달라고 기도하고 있을 때, 주의 천사가 나타나서 "파코미우스여, 이 사람을 위해 기도하지 마세요. 주님은 이 사람을 구원하기 위해서 이 질병을 주셨습니다. 만일 그의 병이 치유된다면, 그는 크게 후회할 것입니다"라고 말했다. 기도를 마친 후에 파코미우스는 그 형제를 따로 불러 "이 병은 당신의 영혼 구원을 위해서 주님이 보내신 것이니, 이 병 때문에 슬퍼하지 마십시오. 그리고 매사에 '내 구원의 주님을 높일지어다'라고 말하면서 주께 감사하십시오"라고 말했다.

그날 이후 파코미우스는 치유되어도 유익이 없는 병을 앓고 있는 사람이 찾아오면, "이것은 당신의 구원을 위한 질병입니다. 생명을 얻으려면 주께 감사하세요"라고 말했다.

112. 치유받지 못한 또 다른 형제

프보우 공동체에 사흘마다 병을 앓는 형제가 있었다. 그 형제가 파코미우스에게 와서 눈물을 흘리면서 "당신은 세상에서 찾아오는 많은 사람들의 병을 고쳐주십니다. 그런데 내가 앓고 있는 이 고질병을 낫게 해 달라고 기도해 주신 적이 없습니다"라고 말했다. 파코미우스는 "그 사람들은 믿음으로 말미암아 육신의 병이 나았지만, 그럼으로써 악을 향하는 경향이 있습니다. 그러나 하나님의 종들은 다음 세대에 무한한 안식, 질병이나 수고가 없는 안식을 얻을 것입니다. 복음서에 '누구든지 제 목숨을 구원하고자

하면 잃을 것이요 누구든지 나를 위하여 제 목숨을 잃으면 찾으리라'(마 16:25)고 기록된 것처럼, 그들은 용감하게 십자가의 길을 걷습니다"라고 대답했다. 하나님의 사람 파코미우스에게서 이 말을 듣고 그 형제는 큰 위로를 받았다.

  그의 병이 낫지 않고 계속되었으므로 얼마 후 그는 수도원의 훌륭한 사람 몇과 함께 파코미우스를 찾아와서 하나님께 안식을 달라고 기도해 줄 것을 부탁했다. 그들의 부탁이 간곡했기 때문에, 파코미우스는 부탁을 들어주려 했다. 그는 즉시 부탁하는 사람들 중 한 사람, 하나님을 사랑하는 수도사를 데리고 어딘가로 기도하러 들어갔다. 그들이 기도를 시작했을 때에 하늘에서 "이 사람을 위해 안식을 구하지 말라. 하나님이 그에게 이 시련을 주신 것은 마귀가 놓은 젊은 혈기의 덫에서 그를 건져 구원하기 위해서이다"라는 음성이 들려왔다. 파코미우스는 즉시 기도를 중지하고 그 수도사와 함께 밖으로 나왔다. 그는 그 음성을 밖에 있던 사람들이 들었을 것이라고 생각했다. 그런데 그가 밖으로 나오자 형제들이 그에게 와서 "왜 이렇게 빨리 나왔습니까? 병자를 위해 기도하시지 않았습니까?"라고 물었다. 그는 "당신들은 하늘에서 들려온 음성을 듣지 못했습니까?"라고 물었고, 그들은 "못 들었습니다"라고 대답했다. 파코미우스와 함께 기도하던 형제도 "나도 아무 소리 듣지 못했습니다"라고 말했다. 파코미우스는 기도하는 동안 있었던 일과 하늘에서 음성이 들려온 것에 대해 그들에게 말했다. 형제들은 이 말을 듣고 놀라 "주님이 행하시는 일이 크십니다. 주는 선하시며 구하는 자를 돌보십니다. 그분이 없으면 아무것도 존재하지 못할 것입니다"라고 말했다.

113. 유령을 분별하다

어느 날 파코미우스가 앉아서 멍석을 짜고 있는데, 마귀가 주님이 나타나실 때 항상 취하시던 모습으로 나타나서 멀리서 "안녕"이라고 인사했다. 파코미우스는 그를 보면서 "이 자는 어떤 종류일까?"라고 생각했다. 그는 "저런 내가 보통 때처럼 생각하고 있었군"이라는 말에 의해서 그를 알아보았다. 마귀는 파코미우스가 생각하고 있는 것을 보고서 그의 정신에서 생각들을 몰아내기 시작했다. 파코미우스는 다시 "내가 더 이상 생각하지 않다니 어쩐 일이지? 생각들이 사라졌어"라고 혼잣말을 했다. 그 즉시 주님의 감동하심을 받아 뛰어 일어났다. 그가 마귀 유령의 손을 붙잡고 얼굴에 입김을 불었더니, 그 얼굴이 검어졌다. 그리고 마귀의 손은 마치 연기처럼 되어 사라졌다. 마귀가 사라진 후 파코미우스는 서서 "모든 성도들의 하나님이요 나의 하나님이신 주님을 찬미합니다. 당신께서는 나를 모든 환란과 원수의 덫에서 구해 주셨습니다"라고 기도했다.

114. 파코미우스의 천국 여행

언젠가 파코미우스가 중병이 들었다. 죽음의 사자들이 그의 영혼을 다른 세상으로 데려갔다. 그런데 그가 생명의 문에 가까이 갔을 때 그의 영혼을 다시 육신에게 데려다 주라는 명령이 내렸다. 파코미우스는 이 소식을 듣고 슬퍼했다. 왜냐하면 그는 자기의 육신에게 돌아가고 싶지 않았기 때문이다. 그는 그곳의 대기의 밝음과 뭐라고 묘사할 수 없는 아름다움을 보았다. 문을 지키는 사람이 몸을 돌이켜 슬퍼하는 그를 바라보았다. 그 사람의 얼굴은 찬란하게 빛을 발했고, 몸의 형체는 완전히 빛이었다. 그는 파코미우스에게 "아들아, 네 육체에게 돌아가거라. 너는 세상에서 조그만 순교를 해야 한다"라고 말했다. 이 말을 들으니 무척 기뻤다. 왜냐하면 그는 주님의 이름을 위한 순교자가 되기를 원했기 때문이다. 천사들이 함께 기뻐해 주면서 "지금 당신에게 말하는 분은 사도 바울입니다"라고 알려 주었다.

그들은 파코미우스를 육체가 있는 곳으로 데려다 주었다. 영혼이 그 육체를 보니 죽어 있었다. 그런데 영혼이 육체에 다가갔더니 육체의 모든 지체들이 은밀하게 활짝 열렸다. 그리하여 영혼은 다시 제자리를 잡았고 육체는 소생했다. 파코미우스의 영혼이 천국에 다녀오는 동안, 파코미우스를 간호하는 형제는 잠자고 있었다.

그 후에도 파코미우스는 여러 번 낙원에 다녀왔다. "그는 십사

년 전에 셋째 하늘에 이끌려 간 자라(그가 몸 안에 있었는지 몸 밖에 있었는지 나는 모르거니와 하나님은 아시느니라) 그가 낙원으로 이끌려 가서 말로 표현할 수 없는 말을 들었으니 사람이 가히 이르지 못할 말이로다"(고후 12:2, 4)라고 한 사도 바울의 말처럼 어떻게 다녀왔는지는 하나님만이 아신다. 파코미우스도 낙원에 이끌려 가서 성도들의 도시들을 보았는데, 그곳의 건축물과 기념비들, "하나님이 자기를 사랑하는 자들을 위하여 예비하신"(고전 2:9) 좋은 것들은 무어라고 묘사할 수 없었다. 그는 그 도시들을 보면서 복음서에서 주님이 달란트 비유를 통해 "네 주인의 즐거움에 참여할지어다"(마 25:21), "네가 지극히 작은 것에 충성하였으니 열 고을 권세를 차지하라 하고 그 둘째가 와서 이르되 주인이여 당신의 한 므나로 다섯 므나를 만들었나이다 주인이 그에게도 이르되 너도 다섯 고을을 차지하라"(눅 19:17-19)고 말씀하신 것을 기억했다.

그 세상의 기후는 한결같고 표면은 끝이 없었다. 과일나무들과 포도나무에는 썩지 않는 영적인 열매가 맺혔다. 이 열매들의 다양성과 비교해 보면, 이 세상 나무들에 맺히는 열매들은 가치가 없고 하찮은 것들이다. 낙원에서 자라는 나무나 식물의 열매는 풍성한 향기를 냈다. 주님이 은혜를 주시지 않는 한 그 향기를 맡는 사람은 기절하지 않을 수 없다. 그 세상은 이 세상 너머 천계 밖에 있다. 그 땅은 산들보다 훨씬 위에 있다. 하늘에 있어 지구를 밝혀 주는 빛들은 그 세상의 빛이 아니다. "다시는 낮에 해가 네 빛이 되지 아니하며 달도 네게 빛을 비추지 않을 것이요 오직 여호와가 네게 영원한 빛이 되며 네 하나님이 네 영광이 되리니 다시는 네 해가 지지 아니하며 네 달이 물러가지 아니할 것은 여호와가 네 영원한 빛이 되고"(사 60:19-20)라는 이사야의 말처럼, 그곳을 밝혀 주시는 분은 주님이다. 그곳에는 밤이나 낮이 없지만, 꺼지지 않는 풍성한 빛이 그곳을 밝혀 준다. 그곳은 이 세상과는 비교할 수 없이 광대하다. 낙원에서 조금 떨어진 외각에는 이 세상 것과 똑같은 과일나무와 포도나무들이 있다. 사부 파코미우스는 그것들을 보면서 "아마 노아는 홍수 후에 저것들 중 몇 그루를 세상에 심었을 것이다"라고 생각했다. 그러면서 "방주에서 나온 노아가 농사를 시작하여 포도나무를 심었더니"(창 9:20)라는 말씀을 생각하고 있었다. 그 세상은 작은 곤충들이 가득한 크고 두꺼운 어둠으로 둘러싸여 있었기 때문에 하나님의 천사의 이끌림을 받지 않고서는 아무도 그곳에 들어갈 수 없다.

115. 말년에 소명을 받은 형제 이야기

그 일이 있은 후 수도사가 되려는 사람이 수도원 문에 도착했다. 사부 파코미우스는 문밖에 나가서 그 사람을 만나 "당신은 수도사가 되기를 원하십니까?"라고 물었다. 그 사람은 이렇게 말했

다: "그것은 내가 과거에 원했던 것입니다. 그런데 나는 태만하여 이 헛된 세상 일에 빠져 지냈습니다. 오늘 길을 걷다가 위에서 나를 부르는 소리를 듣고 '주님, 무슨 일입니까?'라고 물었습니다. 그 음성은 '언제까지 태만하여 죄를 회개하지 않으려느냐? 죽어 지옥에 던져지기 전에 지금 일어나 타벤니시의 파코미우스 밑에서 수도사가 되어 영혼을 돌보아라'고 말했습니다. 그리하여 지금 이곳에 왔습니다. 거룩한 아버지여, 나는 수도사가 되려고 당신을 찾아왔습니다." 파코미우스는 그 사람에게 말했다: "당신이 주님에게서 들은 음성에 순종하여 구원받기를 원한다는 사실 때문에 우리는 당신과 함께 즐거워합니다. 내가 당신에게 제안하는 방식으로 생활한다면, 나는 당신의 아버지로서 구원에 필요한 모든 일에 있어서 당신을 보살펴 주겠습니다. 이 세상에 관심을 두지 말고 하나님에 대한 생각과 두려움만 마음에 간직하고 오직 영혼 구원을 위해서 일하십시오." 그 사람은 "나를 시험해 보시면, 당신의 거룩한 기도 덕분에 나와 관련하여 당신의 마음에 쉼을 주실 것이라고 생각합니다"라고 말했다. 사부 파코미우스는 기꺼이 그를 수도사로 삼았다.

수도원에 들어온 그 사람은 형제들의 열심과 겸손, 하나님을 향한 사랑을 보았다. 그는 수덕적 수행과 훈련, 철야, 금식에 몰두하며 순진하고 단순한 어린아이처럼 자신을 낮추었다. 혹시 어떤 사람이 면전에서 거칠게 비난하거나 때리거나 욕해도 전혀 화를 내거나 상심하지 않았다. 그는 속으로 '나도 항상 악한 행동으로 주님을 노하시게 했지만 주님은 보복하지 않고 오히려 나를 선대하여 생명의 길로 이끄셨다. 이제 나는 작은 고통이나 책망을 당하지 않을 것이다. 나는 저 형제가 나에게 가하는 것으로 인해 고통받지 않을 것이다'라고 생각했다. 그는 형제들이 말다툼이나 논쟁을 하는 것을 보면 그들에게 가서 "형제들이여, 나를 용서해 주세요. 잘못은 나에게 있습니다"라고 겸손하게 말했다. 그러면 형제들은 웃으면서 다툼을 멈추었다. 그는 이런 식으로 넉 달 동안 살다가 세상을 떠났다.

116. 악의를 품은 수도사 이야기

그 당시 공동체 안에 은수사 생활을 하던 형제가 있었다. 그는 형제들과 함께 살면서 한 번에 이틀씩 금식하곤 했다. 그는 평생 자루옷을 입었고 소금 넣은 빵만 먹고 지냈다. 그런데 그는 어떻게 해서든 자기의 기분을 상하게 하는 형제를 미워하고 화를 내어 악을 악으로 갚았다.

앞에서 말했던 것처럼 사부 파코미우스가 천국으로 이끌려 간 것은 위의 두 형제가 죽은 후의 일이다. 그는 넉 달 동안 아주 즐겁게 수덕생활을 했던 순진한 청년을 보았다. 그 청년은 사부 파코미우스가 내세의 영광에 대해 가르쳐주는 천사와 함께 걷고 있는 것을 보고서 급히 달려와 세게 잡아당기면서 "거룩한 아버지여, 당신이 나에게 행하라고 가르쳐주신 훌륭한 교훈 때문에 주님이 나에게 주신 유산을 보십시오"라고 말했다. 그는 자신의 영적 정원과 그곳에 있는 썩지 않는 열매를 보여주었다. 또 자신의 거주지 및 그 안에 지은 집도 보여주었다. 그것들은 주님의 영광으로 채워져 있어 말할 수 없이 아름다웠다. 그가 보여준 거주지를 보면서 파코미우스는 무척 기뻐했다.

그 후 그들은 즐거운 낙원 밖으로 조금 나와서 아주 더운 장소에서 늙은 수도자를 보았다. 그는 열매가 달린 나무에 마치 개처럼 묶여 있었다. 그는 그 열매를 먹고 살고 있었지만 그 나무에서 벗어날 수 없었다. 그는 그들을 보고서 부끄러워 그들이 지나갈 때까지 고개를 숙이고 있었고, 그들은 그를 보면서 무척 슬퍼했다. 악의가 없이 정직한 형제가 파코미우스에게 말했다: "당신이 애써 가르치려 하셨던 저 늙은 수도자를 보셨지요. 그 사람은 당신의 말에 복종하지 않았고 겸손하게 행하지도 않았습니다. 그의 악한 불순종에 대해 주님이 어떤 형벌을 주셨는지 보세요!"

117. 병든 파코미우스가 특별 대우를 거부하다

어느 날 사부 파코미우스가 병이 들었다. 그는 자신이 병들었다고 여기지 않았다. 그는 자신이 병에 걸렸다는 것을 형제들에게 알리지 않은 채 형제들과 함께 추수하러 갔다. 형제들과 함께 곡식을 베다가 쓰러진 그를 놀란 형제들이 달려와서 일으켜 주었다. 그들은 파코미우스가 병들어 열이 높다는 것을 알고서 그를 수도원으로 데려갔다. 파코미우스는 벨트를 묶은 채 바닥에 누웠다. 형제들은 파코미우스에게 다른 환자들처럼 벨트를 풀고 침대에 누우라고 간청했다. 그러나 파코미우스는 그들의 말을 듣지 않고 바닥에 누웠다. 누군가 옆에 앉아서 두건으로 부채질을 해주었다. 당시 무서운 페스트에 걸린 사람들이 많았다. 그의 안부를 물으러 온 사람이 두건으로 부채질을 하고 있는 형제에게 "부채가 없습니까?"라고 물었다. 병이 깊었던 파코미우스는 이 말을 듣고서 말할 기력이 없어 손가락을 움직여 "여기 있는 사람들 모두가 병든 것이 아닙니까? 환자들 모두에게 부채를 나누어준 후에 나에게도 부채를 가져다 주세요"라고 의사 표시를 했다.

118. 파코미우스의 유언

파코미우스는 유월절 기간 사십 일 동안 내내 앓았다. 유월절 마지막 주간에 여러 수도원의 모든 형제들이 유월절을 지키려고 프보우 수도원에 모였을 때, 주의 천사가 파코미우스에게 와서 "파코미우스, 준비하세요. 축일에 주님이 당신의 집에서 큰 제물을 취하실 것입니다"라고 말했다. 그는 "주님이 축일인 토요일에 나를 데려가실 것이다"라고 생각했다. 그는 유월절에 나흘 동안 코이노니아가 와해되지 않고 통합 상태를 유지하기를 원하여 근심하고 탄식하면서 금식했다.

금식 사흘째인 금요일 저녁에 파코미우스는 옛날 사무엘이 백성들에게 말했던 것처럼 형제들 모두를 불러 모아 놓고 공동체의 법령들을 말해 주었다. 그는 또 다음과 같이 말했다: "나는 '세상 모든 사람이 가는 길로 가게'(왕상 2:2) 되었다고 생각합니다. 여러분은 나의 생활방식, 내가 여러분 가운데서 자신을 부인하면서 얼마나 겸손하게 살아왔는지 잘 알고 계십니다. 나는 결코 여러분 중의 어떤 사람보다 더 안일한 생활을 추구하지 않았습니다. 우리는 마치 한 사람처럼 살아왔습니다. 나는 이 거룩한 곳에서 무슨 일에 있어서든 여러분에게 감춘 것이 없었습니다. 내가 허영심이나 교만함 때문에 이런 말을 한 것이 아니라는 것을 주께서 증언해 주십니다. 나는 여러분을 설득하기 위해서 행한 분명한 일들을 말하는 것이 아니라 분명히 드러나지 않았던 것들을 말하여 여러분의 마음을 만족하게 해드리겠습니다. 나는 하나님과 사람들 앞에서 조금도 여러분을 부끄럽게 한 적이 없습니다. 또 여러분이 내가 여러분을 위해 제정한 법들을 모조리 지키고 실천하지 않는다면, 여러분의 영혼은 쉴 곳을 찾지 못할 것입니다. 나는 장차 우리에게 무슨 일이 일어날지 알지 못하기 때문에 이 말을 합니다. 복음서에서 주님은 '너희도 준비하고 있으라 생각하지 않은 때에 인자가 오리라'(눅 12:40)고 말씀하셨습니다. 여러분은 나의 목표를 알고 있습니다. 나는 영혼 구원을 위한 경우가 아니고는 한 번도 권위를 가진 자로서 여러분의 잘못을 꾸짖은 적이 없고, 여러분에게 유익하다고 생각하지 않는 한 여러분의 직위나 거처를 바꾸게 한 적이 없습니다. 또 조급하게 화를 내면서 나를 저주한 사람을 저주한 적이 없습니다. 나는 오히려 그 사람이 하나님께 죄를 범하지 못하게 하려고 참고 가르치면서 '당신과 같은 인간인 나에게는 죄를 지었지만 당신을 지으신 하나님께는 죄를 짓지 않도록 조심하십시오'라고 말했습니다. 나는 비록 하찮은 사람이라도 정당하게 나를 책망할 때에는 결코 화를 내지 않았고, 오히려 주님이 나를 책망하신다고 여겨 그의 책망을 받아들였습니다. 또 어느 곳이나 어느 공동체를 향해 출발하려 할 때에는 권위를 가진 사람처럼 '내가 탈 당나귀를 가져오시오'라고 말하지 않고, 감사하면서 겸손히 걸어가곤 했습니다. 내가 걸어서 출발한 후에 여러분 중에 누가 나를 태우려고 당나귀를 끌고 따라왔다가 도중에 내가 병들어 휴식이 필요할 때에 나를 만나면, 그의 도움을 받아들이곤 했습니다. 그러나 내가 병들지 않았을 때에는 그의 도움을 받아들이지 않았습니다. 먹고 마시고 기름을 바르는 것 등 원기를 회복하기 위한 수단과 관련하여 내가 그것들을 어떻게 활용했는지 여러분은 알고 계십니다."

이렇게 말하고 있을 때, 테오도르가 조금 떨어진 곳에서 고개를 숙인 채 울고 있었다. 사도 바울이 "우리는 그리스도의 사도로서 마땅히 권위를 주장할 수 있으나 도리어 너희 가운데서 유순한 자가 되어 유모가 자기 자녀를 기름과 같이 하였으니 우리가 이같이 너희를 사모하여 하나님의 복음뿐 아니라 우리의 목숨까지도 너희에게 주기를 기뻐함은 너희가 우리의 사랑하는 자 됨이라"(살전 2:7-8)고 말한 것처럼, 파코미우스가 모든 사람들에게 쉬지 않고 행한 봉사 및 주님을 경외하면서 겸손하게 형제들 각 사람에게 종처럼 봉사한 것을 알고 있는 많은 형제들도 울고 있었다. 병든 파코미우스는 사흘째 금식하면서 누워서 형제들에게 이 모든 것을 역설했다. 그들은 주님이 파코미우스를 데려가실 때에 자기들에게 임할 재앙 때문에 울었다.

119. 전염병의 발발과 파코미우스의 죽음

수도원들 전체의 사무장이요 사부 테오도르의 동생인 사부 파프노우티도 병이 들어 축일인 토요일 저녁에 숨을 거두었다. 파코미우스는 "축일에 주께서 큰 제물을 취할 것이다"라고 한 천사의 말을 기억했다.

전염병 때문에 매일 형제들이 죽어갔다. 하루에 두 명이 죽기도 하고 서너 명이 죽기도 했다. 주의 명령에 의해 형제들의 모든 공동체에서 재앙이 발생했다. 여러 수도원의 지도자들도 전염병으로 사망했다. 그들은 고열이 나면서 갑자기 안색이 변하고 눈이 충혈되고 숨이 막혀 죽었다. 프보우 대수도원의 사무장이요 사부 테오도르의 동생인 사부 파프노우티, 프노움(Phnoum) 수도원의 지도자인 사부 소우로우스, 그리고 트모우손즈 수도원의 지도자인 사부 코르넬리우스가 전염병으로 사망했다. 프보우 수도원에서 이 병으로 죽은 사람이 대략 130명이었다.

120. 파코미우스가 또다시 특별 대우를 거부하다

테오도르는 병든 파코미우스의 시중을 들었다. 파코미우스는 사십 일 동안 병든 형제들이 거하는 병동에서 지냈다. 그는 모든 면에서 다른 형제들과 똑같이 간호를 받았다. 그가 전에 가르쳤던 대로 그는 다른 형제들과 조금도 다른 대접을 받지 않았다. 오랜 투병생활 때문에 그의 몸은 매우 약해졌지만 마음과 두 눈은 타오르는 불빛 같았다. 그는 테오도르에게 "이것은 너무 무거우니 낡은 외투를 가져다 덮어주세요. 사십 일 동안 앓았더니 그 무게를 견딜 수 없군요. 그렇지만 나는 주께 감사합니다"라고 말했다. 테오도르는 즉시 사무장에게 가서 가볍고 좋은 외투를 가져왔다. 사부 파코미우스는 그 외투가 특별한 것임을 알고 화를 내면서 "테오도르, 당신은 매우 불공정한 행동을 했어요. 내가 형제들에게 물의를 일으켜 후일 주님 앞에서 심판을 받을 때에 그들이 '사부 파코미우스는 다른 형제들보다 더 편안하게 살았습니다'라고 말하게 되기를 원합니까? 그 외투를 가져가세요. 나는 주님 앞에 갈 때까지 그것 없이 지내겠습니다"라고 말했다. 테오도르는 다른 환자들의 외투보다 더 낡은 외투를 가져와서 덮어주었다.

121. 페트로니우스를 후계자로 임명하다

파코미우스는 부활절기 50일 동안 앓았다. 그는 죽기 전 사흘 동안 사람들을 보내어 중요한 형제들을 불러 모아 놓고 "나는 이제 우리를 지으시고 그 뜻을 행하게 하기 위해 불러 모으신 주께로 갑니다. 이제 누가 여러분의 원장이 될 것인지 결정하십시오"라고 말했다. 그러나 그들은 계속 울었다. 슬픔 때문에 아무도 그의 말에 대답을 하지 않았다. 파코미우스가 그들 곁에서 떠나면 그들은 마치 목자를 빼앗긴 양들처럼 불행할 것이라고 생각했다. 파코미우스는 다시 사부 호르시에시우스에게 "그들에게 말하여 누가 원장이 되기를 원하는지 알아보세요"라고 말했다. 그들은 "우리가 아는 사람은 주님과 사부님뿐입니다. 사부께서 결정하시면 그대로 따르겠습니다"라고 대답했다. 파코미우스는 그들에게

"주님의 계시에 의하면 여러분 중에서 주님을 경외하면서 여러분의 영혼을 강건하게 해줄 사람은 트스민(Tsmine) 수도원 원장인 페트로니우스입니다"라고 말했다.(페트로니우스는 마음이 깨끗했기 때문에 종종 계시를 받았고 모든 면에서 원장의 자격이 있었다.) "그도 병에 걸렸지만, 살아남는다면 그가 여러분의 원장이 될 것입니다." 그는 원로 몇 사람을 페트로니우스에게 보냈다. 사실 그가 형제들을 소집하여 "내가 이제 세상 모든 사람이 가는 길로 가게 되었습니다"라고 말하기 전에 그들은 모두 성찬예배를 드리고 있었다. 그들은 사흘 동안 울면서 파코미우스를 조금 더 세상에 살게 해 달라고 주께 기도하고 있었다. 사흘 후 파코미우스는 테오도르를 그들에게 보내어 "이제 울음을 그치세요. 내가 모든 사람이 가는 길로 가야 한다는 명령은 주님에게서 온 것입니다"라고 말했다. 형제들은 그가 누워 있는 곳으로 돌아와서 크게 슬퍼하면서 계속 울었다.

122. 테오도르에게 준 파코미우스의 마지막 권면

파코미우스는 테오도르에게 "주께서 나를 데려가시면, 내 육신을 매장하지 마십시오"라고 말했다. 테오도르는 슬퍼하면서 "말씀대로 하겠습니다"라고 대답했다. 그러자 그는 테오도르의 수염을 붙잡고 가슴을 때리면서 또다시 "테오도르, 잘 들으세요. 내 육신을 매장하지 마세요"라고 말했다. 테오도르는 이번에도 "내

주 아버지여, 당신이 명하시는 대로 하겠습니다"라고 대답했다. 테오도르는 사람들이 거룩한 순교자들을 위해 하듯이 그의 시신을 훔쳐다가 순교 유적지를 만들까 두려워서 이렇게 끈질기게 말한다고 생각했다. 파코미우스는 여러 번 그런 일을 하는 사람들을 비판하면서 "성인들은 그런 일을 하는 사람들을 기뻐하지 않았다"고 말했었기 때문이다. 그런 일은 성인의 시신을 상업화하는 것이기 때문이었다. 그런데 파코미우스는 또다시 테오도르의 수염을 붙잡고 "테오도르, 내가 말한 대로 곧바로 시행해야 합니다. 그리고 만일 형제들이 태만해진다면, 그들을 하나님의 법 안에서 일깨우십시오"라고 말했다. 테오도르는 "'만일 형제들이 태만해진다면, 그들을 하나님의 법 안에서 일깨우십시오'라는 말의 의미가 무엇일까? 얼마 후에 형제들이 나에게 맡겨질 것이라는 말인가? 그 의미를 모르겠다"고 생각했다. 마음속으로 이런 생각을 하고 있을 때, 파코미우스는 "망설이거나 주저하지 마세요. 나는 내가 말한 것과 당신이 생각한 것 모두를 언급하고 있습니다"라고 말했다. 테오도르는 울면서 "알겠습니다"라고 대답했다.

123. 파코미우스의 죽음

파코미우스는 이렇게 말하고서 잠시 의식을 잃었고 누구에게도 아무 말도 하지 않았다. 그 후 그는 손으로 세 번 십자성호를 그었다. 그런 후에 갑자기 숨을 거두었다. 그것이 5월 9일 제10시였다. 그 순간 그곳이 세 차례 흔들렸기 때문에 사람들을 크게 두려워했다. 종종 환상을 보곤 했던 많은 원로들은 "우리는 많은 천사들이 일렬로 서서 그를 바라보는 것을 보았다. 그들은 그가 안식처에 받아들여질 때까지 그의 앞에서 즐겁게 노래하며 나아갔다"고 말했다. 파코미우스가 숨을 거둔 곳에서는 며칠 동안 향기가 났다. 테오도르는 요셉이 했던 것처럼 그의 두 눈을 감겨 주었다. 주님은 야곱에게 "애굽으로 내려가기를 두려워하지 말라 내가 거기서 너로 큰 민족을 이루게 하리라 내가 너와 함께 애굽으로 내려가겠고 반드시 너를 인도하여 다시 올라올 것이며 요셉이 그의 손으로 네 눈을 감기리라 하셨더라"(창 46:3-4)고 말씀하셨다. 모든 형제들은 울면서 그의 입과 거룩한 몸에 입을 맞추었다.

형제들은 그날 밤까지 종일 제단 앞에 그의 시신을 두고 성경을 읽었다. 아침 예배를 마친 후 다른 형제들이 죽었을 때와 마찬가지로 그의 시신을 매장할 준비를 하고 그를 위해 성찬식을 거행했다. 그 다음에 시편을 노래하면서 그의 시신을 운구하여 산에 묻었다. 차분하고 겸손한 태도로 수도원으로 돌아올 때 많은 형제들은 "오늘 우리는 고아가 되었어요"라고 말했다.

그날 밤 테오도르는 세 명의 형제들을 데리고 가서 파코미우스의 시신을 파내어 테오도르의 동생이요 공동체의 회계였던 사부 파프노우티의 곁에 묻었다. 오늘날까지 그가 어디에 묻혔는지 알지 못한다.

파코미우스는 60세에 사망했다. 그는 21세에 수도사가 되어 39년 동안 수도생활을 했다. 모든 일에 있어서 주님의 뜻을 행하기 위해 자기 육체를 십자가에 못 박는 것을 보신 주님은 그에게 쉼을 주기 원하셨다. 주님은 그가 오래 살면서 육체의 연약함으로 인해 고통하는 것을 허락하지 않고 일찍 데려가신 것이다.

124. 페트로니우스가 테오도르 편에 아타나시우스에게 편지를 보내다

사부 페트로니우스는 병들어 앓고 있었지만, 규칙에 따라서 형제들이 질문하는 모든 주제에 대해 지시했다. 그는 그 해에 형제들이 대주교를 방문하고 병든 형제들에게 필요한 것을 구하기 위해서 알렉산드리아에 가려 한다는 것을 알고서 테오도르를 불렀다. 그는 테오도르와 몇 명의 형제들을 수도원에 보내어 봉사하게 하면서 사부 파코미우스의 죽음을 대주교에게 알리는 편지를 테오도르에게 주었다. 그는 테오도르와 형제들을 포옹한 후 "믿음의 아버지에게 다정하게 인사하세요. 다음에는 우리 아버지를 비롯하여 그분과 함께 있는 사람들과 다시 만나게 될 테니, 여러분께도 작별 인사를 하겠습니다"라고 말했다. 그가 "여러분은 다시 나를 보지 못할 것입니다"라고 말했기 때문에 형제들은 슬퍼하면서 배를 타고 떠났다.

125. 형제들이 탄 배가 안티노에에서 압류되다

형제들은 배를 타고 북쪽으로 항해하여 안티노에에 도착했다. 그런데 그곳에서 배가 압류되었다. 형제들은 크게 낙심하여 울면서 "이것은 우리 원장님이 돌아가셨기 때문에 하나님이 우리를 잊으셨다는 증표입니다. 그분이 살아계실 때에는 이런 일이 일어나지 않았습니다"라고 말했다. 사부 테오도르는 그들을 격려하면서 말했다: "형제들이여, 두려워하지 마세요. 지금도 모든 성도들과 우리 아버지와 함께 계시는 주 하나님이 우리와 함께 계십니다. 세상에서 왕의 친구인 사람의 경우를 생각해 보세요. 그는 비록 왕에게서 멀리 떨어진 곳에 있어도 왕의 친구이기 때문에 아무도 두려워하지 않습니다. 아무도 그에게 해를 입히지 않을 뿐만 아니라 많은 사람들이 그와 교제하여 환심을 사려 합니다. 이는 그가 왕의 친구라는 것을 알기 때문입니다. 그가 고향을 떠나 왕이 사는 곳으로 간다면, 전보다 더 왕과 가까이 있기 때문에 한층 더 담대해지지 않겠습니까? 사부님이 우리와 함께 계실 때에는 우주의 주인이요 왕의 왕께서 사부님이 우리를 위해 드리신 간구와 기도 때문에 놀라운 선을 우리에게 나타내 주셨는데, 이제 하나님과 더 가까이 의인들의 장막에서 우리를 위해 호소하시는 그분의 기도를 더 많이 응답해 주시지 않겠습니까? 비록 그분이 우리를 시험하시고 도와주지 않으시며 우리의 배가 압류되었다고 해서 '주님이 우리를 버리셨다'고 말하는 것은 우리의 믿음이 약하기 때문입니다. 세상의 권세자들이 우리를 추방하여 다니엘과 그의 동료들처럼 노예로 만든다면, 우리는 무어라고 말할 수 있겠습니까? 성경은 그들에 대해서 '왕이 또 다니엘의 요구대로 사드락과 메삭과 아벳느고를 세워 바벨론 지방의 일을 다스리게 하였고 다니엘은 왕궁에 있었더라'(단 2:49)라고 말합니다. 그들은 하나님께 죄가 되는 것을 제외하고는 매사에 왕에게 복종했습니다. 그런데 왕이 황금 신상을 세우고 '너희가 내 신을 섬기지 아니하며 내가 세운 금 신상에게 절하지 아니한다 하니 사실이냐? 너희가 만일 절하지 아니하면 즉시 너희를 맹렬히 타는 풀무불 가운데에 던져 넣을 것이니'(단 3:14, 15)라고 말했을 때에 그들은 조상들의 하나님을 부인하기보다는 불속에 던져지는 편을 택했습니다. '인간의 모든 제도를 주를 위하여 순종하되 혹은 위에 있는 왕이나 혹은 그가 악행하는 자를 징벌하고 선행하는 자를 포상하기 위하여 보낸 총독에게 하라'(벧전 2:13-14)고 한 베드로의 말은 적절합니다. 우리는 주를 위해서 세상의 권세자들에게 복종해야 합니다. 반면에 그런 사람들이 하나님을 두려워하게 하려면, 오늘날 육체에 따라 권세를 가진 사람들 때문에 하나님을 부인하거나 하나님께 범죄하면 안 됩니다. 바울은 '할 수 있거든 너희로서는 모든 사람과 더불어 화목하라'(롬 12:18)고 말합니다. 바울은 '할 수 있거든'이라고 말하면서 '화목하면서 하나님께 대해 죄를 짓지 않는 경우에 사람들과 화목하라'고 분명히 합니다. 그러나 이단자와 관련된 경우, 또는 당신이 이단자와 화목함으로써 하나님께 죄를 범하게 된다면, 그 사람의 악함이라는 독 때문에 죽지 않기 위해 뱀에게서 도망치듯이 멀리 도망쳐야 합니다."

형제들은 테오도르의 말을 들으면서 큰 힘을 얻었다. 그날 저녁에 테오도르는 형제들에게 "우리를 악을 행하는 사람들로부터 구해 달라고 주께 기도합시다"라고 말했다. 그들은 한밤중이 될 때까지 열심히 기도했다.

다음 날 아침 그 지방의 공작은 관리들을 모아 놓고 다음과 같이 말했다: "어젯밤 나는 마치 영혼이 잡혀가는 것이 무서운 것을 보았습니다. 당신들이 타벤니시 수도원의 배를 압류했기 때문에 이런 일들이 나에게 일어났습니다. 어서 배를 돌려주십시오. 그들은 하나님의 종들입니다." 공작의 하인들은 즉시 달려나가 형제들에게 공손히 인사하고 배를 돌려주었다. 사부 테오도르는 형제들에게 말했다: "여러분은 우리를 위해 이 큰 은혜를 예비하신 하나님의 선하심을 보았습니다. 하나님이 이 일을 행하신 것은 우리의 의 때문이 아니라 하나님께로 가신 아버지 파코미우스와 지금 우리와 함께 계시는 간사함이 전혀 없으신 페트로니우스 사부의 기도 때문입니다." 형제들은 하나님을 향한 테오도르의 믿음과 모든 선한 일에 대한 확신을 보고 크게 놀랐다. 그리하여 그들은 배를 타고 북쪽을 향해 출발했다.

126. 테오도르와 자캐오가 안토니를 방문하다

그들은 틸록(Tiloč) 산에 도착하여 은수사 안토니의 안부를 물었는데, 안토니가 병들어 피스피르의 수도원에 머물고 있다는 것을 알았다. 그들은 즉시 해안에 정박하고 그를 만나러 갔다. 나이가 많은 데다가 오랫동안 병을 앓아 쇠약해진 안토니는 "타벤니시 공동체에서 온 형제들이 당신을 만나고 싶어 합니다"라는 말을 듣고서 곁에 있는 사람의 손을 잡고 일어났다. 안토니의 곁에 모여있던 형제들은 놀라서 그를 부축했다. 안토니는 수도원 문앞에까지 걸어가서 거룩한 입맞춤으로 그들을 환영했다.

사부 테오도르는 안토니의 오른손을 잡고 자캐오는 왼손을 잡고서 함께 걸었고, 다른 형제들은 뒤를 따라 걸어 안토니가 머무는 곳에 가서 기도한 후에 자리에 앉았다. 형제들은 모두 안토니의 주위에 앉았다. 안토니의 얼굴에는 마치 천사의 얼굴처럼 기쁨이 가득했다. 안토니는 그들에게 다음과 같이 권면했다: "형제들이여, 사부 파코미우스가 세상을 떠났다고 해서 슬퍼하지 마십시오. 여러분은 그분의 몸이 되었고 그분의 영을 받았습니다. 나는 생전에 그분을 만나기를 갈망했지만 소원을 이루지 못했습니다. 그분이 영혼들을 거룩한 상태로 주님께 바치기 위해서 주위에 모아들였다는 사실은 그분이 우리보다 탁월하다는 것, 그리고 그분이 취한 길이 사도들의 길이라는 것을 드러내 줍니다." 사부 테오도르는 공손하게 "당신은 최후의 선지자이시니 우리보다 더 칭찬받으실 만합니다"라고 대답했다. 그러나 자캐오는 생각 없이 말했다: "당신은 분명히 우리를 속이고 계십니다. 만일 사부님이 계시던 코이노니아 공동체가 사도들의 길보다 우월하다면, 왜 당신도 코이노니아 안에 살면서 많은 영혼들을 양육하지 않았습니까? 당신이 모든 선한 생활에 숙달된 의로우신 분이라는 것을 우리는 알고 있습니다. 우리 사부님이 살아계실 때에 항상 당신에 대해 말씀하시고 당신의 생활을 본받으라고 하셨다는 것은 주님도 알고 계십니다."

127. 안토니가 파코미우스와 코이노니아 공동체를 칭찬하다

안토니는 다음과 같이 대답했다: "작은 자캐오여, 당신의 질문에 대답해 드리겠습니다. 내가 수도사가 되었을 때에는 코이노니아 공동체가 없었습니다. 다만 마을에서 조금 떨어진 곳에서 혼자

사는 사람들이 몇몇 있었을 뿐입니다. 그렇기 때문에 나는 은수사가 되었습니다. 그 이후에 사도들의 길이 세상에 계시되었는데, 그것은 우리의 파코미우스 사부께서 이룬 것입니다. 그분은 모든 사람들이 처음부터 악을 행해온 자가 가하는 위험으로부터 피할 피난처가 되셨습니다. 만일 내가 코이노니아를 구성하려 했어도 할 수 없었을 것입니다. 왜냐하면 나는 처음부터 그런 일을 하면서 성장하지 못했으므로 서로의 잘못을 지적하여 고쳐주는 데 필요한 기술을 획득하지 못했기 때문입니다. 또 이런 종류의 삶을 위해 함께 모인 몇 명의 형제들과 합류하여 함께 지내려 해도 이미 늙었기 때문에 그리 할 수 없었을 것입니다. 그렇기 때문에 나는 지금과 같은 생활을 계속했던 것입니다.

실제로 내가 형제들을 심방하기 위해서 산에 내려오는 목표는 형제들 중 한 사람과 대화하여 하나님의 말씀으로 강건하게 해줌으로써 주님이 주시는 상을 받는 것이었습니다. 나로 말미암아 한 영혼이 주 안에서 치유되게 하고픈 열망이 나에게 가득했습니다. 그러나 내가 원하는 대로 행하는 것이 허락되지 않았습니다. 내가 산에서 내려왔다는 말을 들으면 많은 사람들이 찾아와서 성가시게 부탁하면서 자기들의 부탁과 관련하여 당국자들이나 판사들에게 편지를 써 달라고 하곤 했습니다. 그러나 우리의 소명에 관한 한 이런 일은 유익하지 않다고 생각했기 때문에, 나는 곧바로 산으로 돌아와 홀로 살았습니다."

128. 안토니와 함께 있던 성직자들의 불만

사부 안토니가 그들에게 말하면서 형제들의 거룩한 공동체의 생활방식을 칭찬하고 있을 때 안토니에게서 축복을 받기 위해 찾아온 많은 성직자들은 그것에 대해 이것저것 생각하고 있었다. 그러나 안토니는 자기가 코이노니아 형제들을 칭찬한 방식에 대해 그들이 불평하고 있다는 것을 알고서 그들 모두에게 "여러분은 내가 형제들의 생활방식을 칭찬했기 때문에 속으로 매우 화를 내고 있군요"라고 말했다. 성직자들은 이렇게 대꾸했다: "우리가 이유 없이 화를 냈겠습니까? 절대 그렇지 않습니다. 사부께서는 오랫동안 몸이 약해서 우리 중에 주교나 호민관이나 백작이나 관리 등 누가 찾아와도 일어나서 포옹해 주지 못하셨고, 우리가 허리를 굽혀 사부님의 머리나 가슴에 입을 맞추어야 했습니다. 그런데 타벤니시의 형제들이 찾아왔다는 소식을 듣자마자 사부께서는 여기에 앉아 있는 우리들 모두를 내버려둔 채 일어나 나가 기뻐하며 따뜻하게 그들을 포옹하여 맞이하셨습니다."

사부 안토니는 이렇게 말했다: "이 일의 경위를 정확하게 말씀드리겠습니다. 나는 그들이 도착했다는 소식을 듣기 전에 그들보다 앞서 도착한 주의 천사들에게서 '타벤니시에서 파코미우스의 아들들이 왔다'는 소식을 들었기 때문에 나가서 그들을 맞이했습니다. 천사가 나에게 말하고 있을 때에 '코이노니아의 형제들이 도착했습니다'라는 소식이 전해졌습니다. 갑자기 주의 권능이 나에게 임했으므로 나는 그들을 맞이하기 위해 일어나 달려 나간 것입니다. 만일 그들이 모든 면에서 완전한 사람인 파코미우스의 명령대로 이행한다면, 그들은 정말 복된 사람일 것입니다."

129. 안토니 수도원 수도사들의 불만

안토니의 수도원 수도사들도 "코이노니아의 형제들이 당신의 칭찬을 받을 자격이 있다면 우리가 그들의 수도원에서 지내야 할 때 그들이 '당신들은 멜레티우스파입니까?'라고 물으면서 힘들게 하는 것은 어쩐 일입니까? 우리는 사부 안토니 밑에 있다고 선언하는 데 싫증이 났습니다. 그들은 '많은 사람들이 이곳에 와서 "우리는 그분 밑에 있습니다"라고 주장하며, 우리는 복음의 교훈에 따라서 그들을 받아들입니다. 그런데 그들이 떠난 후에 비로소 그들이 멜레티우스파라는 것을 알게 됩니다'라고 말합니다. 우리가 사부님 밑에 있음에도 불구하고 그들이 우리를 믿지 않기 때문에 우리는 당황합니다"라고 말했다.

사부 안토니는 이렇게 말했다: "성경을 적용하는 방법을 알지 못하며 시험해 보지 않은 채 모든 사람들을 받아들이는 이 순진한 사람들이여, 당신들은 거룩한 코이노니아 공동체의 형제들이 당신들과 똑같이 행하며 아무도 테스트하지 않기를 원합니까? 그들은 복음서에 기록된 말씀을 기억합니다. 그들은 '거짓 선지자들을 삼가라 양의 옷을 입고 너희에게 나아오나 속에는 노략질하는 이리라'(마 7:15)고 하신 주님의 말씀과 '범사에 헤아려 좋은 것을 취하라'(살전 5:21)는 말씀대로 항상 경계하여 지킵니다. 왜냐하면 사람들이 선하다고 생각하지만 지옥으로 끝나는 사랑이 있기 때문입니다." 형제들과 성직자들은 코이노니아 공동체의 형제들에 대한 안토니의 칭찬을 이해하게 되었다. 이윽고 안토니는 일어나서 그들과 함께 기도했고, 그들은 평안히 작별하고 배를 타러 갔다. 안토니는 그들 편에 아타나시우스 대주교에게 편지를 보냈다.

130. 페트로니우스의 죽음

형제들이 알렉산드리아에 머물고 있는 동안 프보우 수도원의 페트로니우스의 병세가 악화되었다. 그는 주위에 모여든 형제들에게 "성경 말씀대로 내가 이제 세상 모든 사람이 가는 길로 가게 되었습니다. 그러니 여러분의 아버지가 되어 주의 명령으로 양육하실 분을 결정하십시오"라고 말했다. 그들은 눈물을 흘리면서 "하나님과 파코미우스 외에는 당신밖에 없습니다. 파코미우스 사부님은 세상을 떠나시면서 우리를 당신께 맡겼습니다"라고 말했다. 페트로니우스는 "이미 나는 다른 모든 사람처럼 육신을 떠나기로 결정되었습니다. 그리고 나는 호르시에시우스가 주님을 경외하면서 여러분의 영혼을 양육해줄 사람이라는 계시를 여러 번 받았습니다"라고 말했다. 가까이 앉아서 울고 있던 호르시에시우스는 "나에게는 그 일을 감당할 힘이 없습니다"라고 말했다. 페트로니우스는 "당신에게 이 임무를 맡기는 자는 내가 아니고 사람도 아닙니다. 그분은 우리 아버지 하나님이십니다"라고 대답했다. 잠시 후에 의로운 사람 페트로니우스는 숨을 거두었다. 그 날은 346년 7월 19일이었다.

사부 호르시에시우스와 형제들은 밤새도록 페트로니우스 주위에서 성경을 읽고 기도했다. 다음 날 아침 성찬예배 때에 호르시에시우스는 형제들에게 장례식을 준비하게 하고 페트로니우스를 위한 성찬식을 거행했다. 그들은 시편을 찬송하면서 그의 시신을 산으로 운구하여 파코미우스 곁에 매장했다.

131. 호르시에시우스가 코이노니아를 맡다

형제들 중 원로들은 슬퍼하면서 서로 대화하기를 "파코미우스 사부로부터 유모가 자녀들을 양육하듯이 양육할 책임을 맡았으나 이미 세상을 떠난 사람 때문에 우리가 계속 슬퍼하는 것은 옳지 않은 듯합니다. '주님이 우리에게 화를 내고 계시는 듯하다'라고 말하는 것은 터무니없는 행동입니다. 그러니 우리에게 주신 분은 복된 분입니다. 그분이 우리와 함께 오래 지낼 수 있기를 기원합니다. 실제로 사부 호르시에시우스는 고인과 가까운 분이었습니다. 사부님은 그분에 대해 호의적으로 말씀하시곤 했습니다. 또 사부 페트로니우스께서도 임종하시기 전에 '당신에게 이 임무를 맡기는 분은 내가 아니라 하나님과 사부님입니다'라고 말씀하셨는데, 우리는 그분이 거짓말을 하시지 않는다는 것을 잘 알고 있습니다"라고 말했다.

호르시에시우스 사부는 담대하게 거룩한 공동체의 책임을 맡았고 모든 형제들은 겸손하고 유순하게 순종했다. 얼마 후에 그분은 형제들에게 다음과 같이 말했다: "내가 단 하루도 이 직무를 맡을 적임자라고 생각한 적이 없다는 것을 주님은 아십니다. 나보다 연장자이신 여러분이 이 직무를 맡을 자격이 있습니다. 실제로 이 직무의 적임자는 사부 테오도르입니다. 왜냐하면 그분은 모든 면에서 우리의 사부님을 본받았기 때문입니다. 그럼에도 불구하고 하나님의 뜻이라면 아무도 그 뜻에 거역할 수 없습니다. 주께서 모든 선한 일에 있어서 나를 붙들어 주시도록 하나님을 향한 사랑으로 나를 위해 기도해 주시기를 부탁합니다. 또 복되신 바울의 말처럼 만일 하나님과 여러분이 원하신다면 나는 기꺼이 모든 형제들을 방문하겠습니다." 그들 중 원로들은 "주님이 모든 일에 있어서 당신을 붙들어 주시고 사부님에게 주셨던 영을 당신에게 주시기를 기원합니다. 그분의 평강이 당신 위에 영원히 임하시기를 기원합니다"라고 말했다. 그 후 호르시에시우스는 일어나서 기도했다. 형제들은 힘을 얻어 자기의 수실로 돌아갔다. 다음 날 아침 호르시에시우스는 두 명의 형제들을 데리고 형제들을 심방하여 주님을 경외하며 파코미우스가 세운 규칙을 지키도록 격려하기 위해서 각 수도원을 찾아갔다.

132. 테오도르가 알렉산드리아에서 페트로니우스의 사망 소식을 듣다

알렉산드리아에 있는 형제들은 페트로니우스가 사망했다는 소식을 듣고 앉아서 울었다. 사부 테오도르는 두 명의 형제들과 함께 알렉산드리아로 향하는 배 안에서 그 소식을 들었다. 그는 알렉산드리아에 도착하여 형제들이 울고 있는 것을 보고서 "오늘 여러분은 왜 울고 계십니까?"라고 물었는데, 그들은 "슬퍼서 울고 있습니다. 페트로니우스 사부가 돌아가셨답니다. 또 그가 세네세트의 호르시에시우스 사부를 수도원장으로 임명하셨답니다"라고 대답했다. 페트로니우스의 죽음 때문에 테오도르도 울었다. 잠시 후에 그는 "형제들이여, 울지 말고 '주님의 뜻이 이루어지이다'라고 기도합시다. 주님이 우리의 영혼을 양육해 주시던 선한 아버지를 데려가셨다면, 여러분은 그분의 풍성한 자비하심 안에서 사부님과 그분의 눈물을 기억하셨음을 볼 것입니다. 또 그분은 성령의 능력이 충만하신 또 다른 수도원장님을 세우셨습니다. 이분은 참으로 이스라엘 사람이라 그 속에 간사한 것이 없습니다(요 1:47). 이분은 참으로 하나님이 모세의 보좌역으로 주셨던 눈의 아들 여호수아요 바르게 행동한 세 용사(삼하 23:16)들 중 한 분이십니다. 또한 '이 존귀는 아무도 스스로 취하지 못하고 오직 아론과 같이 하나님의 부르심을 받은 자라야 할 것이니라'(히 5:4)고, 그리고 '그 왕권이 돌아가 내 아우의 것이 되었음은 여호와께로 말미암음이니이다'(왕상 2:15)라고 성경에 기록되었습니다. 형제들이여, 내가 자발적으로 호르시에시우스 사부를 칭찬하려는 것이 아닙니다. 그분을 칭찬하시고 우리의 의로우신 아버지의 입을 통해서 명령하시는 분은 주님입니다. 주님은 내가 종종 우리의 의로우신 아버지로부터 이런 말을 들었다는 것을 알고 계십니다."

133. 안토니가 형제들에게 보낸 편지

"의로우신 아버지께서는 그분에 대해 형제들을 위로하시면서 다음과 같이 말씀하셨습니다: '거룩한 형제들이여, 여러분에게 다음과 같이 말하고 싶습니다. 파코미우스 사부께서 임명하신 페트로니우스 사부의 사망 소식을 듣고서 나는 매우 슬펐고, 또 거룩한 형제들이 고아가 될까 염려했습니다. 내가 슬퍼하고 있을 때에 "주께서 거룩한 공동체를 위해 또 다른 능력 있는 호르시에시우스 원장을 세우셨다"는 부드러운 음성을 들었습니다. 그분 안에 계신 하나님의 영 덕분에 그분은 여러분의 영혼과 몸을 돌볼 수 있을 것입니다. 여러분의 신앙 때문에 "내가 너희를 고아와 같이 버려두지 아니하고 너희에게로 오리라"(요 14:18)는 주님의 말씀이 이루어졌습니다. 형제들이여, 우리는 그분을 호르시에시우스라고 부르지 않고 "이스라엘 사람"(요 1:47), 즉 하나님이 표면의 눈뿐만 아니라 내면의 눈으로 보시는 사람이라고 불러야 합니다. 형제들이여, 하나님이 하나님의 영을 받아 강건한 원장님을 세워주셨으니 여러분은 복됩니다. 그러니 그분이 평강 안에서 여러분을 굳게 해주시며 모든 성도들처럼 여러분이 항상 그분에게 복종하게 해주시기를 우리의 파코미우스 사부의 하나님이신 주께 기도하십시오. 여러분과 함께 있는 사람들에게 문안합니다.'"

그는 또 그리스도의 경주자인 아타나시우스 대주교에게 편지하면서, 파코미우스와 그의 후계자인 페트로니우스 사부를 잃은 형제들을 위로해 달라고 부탁하면서 다음과 같이 말했다: "하나님이 그들의 아버지 파코미우스 및 그의 후계자를 데려가셨다고 해서 당신과 함께 있는 형제들, 거룩한 코이노니아 공동체의 아들들과 관련하여 편지할 필요가 없을 것입니다. 그럼에도 불구하고 코이노니아 공동체가 흩어지거나 거룩한 형제들이 고아들처럼 될까 염려됩니다. 그러나 당신의 거룩한 손길로 양육해 주신 덕분에, 우리는 거룩한 파코미우스의 후계자인 페트로니우스 사부가 호르시에시우스 사부를 후계자로 세웠다는 소식을 들었습니다. 그는 공동체를 위한 큰 빛이 될 것이며, 그가 하나님이 주신 은혜로 말할 때에 많은 사람들이 위로와 힘을 얻고 덕이 계발될 것이라고 믿습니다. 그러므로 이 사람을 '이스라엘 사람'이라고 불러야 한다고 확신합니다. 이제 대제사장이신 당신이 당신과 함께 있는 사람들을 격려하며 그분에 대한 충성심을 심어주고 그들에게 필요한 모든 것을 보살펴 주실 것을 촉구합니다. 오, 꺼지지 않는 빛, 지혜의 근원, 성도들의 자랑이시여, 우리를 위해 기도해 주십시오."

134. 안토니, 아타나시우스, 코이노니아 공동체를 칭찬하다

알렉산드리아에 머물고 있는 테오도르와 자캐오 및 다른 형제들은 안토니의 격려 편지를 받고서 큰 위로를 받았다. 특히 믿음의 아버지인 대주교에게 그들이 이스라엘 사람의 아들들이니 친절하게 대해 달라고 편지했기 때문에 더욱 힘을 얻었다. 형제들은 테오도르에게 "이렇게 유명한 사람들의 관심을 받을 자격이 있으니 우리는 행운아들입니다. 그분들은 우리 아버지 파코미우스께 대한 큰 헌신 때문에 우리의 영혼을 보살피고 계십니다"라고 말했다. 테오도르는 그들에게 이렇게 대답했다: "파코미우스 사부와 거룩한 페트로니우스 사부의 수고와 눈물은 어디에서나 우리를 위해 중보하고 계십니다. 게다가 우리의 호르시에시우스 사부 역시 모든 선한 일에 있어서 우리 영혼을 위한 생명의 근원이 될 것입니다. 형제들이여, 어느 날 우리 아버지는 이렇게 말씀하셨습니다: '지금 이집트에 살고 있는 우리 세대에서 하나님의 은총으로 융성하는 세 가지 중요한 일이 있습니다. 첫째는 복된 경주자이신 알렉산드리아의 아타나시우스 대주교이십니다. 그분은 죽기까지 믿음을 위해 노력하시는 분입니다. 둘째는 거룩한 안토니이십니다. 그분은 은수사 생활의 완전한 본보기이십니다. 셋째는 이 코이노니아 공동체로서, 완덕을 이루기 위해 하나님의 뜻에 따라 모인 모든 사람을 위한 본보기입니다.'"

135. 호르시에시우스에 대한 테오도르의 순종

테오도르의 말을 들은 형제들은 하나님께 대한 그의 믿음과 깊은 겸손에 감복했다. 그는 마치 악을 완전히 제거한 한 마리 순진한 양 같았다. 그는 눈에 보이는 수행에 있어서만 아니라 성령의 열매인 순종과 겸손에 있어서도 크게 진보하였다. 호르시에시우스 사부가 공동체의 아버지의 책임을 맡았다는 소식을 들은 이후, 그는 형제들로부터 성경 구절을 설명해 달라는 요청을 받을 때마다 "인내해야 합니다. 우리가 남쪽에 도착하여 호르시에시우스 사부가 그 구절을 설명해 주셔야만 그 구절의 설명을 얻을 것입니다"라고 대답했다. 성경에 해박하여 전에는 성경을 근거로 가르쳐주곤 했던 테오도르가 이런 식으로 대답할 때에 형제들은 그의 깊은 겸손에 놀라곤 했다. 실제로 그는 종종 형제들의 마음이 자기에게 기울어지지 않고 호르시에시우스 사부에게 기울어지게 하기 위해서 이런 식으로 행동하여 자신을 눈에 뜨이지 않게 했으며, 호르시에시우스를 "이분은 말과 일에 능하신 분이다"(눅 24:19)라고 말했다.

136. 테오도르가 프보우 수도원으로 돌아오다

며칠 후 그들은 알렉산드리아에서의 일을 마쳤다. 그들은 대주교로부터 호르시에시우스 사부에게 보내는 편지를 받고 "주 예수 그리스도의 경주자시여, 우리를 위해 기도해 주십시오"라고 말하며 작별했다. 그리고 안토니를 찾아가서 만나려 했지만 안토니가 이미 산속으로 떠나갔다는 말을 들었다. 그들은 남쪽을 향해 항해했다.

테오도르는 형제들이 어떤 말에 대한 설명을 부탁하거나 문제를 가지고 올 때마다 "우리가 남쪽에 도착하여 원장님께 문제를 말할 수 있을 때까지 인내합시다. 주님이 원장님을 통해서 우리에게 안식을 주실 것입니다"라고 말하여 그들을 진정시키려 했다.

그들이 프보우에 도착했을 때 테오도르와 호르시에시우스와 모든 형제들은 거룩한 입맞춤으로 서로를 환영했다. 테오도르는 호르시에시우스에게 대주교의 서신을 전달했다. 호르시에시우스가 그 서신들을 읽어줄 때에 형제들은 그 안에 적힌 생명의 말에 큰 위로를 받았다. 테오도르는 안토니가 알렉산드리아에서 쓴 편지도 전달했다. 호르시에시우스가 그 편지를 읽을 때에 그들은 "우리의 의로우신 아버지의 기도 때문에 당신께서는 거룩한 종들 앞에서 우리에게 큰 확신을 주셨으니 당신의 모든 행위가 복됩니다"라고 말하며 하나님을 찬송했다.

137. 호르시에시우스가 테오도르를 프노움으로 보내다

테오도르는 형제들이 자신을 점점 더 의지하고 있는 것을 의식하고서 매우 당황했다. 그는 호르시에시우스가 안전하고 평안하게 자리를 잡을 때까지 얼마 동안 다른 수도원에 가서 지내기를 원했다. 그는 이 문제로 밤낮 주께 눈물을 흘리며 기도했다. 그가 이 문제 때문에 당황하고 슬퍼하고 있을 때, 프노움 수도원의 지도자인 마카리우스 사부가 호르시에시우스를 찾아왔다. 테오도르는 마카리우스에게 가서 은밀하게 이 문제를 털어놓았다. 그는 "당신은 이 거룩한 곳에서 일어나고 있는 모든 일을 알고 계시니 호르시에시우스 사부에게 내가 당신과 함께 남쪽으로 가서 며칠 동안 지내게 해 달라고 말씀해 주십시오"라고 부탁했다. 마카리우스 사부는 그의 부탁을 받아들였다. 그리하여 호르시에시우스 사부에게 가서 "테오도르는 빵굽는 방법을 잘 알고 있으니 그를 데리고 가서 우리를 위해 빵을 굽게 해주십시오. 또 그는 형제들을 격려해 줄 수 있을 것입니다"라고 부탁했다. 호르시에시우스는 이것이 테오도르 사부의 소원임을 확신하고서 그를 마카리우스 사부와 함께 보냈다.

138. 테오도르가 젊은 형제의 권면을 겸손히 받아들이다

그들이 항해하고 있을 때 한 번도 만난 적이 없는 형제가 테오도르에게 다가왔다. 그 형제는 테오도르가 이미 숙련된 제빵공 형제들과 갓 합류했다고 생각하고서 "형제들과 합류한 지 몇 년 되었습니까?"라고 물었다. 테오도르 사부는 "얼마 되지 않았습니다"라고 대답했다. 그 말을 듣고서 그 형제는 "세상에 있을 때 당신의 직업이 빵굽는 일이었습니까?"라고 물었다. 테오도르는 "예"라고 대답했다. 그는 계속해서 "당신이 빵을 굽기 위해 제빵실에 가서 형제들 중 하나가 농담을 하거나 놀고 있는 것을 보아도 분개하지 마십시오. 그런 집단 안에서는 온갖 부류의 사람들을 발견하게 마련이니까요"라고 말했다. 테오도르는 "그렇게 경고해 주셔서 감사합니다"라고 대답했다. 얼마 후에 그들은 수도원이 있는 해안에 도착했다. 형제들 모두가 나와서 기뻐하며 그를 환영해 주었다. 배 안에서 테오도르에게 경고해 주었던 형제는 자신이 경고했던 사람이 테오도르였다는 것을 알고서 부끄러워 숨었다. 테오도르는 형제들과 시편을 낭송하면서 걸어가 수도원에 도착했다. 그는 그곳에 머물면서 각 사람을 향한 깊은 겸손으로 형제들 모두에게 감화를 주었다.

139. 트모우손즈 수도원의 아폴로니우스의 반란; 호르시에시우스의 사임과 테오도르의 임명

호르시에시우스 사부는 몇몇 수도원이 코이노니아 공동체로부터 분리하기 시작하여 끊임없이 자신을 슬프게 한다는 것, 그리고 하나님이 주신 힘에 따라서 행하는 자신의 지도에 순종하지 않는 것을 알고서 매우 근심하게 되었다. 그는 결국 주께서 종을 통해 모으신 영혼들이 분산되지 않을까 염려했다.

트모우손즈 수도원의 지도자인 아폴로니우스는 여러 번 소동을 일으켜 다른 모든 수도원들이 그의 말을 따르고 있었다. 그들은 "우리는 호르시에시우스와 관계하지 않을 것이며 그가 세운 규칙에도 상관하지 않겠다"고 말했다. 호르시에시우스는 수도원들 내의 큰 시련을 알게 되자 자신이 코이노니아 공동체의 붕괴 원인이 되지 않을까 크게 염려했다. 어느 날 그는 이 문제로 괴로워하면서 저녁에 일어서서 기도를 시작했다. 그는 자신이 이 일로 인해 하나님 보시기에 위험한 자가 되지 않으려면 어떻게 행동해야 하는지 가르쳐 달라고 거듭 요청했다. 그 때에 그는 환상을 보았다. 환상 속에서 그의 앞에 두 마리 새가 있었다. 한 마리는 늙어 몰골이 형편이 없었고, 나머지 한 마리는 젊고 튼튼했다. 그는 계속해서 사부 파코미우스처럼 생긴 사람이 자신 있게 "호르시에시우스, 두려워하지 마세요. 낡은 침대를 새 침대에 기대어 놓으면 당신이 짐을 벗을 것입니다"라고 말하는 것을 보았다. 그는 이 몰아 상태에서 자신은 늙은 침대요 새 침대는 테오도르라고 생각했다.

아침이 되자 그는 수도원의 원로들을 모아 놓고 회의를 개최했다. 그는 "보세요. 우리는 형제들이 일으킨 고통과 환란의 결과로서 의로우신 우리 아버지를 통해서 하나님이 모으신 공동체가 분산되고 있다는 것을 알고 있습니다. 그러니 이제 여러분을 위해서 하나님의 뜻에 따라 여러분을 인도할 능력을 지닌 사람을 선택하십시오. 여러분 모두가 알 듯이 나는 너무 약합니다"라고 말했다. 형제들은 소리내어 울기 시작했다. 그는 "울지 마세요. 내가 강요를 받고 있다고 생각할 필요가 없습니다. 전혀 그렇지 않습니다. 오히려 나는 여러분의 구원과 나 자신의 위안을 위해 이렇게 하고 있습니다"라고 말했다. 형제들은 "우리는 당신 외에 다른 사람을 알지 못합니다. 당신은 지금 마음대로 행동하고 계십니다"라고 대답했다. 그는 "만일 여러분이 나의 결정에 동의하신다면, 하나님이 나에게 모든 일에 있어서 하나님과 사람들 앞에서 여러분을 돌볼 능력을 가진 사람으로 계시해 주신 사람은 테오도르입니다. 실제로 여러분이 알 듯이 그는 우리의 파코미우스 사부 이후에 우리의 아버지이셨던 분입니다"라고 말했다. 그는 이렇게 말한 후에 일어나 세네세트 수도원으로 가서 은둔했다.

140. 수도원장으로 임명된 데 대한 테오도르의 반응

호르시에시우스 사부는 "그는 겸손한 사람이기 때문에 우리가 그를 천거하면 거절할 것입니다"라고 말하면서 회의에 테오도르를 부르지 않았다. 호르시에시우스 사부가 그를 원장으로 천거하고서 떠난 후 형제들은 테오도르가 있는 곳에 가서 그를 붙잡고 기뻐하면서 포옹했다. 그들은 모두 "우리의 파코미우스 사부께서 진정으로 다시 우리를 위해 살고 계십니다"라고 말했다. 이 일의 전말을 들은 테오도르는 원장으로 임명되는 데 동의하고 싶지 않았기 때문에 울었다. 과거에 자신이 원장이 되는 데 대한 형제들의 말을 듣고서 감당해야 했던 부담감을 기억했기 때문이다. 그는 자신에게서 그러한 생각들을 몰아내어 7년이라는 세월을 허비하지 않게 해 달라고 간구했었고, 이런 종류의 생각들은 더 이상 그의 마음에 들어오지 않았다. 그는 사흘 동안 먹지도 않고 마시지도 않은 채 계속 울었다. 그는 형제들에게 "먼저 나를 천거하신 분을 만나지 않고서는 이 일에 동의하지 않겠습니다"라고 말했다. 나흘째 되는 날 그들은 수도원에 도착했다.

141. 공동체의 원장이 된 테오도르의 첫 가르침

테오도르는 슬퍼하면서 형제들에게 다음과 같이 말했다: "여러분은 호르시에시우스 사부가 우리 모두를 위해 자신을 주셨음을 알고 있습니다. 그분은 우리를 형성하고 주님이 우리 아버지의 수고와 눈물을 통해서 모으신 공동체들이 붕괴되지 않게 하려고 자신의 영성훈련을 등한히 하셨습니다. 형제들이여, 그러므로 우리는 하나의 공동체와 그에 알맞은 훈련을 유지해야 합니다. 우리가 빠져있는 태만함과 멸시를 바로잡아야 합니다. 주님이 우리 아버지를 데려가신 후 우리는 곧 그분의 규칙들을 폐기했습니다. 이 때문에 마귀가 우리 중 많은 사람들의 영혼을 괴롭혀 왔습니다. 전도서에 '담을 허는 자는 뱀에게 물리리라'(전 10:8)는 말이 있습니다. 우리는 우리 아버지께서 우리를 깨끗하게 주께 바치기 위해서 굶주림이나 목마름이나 철야를 통해서 당하신 모든 수고와 고통을 모르지 않습니다. 그런데 우리는 자신의 의지를 따라 마귀에게 우리를 삼키도록 내주었고, 그 결과 우리 아버지께서 우리를 위해 당하셨던 수고의 유익을 상실했습니다."

테오도르가 이렇게 말하는 동안 형제들은 소리내어 울었다. 얼마나 크게 울었는지 공동체 밖을 지나가던 사람들에게도 울음소리가 들렸다. 형제들의 울음소리가 작아지면 테오도르가 크게 울었다. 마침내 테오도르는 형제들과 함께 울음을 멈추었다. 그는 울음을 멈추려고 눈물을 닦았다. 그리고 입고 있던 양가죽옷으로 형제들을 치면서 "자제하시고 내 말에 주목하세요"라고 말하고는 다시 말을 시작했다: "여러분이 울 만큼 감정을 가지고 있다는 것은 회개의 영이 아직 사라지지 않았다는 표식입니다. 죽은 사람은 죽었기 때문에 상처가 나도 느끼지 못합니다. 아직 숨이 있어 움직이는 사람은 즉시 아픔을 느낍니다. 그러므로 주님이 원하신다면, 여러분을 다시 살리실 수 있습니다."

그들은 이 말을 들으면서 그의 말을 통해서 역사하시는 하나님의 영에 의해 마음에 통회가 일어났기 때문에 한층 더 크게 소리쳐 울었다. 그는 계속해서 말했다: "타벤니시의 거룩한 공동체의 형제들은 다시 의로운 사람 파코미우스 사부의 아들들이 되겠습니까? 아니면 자기 이웃에게 다시 '이 말이 무엇을 의미하는가?'라고 묻는 사람이 있겠습니까? 아니면 우리가 다시 일을 하거나 마차를 타고 길을 가면서 의로우신 아버지께서 가르쳐주신 대로 주님의 말씀을 낭송하는 모습을 보게 되겠습니까? 형제들이여,

자신을 제어하며 주님을 경외하면서 살려고 노력하십시오. 우리를 위해 제정된 규칙들을 단 하나도 범하지 마십시오. 우리 중에 자신의 뜻대로 행하는 사람이 없어야 하며, 우리를 깨끗하게 하려고 부르신 주님이 기뻐하시는 것에 따라 행동합시다."형제들이 빠져있던 태만함과 멸시함으로 인해 계속 울고 있을 때에 테오도르는 그들의 겸손함을 지켜보면서 말을 멈추었다. 그들은 모두 일어나서 기도했고, 각기 수실로 돌아가서 계속 하나님께 기도했다.

142. 수도원 지도자들에게 한 테오도르의 강연

수도원들의 지도자들은 테오도르 사부가 호르시에시우스의 후계자가 되었다는 소식을 듣고서 기뻐하며 그를 찾아갔다. 그들은 자기들이 찾아가면 테오도르의 마음이 편안해질 것이라고 생각했다. 그러나 테오도르는 그들을 보자마자 매우 화를 냈고, 그들은 간신히 그와 포옹했다. 그들은 테오도르의 얼굴 표정을 보고서 큰 두려움에 사로잡혔다. 테오도르는 자리에 앉아서 슬픈 표정으로 "하나님이 우리를 참아주실까요? 여러분이 복되고 거룩한 호르시에시우스 사부님을 거역했으므로 하나님이 우리에게 화를 내리지 않으실까요? 여러분은 하나님과 우리 사부님이 임명하신 분, 이미 세상을 떠난 다른 사부님들의 직무를 취하신 지극히 선하신 분를 몰아냈습니다. 하나님 앞에서는 모든 생명이 없는 것 같은 데, 그분의 명령을 대적하여 성공하는 사람이 있습니까? 여러분이 더러운 입으로 '우리는 이 사람이 우리의 왕 됨을 원하지 아니하나이다'(눅 19:14)라고 말하다니 놀랍습니다. 우리가 이런 식으로 말하면 그분은 '내 백성아 내가 무엇을 네게 행하였으며 무슨 일로 너를 괴롭게 하였느냐? 너는 내게 증언하라'(미 6:3)고 말씀하신다는 것을 알아야 합니다. 의로우신 우리 아버지께서 성도들 가운데서 우리를 보시고 놀라지 않았을까요? 그분은 슬퍼하며 앉아서 고통하시면서 '밭에 좋은 씨를 뿌리지 아니하였나이까 그런데 가라지가 어디서 생겼나이까?'(마 13:27)라고 말씀하지 않겠습니까?

형제들이여, 우리가 죄를 지었으면 회개합시다. 보다시피 나는 오늘 여러분 중 몇이 범한 멸시의 죄 용서를 허락하는 것과 관련하여 주님 앞에서 언약을 맺으려 합니다. 이는 여러분이 주께서 파코미우스 사부가 우리를 위해 드린 기도와 눈물 때문에 주신 거룩한 곳을 분열시키기 위해 손을 들었기 때문입니다. 그분이 우리와 함께 계실 때 주께서 그분에게 오늘 우리 가운데서 일어난 모든 일들을 미리 계시해 주셨음을 기억할 것입니다. 주님이 환상을 보여주실 때 그분은 많은 형제들을 보았는데 어떤 형제들은 악어의 입 속에 있고, 어떤 형제들은 불 속에 있고, 어떤 형제들은 사나운 짐승의 입 속에 있었습니다. 또 어떤 형제들은 강에 빠져 도움을 청하고 있었습니다. 그분은 즉시 일어나서 위험에 처한 형제들의 구원을 위해 기도하셨습니다.

이제 나는 오늘부터 자기 영혼을 지켜 주께 범죄하지 않으려는 사람들은 죽을 때까지 지금까지 행한 모든 악한 행동을 용서받을 것이라고 여러분과 약속하겠습니다. 그는 세상에 새로 태어난 사람, 죄나 의가 전가되지 않은 사람처럼 될 것입니다. 그는 오늘부터 새로운 삶의 상태에 놓일 것입니다. 그러나 우리는 '그의 영혼을 속건제물로 드리기에 이르면 그가 씨를 보게 되며 그의 날은 길 것이요'(사 53:10)라는 이사야서의 말씀처럼 '회개에 합당한 열매를 맺기'(마 3:8) 위해 노력해야 합니다.

우리가 겸손한 마음으로 노력하면서 바르게 행동한다면, 멸시의 죄에 빠졌던 우리 영혼은 긴 생명, 즉 영원한 세상에 살고 있는 거룩한 사람들을 볼 자격을 얻을 것입니다. 여러분이 자유로운 선택에 의해서 오늘 내가 여러분과 맺으려 하는 언약에 따라 행동할 준비를 갖춘다면, 언제나 우리의 죄와 허물을 담당하시는 자비하신 주님은 우리의 회개로 인해 기뻐하시고 우리를 도와주실 것입니다. 성경에서 불꽃이라고 언급되며 악을 참지 못하는 천사들조차도 우리를 불쌍히 여겨 우리를 향해 돌아설 것입니다. '여호와의 천사가 주를 경외하는 자를 둘러 진 치고 그들을 건지시는도다'(시 34:7)라는 말씀처럼, 천사들이 우리를 지켜줄 것입니다. 주를 경외하는 자들을 지켜준다는 말에 의하면, 그들은 의도적으로 경멸스럽게 행동하는 자들을 참고 견디지 못한다는 것이 분명해집니다. 그러나 천사들뿐만 아니라 우주를 지으신 분, 모든 권세를 가지신 분은 우리의 어리석음과 약함을 잘 견디실 수 있습니다. 왜냐하면 그분은 우리의 본성에 호의를 가지고 계시기 때문입니다. 그분은 우리로 하여금 회개하여 완전히 무가치한 존재가 되지 못하게 하려고 우리의 어리석음과 약함을 참고 견디십니다. 그러므로 그분은 제자들에게 '너희 아버지의 자비로우심같이 너희도 자비로운 자가 되라'(눅 6:36)고 말씀하시면서 자비로운 하나님의 아들들이 되라고 하십니다….

…그분은 전혀 이익을 찾지 않으실 것입니다. 왜냐하면 모든 사람이 이 말을 참고 견딜 수 있는 것이 아니라 하나님의 성령이 내면에 거하는 완전한 사람들만 이 말을 참고 견딜 수 있기 때문입니다. 이는 '너는 감사를 잘하였으나 그러나 다른 사람은 덕 세움을 받지 못하리라'(고전 14:17)고 기록되었기 때문입니다. 그러므로 회개한 사람이 지금 우리가 말하고 있는 사람들처럼 합당한 사람들에게 죄를 고백하려면 '너희 죄를 서로 고백하며 병이 낫기를 위하여 서로 기도하라 의인의 간구는 역사하는 힘이 큼이니라 엘리야는 우리와 성정이 같은 사람이로되 그가 비가 오지 않기를 간절히 기도한즉 삼 년 육 개월 동안 땅에 비가 오지 아니하고 다시 기도하니 하늘이 비를 주고 땅이 열매를 맺었느니라'(약 5:16-18)고

말합니다.

형제들이여, 주님의 뜻이라면 마귀에 의해 상처입었으나 자기의 악행을 드러내는 사람들의 상처가 주님에 의해 치유되기 위해서 이 말을 합니다. '자기의 죄를 숨기는 자는 형통하지 못하나'(잠 28:13)라는 말씀이 있습니다. 형제들이여, 이제 하나님이 우리의 의로우신 아버지에게 주셨던 거룩한 곳들의 지도자들인 여러분이여, 나는 여러분의 입에서 나오는 비틀린 말을 듣습니다. 실제로 어떤 사람은 '이 수도원은 내것이다'라고 말하고, 어떤 사람은 '이 물건은 내것이다'라고 말합니다. 이런 일들이 이곳에서 일어나서는 안 됩니다. 그러나 여러분이 진정으로 마음을 다하여 우리의 의로우신 아버지처럼 자기부인의 정신으로 행동하려 한다면, 여러분 각 사람은 나에게 '나는 공동체의 지도자가 아니며, 우리에게 주어지는 모든 일에 복종할 준비가 되어 있습니다'라고 고백합시다."

그들은 이 말을 듣고 감사하면서 다음과 같이 대답했다: "우리는 당신이 지시하시는 대로 행동할 준비가 되어 있습니다. 의로우신 파코미우스 사부께서 우리를 위해 제정하신 규칙들과 행동의 기준으로 주신 거룩한 법들을 속히 회복시켜 주십시오. 야곱이 임종할 때에 요셉과 모든 아들들에게 했던 것과 같이 언젠가 사부께서 당신을 축복하시는 말을 들은 적이 있습니다. 요셉이 처음에는 고난과 고통을 당했지만 나중에는 하나님이 큰 영광과 존귀와 권세를 주셔서 가뭄이 들었을 때에 형들과 모든 가족들을 먹인 것, 그리고 그들이 평생 모든 일에 있어서 그에게 복종하고 감사했듯이 당신의 시작도 그러했습니다. 당신은 매우 겸손하고 모든 사람들에게 복종했기 때문에 누구보다 더 자신을 낮추셨습니다. 이제 주님이 당신을 높이셔서 의로우신 파코미우스 사부께서 우리에게 주셨던 전통들과 거룩한 성경에 기록된 우리 주 예수님의 명령으로 우리 모두를 양육하게 하셨습니다."

143. 테오도르의 수도원 순방

그들이 테오도르 앞에서 "우리는 의로우신 아버지의 거룩한 코이노니아 공동체의 규율에 복종할 각오가 되어 있습니다"라고 고백한 후에 테오도르는 여덟 명의 다른 수도원 원장들로 하여금 다른 형제들과 함께 멍석을 짜면서 프보우에 머물게 하고서 자신은 두 명의 형제를 데리고 수도원들을 차례로 순방하면서 하나님의 말씀과 파코미우스 사부가 제정한 법, 그리고 형제들의 영혼을 구원하기 위해서 그 자신이 제정한 규칙들로 튼튼하게 해준 후에 곧 프보우로 돌아왔다.

테오도르가 프보우 수도원에 머물게 했던 수도원 원장들은 테오도르가 돌아온다는 말을 듣고 일어나서 모든 형제들과 함께 기뻐하며 그를 맞으러 나갔다. 이는 테오도르 안에 있는 풍성한 하나님의 은혜 때문이었다. 그들은 파코미우스 사부가 수도원들을 순방하고 돌아왔을 때에도 똑같이 하곤 했었다. 테오도르는 그들을 포옹했고, 그들은 함께 성경을 낭송하면서 걸어서 공동체 안으로 들어갔다. 테오도르는 사람들로부터 이 세상의 헛된 영광을 받고 싶지 않았기 때문에 고개를 숙이고 아주 겸손하게 걸었다. 그는 언제나 하나님의 뜻대로 행하며 모든 형제들에게 겸손하려 했다.

144. 테오도르가 모든 수도원의 장상들에게 새로운 임무를 맡기다

테오도르는 공동체의 지도자들에 대해 자신이 그들과 함께 무엇을 해야 하는지 알려 달라고 주께 기도했다. 주님은 테오도르의 부탁을 들으시고 계시를 주셨다. 그리하여 몰아상태에서 환상이 임했다. 그는 눈처럼 흰 옷을 입은 파코미우스처럼 생긴 사람이 밝은 빛을 발하는 두 명의 천사들과 함께 서 있는 것을 보았다. 그는 두려워서 그분에게 다가가지 못했다. 그런데 천사들이 가까이 오라는 신호를 했다. 한 천사는 파코미우스가 입은 옷을 붙잡고서 자세히 보여주었다. 그런 후에 마치 "그분이 어떤 종류의 옷을 입고 있는지 보았지요"라고 말하는 듯한 신호를 했는데, 이것은 하나님이 아브라함에게 복을 주셨다고 기록된 것처럼 그분이 성도들 중 한 사람처럼 영광 중에 있다는 것을 의미했다. 환상 중에 그 순간 그가 입은 옷은 번개처럼 번쩍이는 자줏빛이었다. 그러한 영광을 보여준 후에 공동체의 원로들과 그들을 배정해야 할 공동체를 하나씩 열거하면서 그들에게 어떻게 임무를 맡겨야 할 것인지 말해 주었다. 테오도르는 그들 중 한 사람도 과거의 직위에 그대로 머물게 하지 않고 새로운 직위에 임명하여 자기부인의 정신으로 살게 해야 했다.

환상을 본 후 테오도르는 프보우 수도원에 머물고 있는 지도자들과 원로들을 회의에 소집하고 주님이 지시해 주신 대로 그들에게 새로운 임무를 맡겼다. 그런 후에 "이렇게 임명한 것은 내가 혼자서 한 것이 아니라 주님과 우리 아버지께서 지시하신 대로 행동한 것에 불과합니다"라고 증언했다.

그는 형제들의 구원과 유익을 위해서 일 년에 두 번 이렇게 하여 많은 사람들을 한 공동체에서 다른 공동체로 이동시키고, 맡은 일도 다른 일로 바꾸어 주었다. 형제들도 유월절 기간에 모이고, 또 한 해의 마지막 며칠 동안 모여 자기들이 행한 육체 노동의 기록을 읽곤 했다.

145. 체념에 대한 권면

언젠가 형제들이 모였을 때 테오도르는 또다시 이런 식으로 임무를 바꾸어 배정했다. 그중 몇 형제들은 형제들의 욕구를 충족시키기 위해서 새 수도처와 예배실을 지었다. 테오도르는 임무를 배정한 후에 "보시다시피 나는 우리와 함께 있는 형제들과 우리의 영혼 구원을 위해 하나님의 뜻에 의해서 이렇게 배정했습니다. 만일 어려운 공동체에서 안일한 공동체로 옮겨진다는 말을 듣고 기뻐하는 사람이 있다면 그의 내면에는 하나님의 영이 계시지 않다고 장담합니다. 반대로, 어려운 공동체에 있다가 쉬운 공동체로 배정되었다고 해서 슬퍼하는 사람도 내면에 주의 영이나 겸손이 없는 사람입니다. 진실로 마음을 다해 하나님을 사랑하는 사람은 하나님의 계명을 성취하고 있다는 생각 외에는 다른 것으로 인해 기뻐하지 않습니다. 또 '한 지체가 영광을 얻으면 모든 지체가 함께 즐거워하느니라'(고전 12:26)고 기록된 것처럼 이웃이 주의 법 안에서 진보하는 것을 볼 때 외에는 기뻐하지 않습니다. 또 그러한 사람은 '누가 실족하게 되면 내가 애타지 아니하더냐?'(고후 11:29)라는 말씀처럼 어떤 사람이 무례하게 행하는 것을 볼 때든지 하나님을 소홀히 하는 것을 볼 때에만 슬퍼합니다. 주님 외에 다른 것을 바라지 않고 극기하는 사람이여, 만일 당신에게 상황이 좋지 않는 수도원이 맡겨졌으면 마음으로 '내 주여, 감사합니다. 내가 당신을 의지해야만 할 곳을 발견하였습니다'라고 말하십시오. 아니면 '내가 복종함으로써 계명을 성취하였으니 어찌 기뻐 감사하지 않으리요'라고 말하십시오. 시험하는 자가 당신의 마음에 헛되고 슬픈 감정을 일으키더라도, 우리 구주의 강림 이전에 복음적 체념을 통해서 완전해진 복된 욥을 기억하십시오.

욥은 자신의 재산이 모두 강탈당하고 자녀들이 모두 죽었다는 소식을 들었을 때에 용기가 꺾이지 않았습니다. 뿐만 아니라 자신에게 남아 있는 적은 것, 겉옷과 머리털까지도 기꺼이 포기하고 소망이신 주를 찬송했습니다. 그는 '내가 모태에서 알몸으로 나왔사온즉 또한 알몸이 그리로 돌아가올지라 주신 이도 여호와시요 거두신 이도 여호와시오니 여호와의 이름이 찬송을 받으실지니이다'(욥 1:21)라고 여호와를 예배했습니다. 만일 의인 욥이 마음의 결정을 할 때에 날마다 자기부인을 실천해 오지 않았다면, 재산을 강탈당했을 때에 슬퍼하고 주께 죄를 지었을 것입니다. 욥이 시험을 받는 동안에 한 말을 보면 그것을 알 수 있습니다. 욥은 종기를 앓고 있으면서 자신이 고통을 받는 것은 죄를 범했기 때문이 아니고 부자였기 때문도 아니며, 그것이 여호와에게서 온 시험이라는 것을 사람들에게 알렸습니다. 그는 성도들의 재산은 육신의 안락이나 쾌락을 위해 주어진 것이 아니라 가난하고 궁핍한 사람들을 구제하기 위해 주어진 것임을 여호와를 믿는 사람들이 깨닫기를 원했기 때문에 '만일 내가 내 소망을 금에다 두고 순금에게 너는 내 의뢰하는 바라 하였다면 만일 재물의 풍부함과 손으로 얻은 것이 많음으로 기뻐하였다면'(욥 31:24-25)이라고 말했습니다. 복음서의 비유에서 말한 것처럼 부자는 사령관이 자기 종들을 먹이기 위해 재산을 맡긴 관리인과 같습니다. 그렇기 때문에 의인 욥은 '나는 맹인의 눈도 되고 다리 저는 사람의 발도 되고 빈궁한 자의 아버지도 되었습니다'(욥 29:15-16)라고 말했습니다.

히브리서 기자도 '믿음으로 모세는 장성하여 바로의 공주의 아들이라 칭함 받기를 거절하고 도리어 하나님의 백성과 함께 고난 받기를 잠시 죄악의 낙을 누리는 것보다 더 좋아하고'(히 11:24-25)라고 말하면서 그의 자기부인을 강조했습니다. 우리는 족장 아브라함이 금과 은과 많은 종들을 소유한 부자였다는 것을 알고 있습니다. 그런데 왜 그가 가난한 사람들에게 모든 것을 기부한 것에 대한 말이 없습니까? 그것은 '우리의 아름다운 지체는 그럴 필요(아름다움)가 없느니라'(고전 12:24)는 사도의 말이 성취되도록 하기 위해서입니다. 실제로 그들이 여호와를 기쁘시게 했다는 말씀은 그들이 행동에 있어서 모든 선한 일과 사랑을 실천했다는 것을 분명히 드러냅니다. 많은 성도들이 부자였지만 마음으로 자기를 부인했기 때문에 '나는 가난하고 궁핍하오나 주께서는 나를 생각하시오니'(시 40:17)라고 말한 다윗 왕처럼 '우리는 가난하고 궁핍합니다'라고 고백했습니다.

사도 바울은 족장들에 관해서 '이 사람들은 다 믿음을 따라 죽었으며 약속을 받지 못하였으되 그것들을 멀리서 보고 환영하며 또 땅에서는 외국인과 나그네임을 증언하였다'(히 11:13)고 말했습니다. 이런 사람들에 대해서는 이만큼만 설명하겠습니다. 그러나 여러분 중에 솔로몬의 연회에 대해 읽으면서 실족하는 사람이 없게 하기 위해서, 우리는 그것을 신비로 이해해야 한다는 점을 생각해야 합니다. 왜냐하면 솔로몬은 육체를 따라 그의 자손에게서 나신 구주의 전형이기 때문입니다. 그는 복음서의 비유에 진술된 것처럼 종들을 모든 사람에게 보내신 분입니다: '내가 오찬을 준비하되 나의 소와 살진 짐승을 잡고 모든 것을 갖추었으니 혼인 잔치에 오소서'(마 22:4). '지혜가 그의 집을 짓고 일곱 기둥을 다듬고 짐승을 잡으며 포도주를 혼합하여 상을 갖추고 자기의 여종을 보내어'(잠 9:1-3) 선한 사람이나 악한 사람이나 모든 사람들을 초대하였다는 말씀처럼 그분은 진실로 하나님의 지혜이십니다. 형제들이여, 지금까지 성도들의 가난과 자기부인에 대해 말했습니다. 우리도 그들의 자손이 되려면 그들의 삶을 본받아야 합니다."

146. 테오도르가 세네세트에 머물고 있는 호르시에시우스를 방문하다

사부 테오도르는 이 말을 한 후에 일어나서 기도했다. 그는 지도자들을 각기 배정된 수도원으로 보냈다. 그들은 즉시 "아버지여, 우리를 위해 기도해 주십시오"라고 말하고 떠나갔다. 테오도르는 그들이 떠나간 후에 호르시에시우스 사부를 만나러 세네세트 수도원으로 갔다. 그는 "자신을 가지십시오. 우리 두 사람은 모든 선한 일에 있어서 한 사람입니다. 실제로 당신께서 나를 임명하셨고, 우리는 한 분의 아들들입니다"라고 말하며 격려했다. 호르시에시우스 사부는 테오도르의 겸손함을 보고서 걱정에서 벗어났다. 그는 더 이상 자신이 책임을 회피했다는 데 대해 걱정하지 않고 "우리의 파코미우스 사부는 완전하게 죽으신 것이 아니다"라고 혼잣말을 하곤 했다. 테오도르는 그를 방문하여 수도원의 모든 일에 대해 질문한 후 호르시에시우스 사부의 명령에 따라 프보우 수도원으로 돌아갔다.

147. 아쿨라의 죽음

코이노니아 공동체 내의 일치의 유대가 회복된 후, 사부 테오도르는 모든 형제들에게 다음과 같이 말했다: "여러분 모두, 특히 여러분 중에 의심하는 사람들로 하여금 우리가 인간의 계획에 의해 모인 것이 아니라 하나님의 계획에 의해 모였다는 것을 알게 하기 위해서 머지않아 주님이 여러분 가운데서 행하실 일에 대해 이야기하겠습니다. 형제들이여, 내가 말하려는 것은 다음과 같습니다: 여러분 중에 곧 하나님의 부르심을 받을 형제가 있습니다.

그는 우리가 경험한 모든 상황을 잘 알고 있기 때문에 하나님의 부르심을 받아 이 세상을 떠나 저 세상에 가면 우리 아버지 및 그분과 함께 있는 모든 사람들에게 우리가 주님의 은혜로 누리고 있는 일치와 회심에 대해 말씀드릴 것입니다. 사도 바울이 주의 종들에게 '우리의 소망이나 기쁨이나 자랑의 면류관이 무엇이냐 그가 강림하실 때 우리 주 예수 앞에 너희가 아니냐'(살전 2:19)라고 말했듯이, 그는 '그들은 땅에서 자손들이 자라 번성하게 합니다'라고 말할 것입니다."

 닷새 후에 테오도르가 예고했던 일이 일어났다. 아쿨라라는 신실하고 수덕적인 노인 형제가 병이 들었다. 그는 코이노니아의 모든 공동체들을 감독하는 사무장을 위해 장부들을 보관하는 회계사였다. 그가 앓고 있을 때에 또 다른 공동체에서 생활하고 있는 노련한 서기 역시 병이 들어 임종을 앞두고 있다는 소식이 테오도르에게 전해졌다. 이 사람은 수도원 형제들을 섬기라는 임무를 받고 파견되었다가 병이 든 것이었다. 그가 병들었다는 소식을 들은 테오도르는 형제들에게 "두 형제가 병들었다니 정말 슬픕니다. 물론 주님이 그들을 데려가신다면 그들은 영원한 안식을 누리겠지만 우리 코이노니아에 모인 이 많은 형제들을 돌보려면 그들이 필요합니다. 그러나 나는 주께서 이 두 형제를 모두 데려가시지는 않을 것이라고 믿습니다"라고 말했다. 그리고 그의 말대로 되었다. 며칠 후에 주님은 아쿨라를 데려가셨다. 그를 잃은 사부 테오도르와 모든 형제들은 슬퍼했다. 슬퍼하고 있는 테오도르에게 병들었던 또 다른 형제가 회복되었다는 소식이 전달되었다. 그는 남쪽으로 가서 그 형제에게 아쿨라가 맡았던 일을 맡겼다. 테오도르가 예고했던 일이 이처럼 속히 이루어지는 것을 본 형제들은 크게 놀랐다.

148. 테오도르의 지도를 거부한 형제

어느 날 테오도르 사부는 죄에 빠진 형제의 영혼을 은밀하게 치유해 주려고 찾아갔다. 아무도 그가 범한 죄를 알지 못하고 있었다. 그 형제가 범한 죄들이 은밀하게 테오도르에게 계시되었으므로 테오도르가 그 죄들에 대해 말하기 시작했지만, 그 형제는 죄를 인정하려 하지 않고 "당신께서 말하는 일은 행한 적이 없습니다"라고 말했다. 그러나 그 형제는 파코미우스 사부에게 아무것도 감출 수 없었듯이 테오도르에게도 감출 수 없다는 것을 알고 있었다. 그 형제가 죄를 고백하려 하지 않았으므로, 테오도르는 "모든 책임은 당신이 져야 합니다"라고 말하고 떠나갔다.

며칠 후 테오도르 사부는 그를 불러 형제 한 사람과 함께 어느 수도원에 일하러 보냈다. 일을 마치고 돌아오는 도중에 이 형제는 목이 말라서 물을 마시려고 강가로 내려갔다. 그런데 갑자기 악어가 나타났지만 하나님의 도우심을 받아 목숨을 구했다. 그날 저녁 프보우 수도원에 도착했을 때 전갈에 물려 죽게 되었다. 그는 눈물을 흘리면서 테오도르 사부에게 사람을 보내어 자신이 죽기 전에 와 달라고 부탁했다. 그러나 테오도르는 가려 하지 않았다. 그는 심부름을 온 사람에게 이렇게 말했다: "내가 도울 수 있을 때에 그 사람은 나의 도움을 거절했고 하나님의 도움을 받아들이려 하지 않았습니다. 이제 하나님의 성령이 그에게서 떠나가셨는데, 내가 왜 그 사람에게 가야 합니까? 이제 그 사람이 죄를 고백하려 해도 이미 때가 너무 늦었습니다." 이 형제는 돌아가서 테오도르가 오려 하지 않는다고 전했다. 그러나 그는 형제들과 함께 계속 "내가 죽기 전에 가서 그분을 모셔 오십시오"라고 간청했다. 형제들이 그와 함께 가서 계속 간청했기 때문에 테오도르는 마침내 일어나서 그들을 따라갔다. 테오도르가 도착하자 그 형제는 다른 형제들에게 "죄송하지만 사부님에게 말씀드릴 것이 있으니 자리를 비켜 주십시오"라고 말했다. 형제들이 나간 후에 그는 테오도르 사부에게 "아버지여, 당신께서 나의 구원에 대해 말씀하셨으나 받아들이지 않고 죄를 고백하지 않은 것을 용서해 주십시오. 이제 내가 하나님의 수중에 떨어지게 되었으니 나를 위해 기도해 주십시오. 당신은 무슨 일이든지 하실 수 있다는 것을 나는 압니다"라고 말했다. 테오도르는 "주님에게는 당신뿐만 아니라 온 세상을 용서하실 능력이 있습니다"라고 말했고, 그 형제는 눈물을 흘렸다. 그리고 이틀 후에 그는 세상을 떠났다.

그가 죽은 후에 형제들은 테오도르에게 "죽은 이 형제는 어떤 사람이었습니까?"라고 물었다. 테오도르는 "나는 그가 주님이 주시는 회개의 은혜를 받게 하기 위해 그와 대화하려고 노력했지만, 그는 완강하게 거부하면서 '나는 아무 죄도 범한 적이 없습니다'라고 대답했습니다. 그는 영원한 형벌을 받을 것입니다. 그 사람뿐만 아니라 죽은 후에 우리 중 많은 사람들도 호된 고난을 당할 것입니다"라고 말했다.

149. 테오도르가 형제들에게 회개를 촉구하다

테오도르는 형제들이 모인 곳에서 몇 사람의 이름을 부르면서 "만일 당신이 회개하고 보속하지 않으면 당신도 고난과 형벌을 받을 것입니다"라고 말했다. 언급된 사람들 중 다수가 태만함을 회개하지 않았으므로, 테오도르는 그들을 거룩한 형제들에게서 쫓아냈다. 그 후에 그는 형제들에게 "내가 아무런 이유 없이 동료 형제들을 쫓아냈다고 생각하지 마십시오. 나는 그들을 구원하려고 노력했지만, 그들은 모든 사람을 구원하시는 하나님의 법에 복종하려 하지 않았습니다. 내가 '당신은 영원한 형벌을 받을 것입니다'라고 경고할 때에 그들은 비웃으면서 '그런 일은 일어나지 않습니다'라고 말했습니다. 실제로 여러분 중에 연장자들은 사부께서 살아계실 때에 그다지 훌륭하게 행동하지 못한 형제가 임종할 때에 '주님이 그에게 영원한 벌을 주실 것입니다'라고 말씀하시는 것을 보았습니다. 사부께서는 심지어 형제들에게 그의 이름을 죽은 형제들의 명부에 기록하지 말라고 명령하셨습니다. 어느 위대하고 노숙한 형제가 '영원한 형벌은 중요한 것이 아닙니다'라고 대꾸했을 때에 사부께서는 즉시 '당신에게는 분별력이 없습니다. 당신은 하나님의 영원한 형벌이 인간의 형벌과 같다고 생각하는 듯합니다'라고 말씀하셨습니다. 복음서에서는 이러한 형벌에 대해서 세상 끝까지 '풀무 불에 던져 넣으리니'(마 13:42)라고 말하지 않습니까?"라고 말했다.

형제들은 테오도르로부터 파코미우스 사부에 대한 이 증언을 들으면서 크게 놀랐고, 이 고통스러운 형벌을 피하기 위해 더욱 노력하기 위한 조처를 취했다.

150. 테오도르의 겸손

그들은 자기들을 향한 테오도르의 겸손한 행동, 형제들을 섬기며 자기를 낮추려는 태도에 경탄했다. 테오도르의 수도복이나 행동거지가 다른 형제들과 전혀 구분이 되지 않았고, 어떤 때는 형제들보다 더 남루했다. 그의 수도복이 매우 검소했기 때문에 테오도르에게서 기도를 받으려고 멀리서 환자들을 데리고 온 사람들은 수도원에 들어가다가 그를 만나도 알아보지 못했다. 또 그는 인간의 영광을 추구하는 사람처럼 형제들보다 앞에서 걸어가지 않았다. 이런 사람들은 그에게 다가와서 "형제여, 하나님의 사람 테오도르 사부를 불러 주십시오. 그분이 우리가 데려온 병자를 위해 주께 중보해 주시면 병이 나을 것입니다"라고 말했다. 그가 사라진 후에 형제들로부터 자기들과 대화를 나눈 사람이 테오도르였음을 알게 되면 그들은 그가 서 있던 곳으로 달려가서 그곳의 흙을 떠서 병자에게 발라주었다. 주님은 믿음 때문에 그들의 병을 고쳐주셨고, 그럼으로써 "나를 존중히 여기는 자를 내가 존중히 여기고"(삼상 2:30)라는 말씀대로 자기 종을 존중하셨다.

151. 테오도르의 명성이 이집트 전역에 퍼짐

테오도르의 경건에 대한 명성은 이집트 전역에 퍼졌다. 과거에 엘리사를 영화롭게 하셨던 여호와의 은혜의 은사로 말미암아 치유를 받게 하려고 사람들이 많은 병자들과 귀신 들린 사람들을 데려왔다….

152. 테오도르의 치유 1

…그는 병자를 완전히 건강하게 회복시켰고, 구경꾼들과 그의

친척들은 놀라 하나님을 찬양했다. 곁에 서 있던 한 형제는 이 큰 기적을 보고서 그의 발 앞에 엎드렸다.

153. 치유 2

어느 날 테오도르가 형제들과 함께 수도원 안으로 들어가고 있는데, 사람들이 사흘 동안 병들어 앓고 있는 사람을 그에게 데려왔다. 그는 열과 오한 때문에 약해져 있었다. 그들은 그 사람의 병이 낫도록 기도해 달라고 부탁했다. 사부 테오도르는 "빨리 가서 우선 물속에 뛰어 들어가세요. 그러면 주님의 이름으로 회복될 것입니다"라고 말했다.

154. 치유 3

어느 날 사람들이 주술 때문에 죽은 사람처럼 된 총독을 가마에 태워 테오도르에게 데려왔다. 하나님의 사람 테오도르는 그를 괴롭히는 것이 무엇인지 알았다. 총독을 방으로 데리고 들어가서 두 손으로 씻어 주었더니 즉시 회복하였다. 총독은 말을 하기 시작했고, 테오도르에게 감사를 표한 후에 자신을 데리고 온 친지들을 데리고 하나님을 찬양하면서 돌아갔다.

155. 성경의 문자적 의미를 이해해야 할 필요성

언젠가 테오도르는 혼자서 12소선지서 중 미가서를 읽고 있었다. 그때 주의 천사가 나타나서 "비탈로 쏟아지는 물 같을 것이니"(미 1:4)에 대해서 "이 구절이 무엇을 의미한다고 생각하십니까?"라고 물었다. 테오도르가 당황하여 그 의미를 생각하고 있을 때, 천사는 "테오도르여, 그 의미를 파악하지 못하고 있습니까? 그것은 낙원에서 흘러내리는 강물이 아닙니까?"라고 반문했다. 천사는 이 말을 하고서 즉시 사라졌다.

그날 테오도르는 형제들에게 하나님의 말씀을 말하면서 천사가 설명해 주었던 구절과 환상에 관해 말해 주었다. 그는 "천사가 문자적 의미에 대해서 나에게 준 이 분명한 설명은 우리에게 주는 경고의 말씀입니다. 우리는 성경 구절을 음미할 때에 '내 모든 뼈가 이르기를 여호와와 같은 이가 누구냐?'(시 35:10)처럼 문자적 수준에서 듣는 사람의 덕을 세워주지 못할 구절이 아닌 한 영적 의미를 말하기 전에 먼저 문자적 의미를 이해하려고 노력해야 합니다"라고 말했다.

156. 전염병의 발발

사부 테오도르는 "아버지여, 이 치명적인 전염병 때문에 우리 모두가 죽게 될까요?"라는 질문을 받고서 "그렇지 않습니다. 지금까지 앓고 있는 사람들 중에서 삼십 명이 죽을 것입니다"라고 대답했는데, 실제로 그가 예고한 대로 이루어졌다. 일의 경위는 다음과 같다: 형제들 가운데 지독한 재앙이 발생했다. 형제들은 테오도르에게 "우리 모두가 죽게 될까요? 우리는 어떻게 될까요? 당신께서는 물이 솟아올라서 비탈로 쏟아지기 시작하는 것을 보셨습니다"라고 질문했다. 테오도르는 "물이 비탈길을 덮는다 해도 그로 인해 형제들에게 초래될 불행 때문에 누구도 죽지 않도록 하실 것이라고 믿습니다"라고 대답했다. 그러나 몇몇 형제들이 "주님은 그처럼 하찮은 일 가운데서도 우리를 돌보십니까?"라고 물었는데, 테오도르는 이렇게 대답했다: "주님은 항상 우리를 돌보십니다. 주님은 종종 우리에게 고통을 주시지만, 그 가운데서도 우리를 돌보고 계십니다. 왜냐하면 주님은 우리에게 선한 것을 알고 계시기 때문입니다. 그러므로 범사에 항상 감사하십시오. 그러나 내가 예고했던 일은 일어날 것입니다. 우리는 '너희가 무엇이든지 아버지께 구하는 것을 내 이름으로 주시리라'(요 16:23)는 복음서의 말씀을 확신합니다." 그날부터 땅의 물이 다 마를 때까지 형제들은 한 사람도 죽지 않았다. 그리고 하나님의 부름을 받아 세상을 떠난 사람은 삼십 명이었다. 테오도르의 말이 그대로 실현되었기 때문에 형제들은 그의 내면에 거하시는 하나님의 영으로 인해 크게 놀랐다.

157. 젊은 파프노우티의 죽음

어느 날 사부 테오도르는 형제들과 함께 수도원 밖에서 일하고 있었다. 그런데 일을 하는 형제들은 두려움에 사로잡혔다. 테오도르는 그들이 두려워하는 것을 보고서 "주께 기도합시다"라고 말했다. 기도를 마친 후 테오도르는 하늘을 바라보았다. 그는 하나님의 천사들이 시편을 찬송하면서 한 영혼을 이끌어 안식처로 인도하는 것을 보았다. 그것을 보고 형제들을 향해 서서 주님의 말씀을 가르치고 있을 때에 수도원으로부터 파프노우티의 사망 소식이 전해졌다. 그는 즉시 형제들과 함께 수도원으로 가서 장례 준비를 했고, 수도원에서 죽은 다른 형제들 곁에 매장했다.

158. 물질을 자랑하지 말라

어느 날 테오도르는 짐승들 곁을 지나쳐 가다가 그 중에서 잘생긴 황소 한 마리를 보았다. 그 소는 하나님을 경외하지 않는 마음을 가진 무식하고 육욕적인 사람들의 자랑거리였다. 테오도르는 사도 바울이 주의 종들에게 "거역하는 자를 온유함으로 훈계할지니 혹 하나님이 그들에게 회개함을 주사 진리를 알게 하실까 하며 그들로 깨어 마귀의 올무에서 벗어나 하나님께 사로잡힌 바 되어 그 뜻을 따르게 하실까 함이라"(딤후 2: 25-26)고 말한 것을 기억했다. 그는 그들로 하여금 잘못된 길로 들어서 악에 빠지게 하는 황소를 붙잡고 권위주의적으로 책망한 것이 아니라 다음과 같이 기도했다: "나의 주 예수님, 범사에 우리 영혼의 구원을 위해 일하고 계시는 주님, 이 짐승을 쳐서 죽이시며, 그럼으로써 이 불쌍한 사람들이 세상과 악한 욕망을 버린 후에 우상숭배에 빠지지 않게 해주십시오"라고 기도했다. 그 다음 날 갑자기 황소가 쓰러져 죽었다.

159. 재산에 집착하지 말아야 함

언젠가 형제들의 옷을 만들 아마를 실은 배 한 척이 침몰했다. 이 소식을 들은 형제들은 무척 당황했다. 그날 테오도르는 늘 하던 대로 형제들에게 성경을 말하면서 다음과 같은 말을 했다: "여러분 중에 몇 사람은 아마를 실은 배가 침몰했다는 소식을 듣고서 당황하고 있습니다. 우리는 무지할 때에 우리의 소유였던 부모님의 재산을 주 예수 그리스도를 위해서 기꺼이 버리지 않았습니까? 우리는 날마다 성경을 읽고 낭송합니다. 그런데 '내가 모태에서 알몸으로 나왔사온즉 또한 알몸이 그리로 돌아가올지라 주신 이도 여호와시요 거두신 이도 여호와시오니 여호와의 이름이 찬송을 받으실지니이다'(욥 1:21)라는 욥의 말에는 주목하지 않았습니다. 형제들이여, 우리가 당하고 있는 시련 가운데서 주를 찬미함으로써 우리 자신이 의인 욥의 자손이라는 것을 증명할 기회가 생겼으니, 낙심하며 우리를 시험하신 하나님이 무지하다고 말하지 마십시오. 사실, 우리 공동체가 소유한 모든 것은 우리의 것도 아니고 세상에 있는 육신의 부모님의 것도 아닙니다. 그것은 우리를 불러 모으신 주 예수님의 것입니다. 만일 주께서 우리로 하여금 그것들을 소유하게 하신다면, 그것은 사랑 안에서 우리에게 나타내시는 자비와 긍휼 때문입니다. 만일 주께서 그것을 우리에게서 거두어 가신다면, 감사해야 합니다. 주님의 뜻이 우리에게 이루어지기를 빕니다. 왜냐하면 우리에게 일어나는 모든 일은 유익한 일일 것을 우리는 확실히 알기 때문입니다. 형제들이여, 우리의 앞길에 그러한 일이 닥쳐도 당황하지 마십시오. 우리는 영혼의 궁핍으로 인해 괴로워하며 주님의 뜻을 이루어야 합니다. 그리하면 '너희는 먼저 그의 나라와 그의 의를 구하라 그리하면 이 모든 것을 너희에게 더하시리라'(마 6:33)고 하신 대로 주님이 범사에 우리를 돌보실 것이며, 우리에게 부족한 것이 없을 것입니다."

주님은 제자들에게 "나의 계명을 지키는 자라야 나를 사랑하는 자니 나를 사랑하는 자는 내 아버지께 사랑을 받을 것이요 나도 그를 사랑하여 그에게 나를 나타내리라"(요 14:21)고 말씀하셨는데, 테오도르는 주 예수 그리스도께서 주신 계명들을 지키면서 복음서에서 주님이 말씀하신 것들을 실천했다.

160. 테오도르에 대한 안토니의 환상

어느 날 천사가 잠자고 있는 테오도르 사부를 깨우면서 "빨리 일어나서 교회에 가 보십시오. 주님이 그곳에 계십니다"라고 말했다. 그는 천사가 가르쳐준 대로 일어났다. 시편 기자 다윗이 "내가 여호와를 항상 내 앞에 모심이여 그가 나의 오른쪽에 계시므로 내가 흔들리지 아니하리로다"(시 16:8)라고 말했던 것처럼, 테오도르는 생각이 항상 천국에서 하나님의 영광을 보고 있었기 때문에 확고하게 신뢰하면서 조심스럽게 걷곤 했다. 교회 문 앞에 도착하여 안을 들여다보니 유령이 있었다. 그의 두 발이 있는 곳에 번쩍이는 사파이어 같은 것이 나타났는데, 그 번쩍이는 빛 때문에 그 얼굴을 볼 수 없었다.

주의 곁에 서 있는 한 천사가 테오도르에게 "어찌하여 당신은 형제들에게 기도 시간에 성찬예배와 주께 기도하기를 소홀히 하지 말라고 자주 권면하지 않습니까? 주님은 상한 자들과 죄 지은 자들을 회복시키려고 자주 오신다는 것을 알지 못합니까?"라고 말했다.

사부 테오도르는 이 말을 듣고서 불안하고 두려웠다. 그는 "주님, 용서해 주십시오. 내가 오늘까지 태만했었다면, 지금부터는 결코 잊지 않겠습니다"라고 대답했다. 환상을 본 후에도 그는 계속 불안하고 두려웠다. 그는 옛날 광야에서 지내던 이스라엘 백성에 대해서, 그리고 여호와께서 더 이상 죄를 짓지 못하게 하시려고 그들의 아들들과 딸들과 아내들에게 자신을 나타내셨을 때에 그들에게 큰 두려움이 임했던 것을 생각했다. 그들은 모두 시내 산에서 그분을 보았는데, 산 전체가 불과 번개와 구름과 어둠, 나팔소리로 가득했기 때문에 그들은 갑자기 크게 두려워하면서 모세에게 "하나님 대신에 당신이 우리에게 말씀하여 주십시오. 그러면 우리가 모두 죽거나 불에 타지 않을 것입니다"라고 말했다.

161. 아르테미우스가 아타나시우스를 찾아내다

어느 날 사부 테오도르는 자기가 본 환상을 이야기했다. 그것은 제국의 장관이 군대를 이끌고 프보우 수도원으로 와서 소동을 일으킬 것에 관한 환상이었다. 그는 환상을 본 후에 형제들에게 "제국의 장관이 군대를 이끌고 우리에게 와서 성가심과 어려움을 초래할 것입니다. 그러나 강건하며 두려워하지 마십시오. 주님의 계획은 결코 수포로 돌아가지 않을 것입니다. 그는 결코 우리에게 해를 끼치지 않을 것입니다"라고 말했다.

그는 그해(AD 360)에 몇 사람과 함께 형제들을 방문하기 위해서 배를 타고 가고 있었다. 그가 스모운 교구에서 방문하려는 수도원들에 접근할 때에 어떤 명령을 수행하기 위해 남쪽으로 가던 공작이 그들을 지나쳤다. 사부 테오도르는 함께 있는 형제들에게 "남쪽으로 돌아갑시다. 내가 본 환상에 의하면 이 공작은 프보우 수도원으로 가는 것이 분명합니다. 며칠 전에 말했던 일이 일어날 것입니다"라고 말했다. 그러나 형제들은 돌아가자는 그의 말에 동의하지 않고서 "온갖 고생 끝에 이곳에 도착하여 만나려는 형제들 가까이에 왔는데, 그들을 만나지 않고 돌아가다니요?"라고 말했다. 동행한 형제들이 동의하지 않았기 때문에, 테오도르는 배를 육지에 대게 했다. 그는 몇 명의 형제들과 함께 따로 기도하는 도중에 공작이 수도원에 들어갔다가 평화로이 돌아갈 것이라는 확신을 받고서 동료들과 함께 형제들에게로 돌아갔다.

공작의 이름은 아르테미우스였다. 공작은 수도원에 도착할 즈음 자기 군대에게 출정하듯이 말을 타고 무기를 들라고 명령했다. 그는 밤중에 몰래 수도원으로 가서 수도원을 포위하게 했다. 그는 군대에게 "수도사가 들어오려 하면 막지 말라. 그러나 그가 떠나려 하면 보내지 말라. 이 명령에 복종하지 않는 사람은 칼로 찔러 죽여라"하고 명령했다. 그는 수도원 중앙으로 들어가서 사수들의 호위를 받으면서 손에 도끼를 들고 앉아 통역을 통해서 형제들에게 "당신들의 사부를 데려오시오"라고 말했다. 형제들은 "그분은 여기에 계시지 않습니다. 형제들을 심방하러 가셨습니다"라고 대답했다. 그러자 그는 "그러면 부원장을 데려오시오"라고 말했다. 그들은 프사레프라는 원로를 불러왔다. 공작은 "나는 당신들 가운데 황제의 적이 숨어 있다는 말을 듣고 황제의 명령을 수행하려고 이곳에 왔습니다. 그는 페르시아 사람입니다. 그 사람을 나에게 넘긴다면 당신들에게 해를 끼치지 않겠지만, 그렇지 않으면 당신들의 수도원들을 빼앗고 당신들을 흩을 것입니다"라고 말했다. 사부 프사레프는 이렇게 대답했다: "우리는 세상을 버린 사람들입니다. 우리는 주님의 이름 때문에 모였으며, 우리 가운데는 황제의 적이 숨어 있지 않습니다. 보다시피 우리의 수실들은 모두 당신 앞에 개방되어 있습니다. 원하신다면 가서 찾아 보십시오." 공작은 형제들의 수실을 샅샅이 수색하라고 명령했다.

그들이 수도원을 샅샅이 수색한 후, 아르메니아 출신의 도미니우스라는 경건하고 금욕적인 형제가 그리스어로 공작에게 말했다: "당신이 찾고 있는 사람이 우리 가운데 없다는 것을 우리 중에 세 명의 원로들로 하여금 주님 앞에서 맹세하게 하십시오." 공작은 수행원들에게 "이 외국인 수도사의 말이 옳다"라고 대답했다. 그리하여 사부 프사레프가 즉시 다른 세 명의 형제들과 함께 일어나 교회로 가서 맹세했다. 교회 안에 들어간 공작은 그들에게 "대주교 아타나시우스는 황제의 적입니다. 황제가 사람을 보내어 그를 불렀지만 그를 찾지 못했기 때문에 우리는 그를 찾고 있습니다. 그런데 그가 이곳에 숨어 있다는 말을 들었습니다"라고 말했다. 프사레프 사부는 "대주교 아타나시우스는 우리의 아버지이시ㅂ

니다. 그러나 그분은 이곳에 숨어 계시지 않을 뿐만 아니라 나는 한 번도 그분의 얼굴을 본 적이 없다는 것을 하나님 앞에서 당신에게 증언합니다"라고 공작에게 말했다. 나머지 형제들도 맹세한 후에 공작은 "이곳을 떠나기 전에 나를 위해 기도해 주십시오"라고 말했다. 그러나 그들은 "우리 사부께서는 교회가 다시 바르게 확립되기 전에는 누구와도 기도하지 말라고 명령하셨습니다. 이는 아리우스파 때문입니다"라고 대답했다. 공작은 "나도 이단적인 주교입니까? 내가 죄인이 아닙니까? 왜 죄인인 나를 위해 기도해 주지 않습니까?"라고 말했다. 그들은 "우리에게는 사부께서 주신 명령을 범하는 것이 허락되지 않습니다"라고 대답했다. 그들이 자기와 함께 기도하려 하지 않는 것을 보고서 공작은 그들에게 교회를 떠나 자기의 수행원들과 함께 기도하라고 말했다. 그는 기도한 후에 교회에서 나와 형제들의 식당으로 갔는데, 그곳에서 형제들이 주로 먹는 음식을 보고 놀랐다. 그들은 매사에 반드시 필요한 것으로 만족했기 때문에 아주 소박하게 먹었다.

테바이드의 총독 일행은 강가에서 공작이 돌아오기를 기다리고 있었다. 왜냐하면 그들 일행 중 두 명이 함께 여행하고 있었기 때문이다. 돌아온 공작은 총독에게 이렇게 말했다: "나는 세상에서 참된 고행 수도사들을 보았습니다. 그들은 오늘 내가 방문한 파코미우스 공동체의 수도사들입니다. 그들은 잘 맞게 만든 옷을 입지 않고, 추운 날에도 신을 신지 않습니다. 나는 그들이 가엾어서 내가 입고 있던 옷을 주려 했습니다. 식당을 가보았는데, 채소 외에 아무것도 먹을 것이 없었습니다." 그의 말을 들은 총독은 한층 더 그들을 가엾게 여겼다. 왜냐하면 그는 한 번도 기도하기 위해 수도원에 가서 파코미우스 공동체의 거룩한 형제들이 사는 형편을 본 적이 없었기 때문이다.

그날 공작이 프보우 수도원을 떠난 후, 테오도르 사부는 스모운 교구에서 앉아서 형제들에게 말을 하고 있었다. 그는 형제들에게 황제의 장관에 대해서 이렇게 말했다: "하나님의 선하심과 지금 하나님과 함께 계시는 의로운 아버지의 기도와 호르시에시우스 사부의 중보로 말미암아 우리와 관련하여 공작이 품고 있던 악한 생각들이 모두 사라졌습니다. 그는 형제들을 한 사람도 해치지 않고 프보우 수도원을 떠났습니다. 성경에 '내게 주신 모든 은혜를 내가 여호와께 무엇으로 보답할까?'(시 116:12)라고 기록되어 있습니다. 그러므로 은혜로우신 하나님께 감사합시다." 형제들은 테오도르 사부의 사리에 밝은 이해력 및 그처럼 멀리 떨어져 있으면서 사건들을 이렇게 분명히 인식한 것에 놀랐다.

테오도르는 모든 수도원 형제들 방문을 마치고서 서둘러 남쪽 프보우 수도원으로 돌아갔다.

162. 테오도르의 가르침

나중에 테오도르는 형제들에게 다음과 같이 하나님의 말씀을 가르쳤다: "형제들이여, 만일 우리가 항상 거룩한 성경 말씀을 가지고 지키지 않으면 원수가 우리에게서 주님에 대한 경외심을 빼앗고 원수를 두려워하게 만들 것입니다. 그리하면 우리는 원수의 악한 일을 행하며, 우리를 지으신 하나님을 진노하시게 만들 것입니다. 나는 우리가 항상 우리를 지으신 하나님을 두려워하며 그분께 죄를 짓지 않는 법을 배우기 위해서 비유를 말씀드리겠습니다. 이 비유는 마치 너비가 2미터에 불과하지만 구름까지 솟아오른 바위와 같습니다. 양쪽 끝은 끝없이 깊은 벼랑입니다. 바위는 동쪽에서부터 서쪽으로 날카롭게 서 있습니다. 세례를 받고 수도생활에 헌신한 사람은 인침을 받고서 동쪽을 향해 걷습니다. 조금이라도 거기서 벗어나는 사람은 흔적도 없이 사라집니다. 바위 중앙에 있는 이 길에서 벗어나 왼쪽을 향해 가는 사람은 위험에 처할 것입니다. 왜냐하면 왼편에는 육체의 욕망들이 있기 때문입니다. 바위 오른편을 넘어서 방황하는 사람도 위험합니다. 왜냐하면 그곳에는 마음의 교만이 잠복해 있기 때문입니다. 이것이 양편 끝이 벼랑이라는 말의 의미입니다. 방황하면서 양쪽 끝으로 가는 영혼은 지옥과 꺼지지 않는 불 속에 떨어집니다. 반면에 조심스럽게 걸어 동쪽에 도착하는 사람은 높은 보좌에 앉으신 주님을 발견합니다. 조심스럽게 걸어 기뻐하며 도착한 사람에게는 천군들이 면류관을 씌워 줍니다.

그러나 '사람이 정욕이나 교만 중 하나에 사로잡히거나 미혹된다 한들 어찌 됩니까? 영원히 멸망합니까? 그 이후로는 회개할 수 없습니까?'라고 묻는 사람이 있을 것입니다. 비록 태만으로 말미암아 거의 실족하게 되었어도 회개하면, 주님은 그가 완전히 멸망하도록 버려두지 않으실 것입니다. 성경은 '나는 거의 넘어질 뻔하였고 나의 걸음이 미끄러질 뻔하였으니'(시 73:2)라고 기록합니다. 그가 범한 죄 때문에 주님은 슬픔이나 수치나 질병의 채찍을 통해서 그에게 주셨던 은혜를 깨닫게 하실 것입니다. 그리고 주께 감사하여 그로 하여금 한 걸음도 빗나가지 않고 좁은 길의 중앙으로 걸어가게 해주실 것입니다. 왜냐하면 그 길의 폭은 2미터에 불과하기 때문입니다. 그 길에서 벗어나 방황하는 사람은 가룟 유다와 같습니다. 하나님은 유다를 위해서 많은 선한 일을 행하셨고, 또 그는 죽은 사람들이 살아나는 것을 비롯하여 많은 기적을 보았고, 주님과 함께 지내면서 회계일을 보았었습니다. 그럼에도 불구하고 그는 자격이 없는 그에게 우리 주 예수 그리스도께서 주신 은혜와 존귀와 영광을 이해하지 못했습니다. 결국 좁은 길에서 벗어난 그는 탐욕 때문에 주님을 배반했습니다.

주님은 비록 조금 태만해졌지만 선한 사람들을 은을 단련함 같이 하시며(시 66:10), 녹을 제거하여 깨끗하게 하십니다. 그러므로 복된 다윗은 '오직 나는 주의 풍성한 사랑을 힘입어 주의 집에 들어가 주를 경외함으로 성전을 향하여 예배하리이다 여호와여 나의 원수들로 말미암아 주의 의로 나를 인도하시고 주의 길을 내 목전에 곧게 하소서'(시 5:7-8)라고 말했습니다. 의로운 선지자였던 다윗이 이렇게 말했을진대, 약한 죄인인 우리는 어떤 말을 해야 하겠습니까?

우리 영혼에게 유익한 이 일을 이해하려고 노력해야 합니다. 하나님의 은혜로 말미암아 조명된 정신을 가지신 우리의 의로우신 아버지께서는 거룩한 성경을 해석하면서 그것을 말씀해 주셨습니다. 그분은 '중한 죄를 깨끗이 정화하려는 사람에게는 매를 한 대 맞으면 "나는 금화 한 푼을 벌었다"고 말하고 또 한 대 맞으면 "또 한 푼을 벌었다"고 말하게 하십시오. 그리하여 그는 조금씩 큰 재산을 소유하게 될 것입니다.'라고 하셨습니다. 그가 내면에 이 생각을 계속 품지 않으면, 노염 및 마귀가 우리를 자기처럼 하나님께 대한 이방인으로 만들려고 마음에 심어놓는 모든 죄를 제어할 수 없을 것입니다.

한편 만일 어떤 사람이 처음으로 불쾌함을 느낄 때에 참을 수 없는 듯이 행동한다면, 두 번째에는 어떻게 행동하겠습니까? 만일 자주 혹독한 말을 듣는다면, 그는 어떻게 행동하겠습니까? 그러나 하나님의 계명들은 '금 곧 많은 순금보다 더 사모할 것이며 꿀과 송이꿀보다 더' 답니다(시 19:10).

지혜롭고 신중한 사람이 좋은 빵을 보내준 사람에게 '이번에는 그것을 받겠습니다. 그러나 또다시 이런 일을 한다면, 당신의 두 눈을 뽑아버리겠습니다'라고 말할까요? 보내준 빵 때문에 그 사람을 사랑하지 않을까요? 경건한 사람들은 그렇게 행동하지 않습니다. 그들은 자기를 박해하는 사람들을 참고 인내할 뿐만 아니라 주 예수 그리스도께서 명령하신 것처럼 그들을 위해 기도합니다. 그들은 주님의 나라에서 성도들과 함께 영광과 축복과 영원한 재산을 물려받을 것입니다. 인간이여, 당신이 무슨 일을 했기에 그리스도의 상속자가 될 자격이 있겠습니까? 그리스도처럼 박해를 받았습니까? 그리스도처럼 매를 맞았습니까? 그리스도처럼 사형을 당했습니까? 이런 모든 일에 대해 감사했습니까? 어쨌든 이 세상에서 받는 영광과 위로는 당신이 이 세상에서 참고 견딘 몇 가지 고통에 대한 충분한 보상입니다. 그런데 우리를 향한 하나님의 선하심은 무한히 큽니다. 하나님은 마치 '당신의 집에 있는 그릇들을 모두 나에게 주십시오. 그러면 금과 은과 보석으로 된 그릇을 드리겠습니다'라고 말하는 사람과 같습니다. 우리가 지금 이것들을 이해하지 못한다면, '사람은 존귀하나 장구하지 못함이여 멸망하는 짐승 같도다'(시 49:12)라는 말씀이 우리에게 적용될 것입니다. 그러나 은혜로우신 주님은 우리가 감각을 되찾아 항상 주님의 뜻대로 행하고 계명을 지키며 영원한 복을 누릴 수 있도록 도와주실 수 있습니다."

163. 테오도르의 가르침

사부 테오도르가 말을 마치자 원로 형제 한 사람이 "거룩하신 아버지여, 나는 거슬리는 말을 들으면 화를 내니 어찌된 영문입니까?"라고 말했다. 테오도르 사부는 "그것은 그리 놀라운 일이 아닙니다. 어떤 사람이 도끼로 아카시아 나무를 치면, 그 즉시 나무에서는 수액이 나옵니다"라고 말했다. 형제들은 "그것은 어떤 의미입니까?"라고 물었는데, 테오도르는 이렇게 대답했다: "하나님의 사람은 포도나무라고 생각할 수 있습니다. 사람이 그 열매를 따서 압착하면 달콤한 포도즙이 나옵니다. 신실한 사람은 어떤 생각에 사로잡힌다면 성경에 기록된 하나님의 말씀의 단맛을 만들어냅니다. 반면에 육욕적이고 노한 사람은 하나님에게서 오는 모든 것에 인내하며 복종하는 신실한 사람들에게 합당치 않은 말과 쓴맛을 만들어냅니다. 형제들이여, 이런 말을 하는 나 자신이 나를 대적하여 싸우는 원수의 공격 앞에서 무력해져서 하나님의 면전에서 떨어질까 두렵습니다. 성경은 '사람이 나를 삼키려고 종일 치며 압제하나이다'(시 56:1)라고 말합니다. 몇몇 천사들, 선지자들, 가룟 유다처럼 우리 주 예수님을 따르던 사도들, 그리고 사도행전에 기록된 것처럼 바울이 따로 세웠던 사람들이 타락했습니다. 그러므로 우리도 '네 마음으로 죄인의 형통을 부러워하지 말고 항상 여호와를 경외하라'(잠 23:17)는 솔로몬의 말을 서둘러 실천해야 합니다."

164. 테오도르의 가르침을 경청한 형제들의 태도

대부분의 형제들은 종종 이런 식으로 테오도르가 말했지만 자기들이 아직 이해하지 못한 것의 의미에 대해 질문하곤 했다. 테오도르가 앉아서 가르칠 때에 형제들은 그 말의 깊은 의미를 이해하지 못했기 때문에 많은 질문을 하곤 했다. 한편, 테오도르가 서 있을 때에는 통역자만 질문을 할 수 있었는데, 그것은 처음부터 제정된 규칙이었다. 형제들은 서서 테오도르의 말을 한 마디도 놓치지 않고 집중하여 경청했다. 그들은 각 수도원별로 그 직위와 서열에 따라 섰는데, 수도원장이 가장 앞에 서고 그의 뒤에 형제들이 서열에 따라 서서 결석하는 사람이 없도록 점검했다. 그들은 이런 식으로 서서 하나님의 말씀을 경청했다. 그들은 테오도르가 전하는 하나님의 말씀에 놀랍도록 열심을 냈다. (코이노니아의 형제들은 마치 천사들의 모임 같았다. 그들은 서로 나란히 서서 각기 자신이 성취한 것뿐만 아니라 절실하게 마음에 사무치게 하는 것을 경청했다. 어떤 형제들은 자신을 하나님께 거룩하게 바치겠다고 결심할 때에 느끼는 자책감 때문에 눈물을 흘렸다. 또 자신이 능력껏 행했기 때문에 양심이 편안한 형제들의 경우에, 하나님의 말씀은 하나님을 기쁘시게 하는 것을 행하며 수련하게 하는 자극이 되었다.) 테오도르가 교훈을 마치면 대부분의 형제들은 부복하고서 기도했다. 그들은 마음속으로 "우리는 형제님과 함께 서서 기도할 자격이 없습니다"라고 말하면서 하염없이 울었다.

165. 아타나시우스의 부활절 서신

나중에 그는 다시 형제들에게 강연했다: "알렉산드리아의 대주교이신 복된 아타나시우스 사부께서 올해 우리를 위해 정하여 부활절 서신에 기록해 보내주신 견실한 지침을 생각합시다. 대주교께서는 성경의 정경적인 책들과 그 수효를 정하셨습니다. 이는 그분 역시 거룩한 사도들의 자손이며 주님의 양들을 돌보시면서 때에 따라 먹을 것을 주시기 때문입니다. 나는 그것에 대해 들었을 때에 놀라고 또 기뻐했습니다. 그것을 듣고 준수하는 사람들에게 유익이 될 것이므로 기뻐했고, 과거에 사도들에게 유산으로 주셨던 말씀에 놀랐습니다. 주님은 '내가 세상 끝날까지 너희와 항상 함께 있으리라'(마 28:20)고 사도들에게 말씀하셨듯이 오늘까지도 세상에 머물러 계십니다. 그분은 각 시대마다, 오늘 우리 시대에도 완전한 교사들을 일으키시고 그 안에 거하시면서 우리를 마귀의 모든 속임수로부터 보전하십니다. 형제들이여, 올해 대주교께서 쓰신 편지에는 우리 영혼을 위한 큰 유익과 치유가 들어 있습니다. 그분은 그 편지에서 우리가 하나님의 은혜와 은총으로 말미암아 온전해지기 위해서 마셔야 하는 생명수 샘물을 정의하셨습니다.

쓴맛이 가득한 속임의 강과 우물이 많습니다. 어떤 사람들은 그 우물을 파서 자멸했고, 또 그 물을 마시는 사람들도 멸망했습니다. 그분은 다음과 같은 사람들에 대해서 기록했습니다: '그들은 소위 위경이라고 불리는 책들을 날조하고서 그 책들이 유서 깊은 것이라고 주장하고 성인들의 이름을 갖다 붙였습니다.' 이런 유의 책들을 기록한 사람들은 그렇게 행동하면서 자신을 갑절로 비열하게 만들었습니다. 이는 거짓되고 비열한 지식을 가진 그들이 참지식이 가득한 사람들을 모독했기 때문입니다. 게다가 그들의 악한 헛소리는 그리 총명하지 못하고 순진하지 못한 사람들을 미혹하여 하나님이 보시기에 올바른 진리의 지원을 받는 바른 믿음에서 벗어나게 만들었습니다.

사랑하는 형제들이여, 항상 충성하신 자비 안에서 우리를 돌보시는 하나님께 감사합시다. 그리고 이 더러운 이단자들과 무신론자들, 그리고 경건치 못한 사람들이 만들어낸 책들을 읽지 않도록 깨어 조심합시다. 그리하여 우리가 주께 불순종하는 일이 없게 합시다. 주님은 지금 우리의 아버지 아타나시우스를 비롯하여 장차 그분을 계승할 사람들에게 '너희를 영접하는 자는 나를 영접하는 것이요'(마 10:40)라고 말씀하고 계십니다. 또 우리는 사람들로 하여금 그런 책들을 읽으며 우리의 거룩한 사부께서 가르치신 바른 믿음 위에 세워진 성경의 명령에 불순종하게 만들지 말아야 합니다. 형제들이여, 우리가 제대로 이해하고 지키고 실천한다면 단 한 편의 시편이 우리를 충분히 구원할 수 있습니다. 그러나 무엇보다도 항상 우리 주 예수 그리스도의 거룩한 복음서와 나머지 성경책들과 그 사상을 가까이 하십시오. 그리스도께서 아주 귀한 진주에 대해서 말씀하신 비유에 의하면 상인은 '극히 값진 진주 하나를 발견하매 가서 자기의 소유를 다 팔아' 그 진주를 삽니다(마 13:46)."

테오도르 사부는 그들에게 이것들을 설명해 주었다. 그는 그들에게 아타나시우스 대주교의 편지를 번역하라고 명령했고, 그들은 그 편지를 이집트어로 기록했다. 테오도르는 그 문서를 그들을 위한 법으로서 수도원에 보관했다. 테오도르가 일어나서 형제들을 위해 기도한 후에, 형제들은 테오도르 사부로부터 들은 성경 말씀에 놀라면서 각기 수실로 돌아갔다.

166. 테오도르의 수행과 기도

그들은 서로에게 "모든 원로들 중에서 파코미우스 사부님의 업적과 수행의 수준에 도달한 분은 테오도르뿐입니다"라고 말하곤 했다. 테오도르는 주님이 이 헛된 세상에서 데려가실 때까지 평생 겸손하게 살았다. 주님은 테오도르를 기쁨과 즐거움이 가득한 빛의 장막으로 데려가셔서 영원한 복을 누리게 하셨다.

사부 테오도르는 종종 저녁부터 아침까지 철야하면서 하나님께 기도하곤 했다. 그는 파코미우스 사부의 아들이 되었기 때문에 모든 면에서 파코미우스를 닮았다. 주님이 제자들에게 "너희가 무엇이든지 아버지께 구하는 것을 내 이름으로 주시리라"(요 16:23)고 명령하셨으므로, 그는 기도할 때 먼저 복음의 가르침에 따라서 그리스도의 이름으로 하나님께 청원하곤 했다. 테오도르는 다음과 같은 방식으로 기도했다. 그는 그리스도의 이름과 모든 성도들을 기도에 포함시킨 후에 "주님, 거룩한 수고와 눈물을 통해서 당신의 이름으로 우리를 이곳에 모으신 당신의 종 파코미우스 사부를 기억해 주십시오"라고 기도했다. 그는 기도할 때에 종종 파코미우스의 이름을 부르곤 했다. 왜냐하면 그는 파코미우스를 통해서 하나님을 알게 되었으므로 파코미우스의 의와 눈물, 그리고 주님의 긍휼하심을 통해 자비를 얻을 것이라고 믿었기 때문이다. 그는 "하나님이 아브라함을 생각하사 롯을 그 엎으시는 중에서 내보내셨더라"(창 19:29)는 성경 말씀을 기억했다.

그는 주님의 성경 말씀으로 형제들에게 말할 때면 성경 구절을 낭송하고 그 구절의 영적 의미를 설명해 주었다. 그는 "이것이 사부님이 살아계실 때에 우리에게 성경 구절을 설명해 주시던 방식입니다"라고 말했다.

167. 테오도르가 영혼들을 보살핌

테오도르는 종종 두 명의 신실한 형제들과 함께 모든 형제들의 수실을 심방하고 감독하여 한 사람이라도 잠과 관련하여 태만하지 못하게 하려 했고, 또 마귀들의 시험 때문에 고통을 당하는 일이 없게 하려 했다. 그는 하나님을 향한 사랑에서 우러나서 은밀하게 형제들에게 권면하곤 했다. 그는 악한 생각들을 직면하여 견고하게 서라는 권면을 받는 형제들과의 대화를 다른 형제들이 듣지 못하게 하려고 동행한 형제들을 조금 떨어진 곳에 머물게 했다. 또 고통하는 형제들을 자비로운 마음으로 진정시켜 주었다. 형제들은 테오도르가 명하는 것이라면 기도든 철야든 무슨 일이든지 그대로 실천했다. 우리 주님에 대해서 "그가 시험을 받아 고난을 당하셨은즉 시험 받는 자들을 능히 도우실 수 있느니라"(히 2:18)고 기록된 것처럼, 테오도르는 밤낮으로 형제들의 영혼을 돌보았다. 한편 그는 위로의 말이 유익하지 않다고 판단되는 사람들로 하여금 하나님의 계명을 지키고 범사에 그 뜻을 행하게 하기 위해서 능숙하게 책망하고, 하나님을 향한 바른 분별을 되살리게 함으로써 정신을 차리게 했다.

테오도르는 완강한 사람들 때문에 다른 형제들이 멸망하지 않도록 하며 또 테오도르 자신이 그들 때문에 주님의 심판을 받는 일이 없게 하기 위해서, 그런 사람들을 형제들의 공동체에서 쫓아내곤 했다. 그는 항상 이렇게 행동하면서 공동체 사람들에게서 더러움을 깨끗이 제거했다.

또 그는 부지런히 모든 수도원을 자주 순방했다. 그리고 그들에게 정결하고 평화롭게 주님의 명령들을 지키라고 격려하고 가르쳤다. 그는 각 수도원장들이 원수가 영혼을 파괴하려고 은밀하게 악한 생각들을 심어놓았을 수도 있다고 염려하여 성경으로 교훈해 달라고 데려오는 사람들에게 개인적으로 이야기하곤 했다. 그런 후에 그가 떠나면, 그들은 마치 그가 하나님의 사자인 듯이 그를 수행하곤 했다.

168. 형제들을 향한 테오도르의 권면

언젠가 공동체의 낡은 배 한 척이 파손되었을 때, 테오도르 사부는 호르시에시우스 사부의 명령을 받아 그 배를 보수했다. 배를 진수할 때가 되었을 때, 형제들은 마치 뜨겁게 경쟁하는 전차 경주에 나선 사람들처럼 크게 소리치며 말다툼을 했다. 테오도르가 형제들 사이에서 다툼과 소동이 벌어진 것을 보고 있을 때, 하나님의 사람 호르시에시우스는 형제들에게 영혼에 아무런 유익이 되지 못하는 일을 놓고 다투지 말라고 명령했다. 그러나 형제들이 전혀 호르시에시우스의 명령에 관심을 기울이지 않았기 때문에 매우 낙심한 테오도르는 침묵하면서 모든 염려를 주께 맡겼다. 그는 형제들이 떠들썩하면서 배를 진수하는 일을 마칠 때까지 조금 떨어진 곳에 앉아 있었다.

이윽고 그는 앉아서 저녁때까지 형제들에게 하나님의 말씀을 가르쳤다. 그는 다음과 같이 말했다: "여러분이 크게 소리치고 있을 때에 나는 아무도 보지 않았습니다. 특히 우리를 지켜보며 여러분의 고함소리를 듣고 있었던 세속사람들 때문이었습니다. 만일 여러분이 계속 이런 식으로 행동한다면, 지금 탐닉하고 있는 쾌락 때문에 장차 고통하고 신음하며 울게 될 것입니다. 그러나 내 말을 오해하여 어리석게 '만일 당신이 죽으면, 당신 때문에 세상이 정말로 버림받을까요?'라고 말하지 마십시오. 하나님은 지으신 모든 피조세계를 버리시지 않으리라는 것을 우리는 잘 알고 있습니다. 만일 여러분이 계속 어리석게 행동한다면, 장차 울고 또 신음하게 되리라는 것을 주님은 아십니다. 여러분 중 몇몇 사람의 마음에서 사라진 하나님에 대한 경외심은 지금 어디에 있습니까? 내가 목이 쉬도록 소리칠 때에 여러분은 듣지 않았습니까? 형제들이여, 영혼에 전혀 유익하지 못하며 무상한 이 세상의 것, 배나 전차가 여러분과 무슨 상관이 있습니까? 만일 이와 같이 헛된 것들에 몰두하였기 때문에 우리 영혼이 멸망한다면, 호렙에서 금송아지를 숭배하며 그 앞에서 놀면서 먹고 마시던 사람들과 무엇이 다릅니까? 그들은 자기들을 창조하신 하나님을 버렸습니다. 만일 여러분이 나에게 복종하지 않고 내 가르침을 받아들이지 않는다면, 그 책임은 하나님께 있을 것입니다. 나에게 무슨 능력이 있겠습니까?"

테오도르의 말을 들은 대부분의 형제들은 테오도르가 그들의 구원과 각 영혼의 안전을 위해 얼마나 수고하는지를 깨닫고 울었다. 테오도르는 일어나서 그들 중에 자기 영혼의 구원을 등한히 하는 사람들을 위해 슬퍼하며 기도했다. 형제들은 각기 많은 유익을 얻고서 자기 수실로 돌아갔다.

169. 테오도르의 발병

그러나 테오도르 사부는 영혼에 근심이 크게 증가했기 때문에 병들어 누웠다. 그는 형제들이 아무런 유익을 얻지 못하는 모든 규칙들에 대해 걱정하다가 병이 들었다. 형제들이 규칙들을 존중하지 않고 태만하여 일변했고 해이해졌기 때문에 과거의 질서를 회복할 수 없다는 것을 테오도르는 발견했다. 그는 대부분의 형제들의 경우에 사부 파코미우스가 부지런히 실천하게 하기 위해 제정한 계명들을 실천하려는 갈망이 식어졌다는 것을 알았다. 테오도르 사부가 병들었다는 소식을 듣고서 모든 수도원의 지도자들이 찾아왔다. 유월절이 다가오고 있었다. 모든 형제들은 세례문답자들의 세례를 위해 프보우 수도원에 모여 규칙에 따라서 모든 일을 처리하곤 했다. 형제들은 테오도르의 얼굴이 크게 변한 것을 보고서 불안하여 다가가려 하지 않았다. 한편 테오도르는 일어난 사건들로 인해 근심하고 있었다.

며칠 후 하나님은 테오도르의 병을 낫게 해주셨다. 건강을 회복한 테오도르는 일어나 앉아서 형제들에게 성경을 근거로 하나님의 말씀을 가르쳤다. 그는 유월절 기간 동안 날마다 새벽부터 예배시간이 될 때까지 앉아서 형제들을 권면했다.

170. 테오도르가 형제들에게 파코미우스의 삶에 대해 이야기하다

테오도르는 사부 파코미우스의 유년시절부터의 삶 및 거룩한 코이노니아 공동체를 세운 이후로 겪은 모든 수고에 대해 말했다. 마귀들의 시험, 주님이 맡기신 영혼들을 마귀들의 수중에서 낚아챈 것, 주님이 파코미우스에게 보여주신 계시 등에 대해 말했다. 그는 파코미우스에게서 들은 것과 자신이 직접 목격한 모든 것을 이야기했다.

테오도르는 다음과 같이 말했다: "형제들이여, 내 말을 듣고 내가 말하는 것들을 제대로 이해하십시오. 내가 찬양하려는 분은 하나님 다음으로 우리 모두의 아버지가 되시는 분입니다. 하나님은 그분을 통해서 많은 영혼들을 구원하시기 위해 그분과 언약을 맺으셨습니다. 그분은 하나님의 거룩한 사람들 중 한 분이며, 언제 어디서나 하나님의 뜻을 행한 분입니다. 우리가 그분의 수고를 망각하며, 이 많은 사람들을 한 영과 한 몸으로 만드신 분이 누구인지를 기억하지 않을까 두렵습니다. 그것은 파코미우스와 그분을 도와 이 거룩한 기관을 세운 거룩한 아버지들에 의해 이루어졌습니다. 여호와께서 예레미야를 통해서 레갑의 아들 요나답의 집을 축복하시며 '선조 요나답의 명령을 순종하여 그의 모든 규율을 지키며…행하였도다 그러므로…레갑의 아들 요나답에게서 내 앞에 설 사람이 영원히 끊어지지 아니하리라'(렘 35:18-19)고 말씀하셨습니다. 우리도 파코미우스 사부의 축복이 우리 및 앞으로 영원히 우리를 계승한 사람들과 함께 하실 것을 믿습니다. 그러므로 우리는 그분이 살아 우리와 함께 계실 때에 주신 법과 계명을 소홀히 하지 맙시다.

우리가 다른 사람들보다 나은 점이 무엇입니까? 특별한 수도복을 입는 것입니까? 허리띠를 매는 것입니까? 하나의 공동체 안에 모인 것입니까? 많은 장소에 모인 다양한 사람들도 우리와 같은 수도복을 입습니다. 우리 주 하나님의 영광과 은혜가 온 세상을 채웠기 때문입니다. 그러나 실제로 주님이 우리에게 주신 장점은 의로우신 우리 아버지께서 우리에게 주신 것입니다. 그분은 선지자들의 생활방식, 그리고 복음서에 따라 우리 주님이 행하신 섬김의 방식을 추구했습니다. 여러분이 아시다시피 그분은 모든 사람들 앞에서 흠이 없으셨습니다. 바울은 사도행전에서 자신이 가르치고 있는 사람들에 대해서 말하는데, 여러분은 그분이 종종 눈물을 흘리면서 우리를 가르치셨던 것을 모르지 않습니다. 그분이 우리가 복음서에 기록된 그리스도의 계명들을 지키게 하려고 날마다 우리를 모아 놓고 계명에 대해 말씀하신 것, 그리고 계명을 우리에게 주기 전에 먼저 실천하셨다는 것을 여러분은 알고 있습니다. 이처럼 의로우신 분과의 접촉을 통해서 우리는 주께 두 손을 드는 방법이나 하나님께 기도하는 방법처럼 상세한 내용에 이르기까지 하나님의 뜻을 배웠습니다. 그분이 그렇게 가르쳐 주셨습니다. 우리를 지으신 여호와 다음으로 그분을 찬미하는 것이 옳지 못한 일입니까? 하나님의 뜻대로 행한 아브라함에게 하나님은 '너를 축복하는 자에게는 내가 복을 내리고 너를 저주하는 자에게는 내가 저주하리니'(창 12:3)라고 말씀하시지 않았습니까? 형제들이여, 그러므로 '하나님은 복되시며, 기도의 수고를 통해서 우리를 위한 영생의 안내자가 되신 파코미우스가 복되도다'라고 말합시다."

형제들은 한 목소리로 "거룩하고 의로우신 우리 아버지 파코미우스 사부는 항상 모든 행위에 있어서 복되십니다"라고 답변했다. 형제들 모두가 그를 크게 신뢰하면서 기꺼이 이렇게 선포한 후에, 테어도어는 다시 "아마 여러분 중에는 사람들이 육체에 영광을 돌리고 있다고 생각하는 분들도 있겠지만, 전혀 그렇지 않습니다. 또는 한 인간에게 소망을 두고 있다고 생각하는 사람들도 있겠지만 절대로 그렇지 않습니다. 우리는 그분 안에 거하시는 하나님의 성령을 영화롭게 하고 찬미합니다. 만일 우리가 육체를 찬미한다면, 그만한 자격이 있기 때문일 것입니다. 이는 그 육체가 하나님의 전이 되었기 때문입니다. 뿐만 아니라 그분의 이름이 모든 성도들의 이름과 함께 생명책에 기록되었다고 믿습니다.

형제들이여, 그분이 처음부터 기울인 수고와 성취한 완전함과 생활방식, 그리고 그분이 실천하신 금욕적 수행을 기록함으로써 그분이 천국에서 영원히 기억될 뿐만 아니라 세상에서도 기억되게 할 필요가 있으며, 또 그렇게 하는 것이 옳습니다. 복된 욥은 '나의 말이 곧 기록되었으면, 책에 씌어졌으면, 철필과 납으로 영원히 돌에 새겨졌으면 좋겠노라'(욥 19:23-24)고 말했습니다. 우리 중에 무식하게 '사람을 믿는 사람은 저주를 받을 것이라'(렘 17:5)고 말하는 사람이 없기를 바랍니다. '주와 합하는 자는 한 영이니라'(고전 6:17)는 말씀처럼 여호와와 연합된 사람은 사람이 아니라 영이라고 불린다는 말을 우리는 종종 들었습니다. 또 성경에는 '너희가 육신에 있지 아니하고 영에 있나니'(롬 8:9)라고 기록되어 있습니다. 이 말씀에 따르면 주와 합하여 섬기는 사람은 그 내면에 거하시는 성령의 마음 때문에 더 이상 사람이 아닙니다. 그것은 칼집 속에 든 칼과 같습니다. 칼과 칼집을 분리하여 '칼과 칼집'이라고 부르기보다는 단순하게 '칼'이라고 부릅니다. 그것은 물과 섞여 항아리 안에 담겨 있는 포도주와도 같습니다. 사람들은 그것을 마시면서 '포도주와 물'이라고 부르는 것이 아니라 '포도주'라고 부릅니다. 영과 혼과 몸을 정화함으로써 하나님이 거하시는 전이 된 사람의 경우도 이와 같습니다.

성경에 언급된 성도들은 각기 하나님을 알게 하기 위해서 자신을 생명으로 인도해 준 사람을 칭송했습니다. 이것은 하나님의 뜻에 따라서 하나님의 명령에 의해 행한 것입니다. 그러므로 우리를 하나님에 대한 지식으로 인도해 주신 우리의 의로우신 아버지를 망설이지 말고 칭송해야 합니다. 하나님은 족장 이삭을 축복하시면서 '애굽으로 내려가지 말고 내가 네게 지시하는 땅에 거주하라 이 땅에 거류하면 내가 너와 함께 있어 네게 복을 주고 내가 이 모든 땅을 너와 네 자손에게 주리라 내가 네 아버지 아브라함에게 맹세한 것을 이루어 네 자손을 하늘의 별과 같이 번성하게 하며 이 모든 땅을 네 자손에게 주리니 네 자손으로 말미암아 천하 만민이 복을 받으리라 이는 아브라함이 내 말을 순종하고 내 명령과 내 계명과 내 율례와 내 법도를 지켰음이라'(창 26:2-5)고 말씀하셨습니다. 만일 이삭이 하나님을 기쁘시게 하지 않았다면 하나님은 그에게 이렇게 말씀하시지 않았을 것이며, 그를 '아브라함의 아들'이라고 부르시지 않았을 것입니다. 하나님은 이것을 통해서 자기 종을 가르치시고 한없이 의롭게 하시어 육체적으로나 영적으로 그를 낳으신 분을 높이게 하셨습니다.

의인 롯도 아브라함과 헤어지기 전에 함께 지내면서 배운 환대와 의를 실천했습니다. 그는 소돔에 살면서 환대와 의를 계속 실천했고, 자기를 찾아오는 모든 사람에게 선을 베풀었습니다. 롯에 대해서 '하나님이 아브라함을 생각하사 롯을 그 엎으시는 중에서 내보내셨더라'(창 19:29)고 기록되었습니다. 그는 아브라함의 가르침에 복종했기 때문에 존경의 대상이 되었고, 성경 여러 곳에서 축복을 받고 있습니다. 야곱은 요셉의 아들들을 축복하면서 '내 조부 아브라함과 아버지 이삭이 섬기던 하나님, 나의 출생으로부터 지금까지 나를 기르신 하나님, 나를 모든 환난에서 건지신 여호와의 사자께서 이 아이들에게 복을 주시오며 이들로 내 이름과 내 조상 아브라함과 이삭의 이름으로 칭하게 하시오며 이들이 세상에서 번식되게 하시기를 원하나이다'(창 48:15-16)고 말하며 조상들을 찬양했습니다. 요셉은 임종할 때에 형들에게 '하나님이 당신들을 돌보시고 당신들을 이 땅에서 인도하여 내사 아브라함과 이삭과 야곱에게 맹세하신 땅에 이르게 하시리라'(창 50:24)고 말했습니다. 지금까지 성경에 기록된 많은 증인들이 자기 조상들을 얼마나 찬양하고 영광을 돌렸는지 열거했습니다. 우리도 주께서 우리에게 주신 의인이요 선지자이신 분을 찬양하고 존경함으로써 그분의 거룩함을 통해서 하나님을 알아야 하지 않겠습니까?"

171. 테오도르가 영혼들을 돌봄

사부 테오도르는 주님이 맡기신 영혼들을 위해 밤낮 마음속으로 염려했다. 그는 의로우신 아버지께서 형제들의 공동체 안에 세우신 모든 교훈과 규칙에 따라서 확고하게 그들을 지켰다. 그는 형제들 중에 걱정하는 사람들을 위로해 주었다. 또 우리 주 예수님 앞에서 영혼들을 회복시키기 위해서 잘못을 범한 형제들을 크게 책망했다. 또 형제들을 이 공동체에서 저 공동체로, 이 수도원에서 저 수도원으로 이동시키면서 그들의 영혼 구원을 위해 최선을 다했다. 또 어떤 형제들에게는 육을 성화시키기 위해서 금욕고행과 자기부인을 권했고, 어떤 형제들에게는 대적하는 자들을 정복하기 위해 금식할 것을 권했다. 간단히 말해서, 그는 각 형제들과 개인적으로 대화하면서 내면에 거하시는 성령을 통해 그들의 생각과 행동을 분별했다. 어떤 형제가 마음속으로 구원을 등한시하는 것을 감지하면, 그를 위해 하나님께 기도하거나, 아니면 다른 형제들이 피해를 입을까 염려하여 그를 공동체에서 쫓아냈다. 또 테오도르 자신이 태만하여 잘못을 책망하지 않아 형제들이 멸망했을 때에는 하나님의 심판에 복종했다. 또 그는 프보우 수도원을 비롯하여 모든 수도원의 많은 형제들에게 필요한 물질의 공급을 위해 노력했다. 그는 하나님을 위해 모인 여성들, 즉 수녀들을 위해 의로운 사부를 원장으로 임명하고 강연과 규칙에 의해 다스렸다. 그는 의로운 파코미우스 사부의 규칙에 따라서 지극히 거룩하게 그들을 지켰다.

172. 테오도르의 유월절 가르침

사부 테오도르는 의로운 파코미우스 사부의 말과 완전한 가르침에 의해서 형제들을 강건하게 하는 데 힘썼다. 거룩한 유월절 기간에 테오도르는 파코미우스 사부의 전통에 따라서 모든 일을 처리했고, 형제들은 우리 주 예수 그리스도의 부활을 찬양했다. 그런 후에 테오도르는 그들을 위해 기도하고 많은 형제들을 소속 수도원을 바꾸어 배정한 후에 해산시켰다.

이집트어를 알지 못하는 알렉산드리아인이나 외국인들을 위해서 테오도르의 그리스어 통역자로 활동한 형제들은 테오도르에게서 파코미우스 사부의 생활방식에 대한 말을 여러 번 들었다. 그들은 집중하여 파코미우스에 대한 테오도르 말을 들었다가 형제들을 위해 기록했다. 테오도르 부는 파코미우스에 대한 말을 마치고 나서는 한숨을 쉬면서 "내 말에 집중하십시오. 장차 누구에게서도 이런 말을 들을 수 없을 때가 올 것입니다"라고 말했다.

173. 공동체의 재산으로 인한 테오도르의 걱정

테오도르 사부는 주님이 맡기신 영혼이 멸망할까 두려워 항상 주님 앞에서 걱정했다. 그는 형제들에게 악한 행동을 버리고 주님 보시기에 선한 일을 행하라고 가르쳤다. 그는 양식이나 육체적인 욕구를 충족시키는 데 필요하다는 구실로 수도원들이 많은 밭과 짐승과 배를 소유하는 것을 보고서 매우 걱정했다. 많은 형제들이 물질적인 염려와 이 세상의 헛된 근심 때문에 의로운 길에서 벗어났다고 느꼈다. 그리하여 그는 이 문제를 세네세트에 거주하고 있는 호르시에시우스 사부에게 가서 의논하려 했다. 그는 밤중에 두 형제를 데리고 세네세트로 갔다. 세네세트에 도착하여 호르시에시우스를 만난 테오도르는 울음을 터뜨렸고, 호르시에시우스 사부도 울었다. 두 사람은 한참 동안 울었다. 그런 후에 테오도르는 여전히 눈물을 흘리면서 호르시에시우스 사부의 손을 잡고 한편으로 가서 말했다: "아버지여, 당신께서는 주님의 명령에 따라서 나에게 이 짐을 맡기셨고, 지금까지 내가 힘껏 해온 일들을 알고 계십니다. 또 우리 두 사람이 모든 일에 있어서 한 몸이요 한 영이요 한 혼이므로 당신이 알지 못하게 행한 것이 하나도 없다는 것도 알고 계십니다. 내가 크게 늘어난 재산을 어떻게 해야 할지 말씀해 주십시오. 그런 것들이 유익하지 못하다는 것을 우리는 알고 있습니다." 그는 수도원의 재산을 크게 감소시키기 원했기 때문에 이 말을 하면서 고통스러워했다. 호르시에시우스 사부는 이렇게 말했다: "코이노니아 공동체를 축복하시고 발전시켜 주신 분은 주님이십니다. 주님은 의로우신 판단과 선하신 법에 따라서 다시 공동체를 옹색하게 할 능력도 가지고 계십니다." 테오도르 사부는 "좋은 말씀이십니다. 사부님의 말씀을 주님의 말씀으로 알고 행하겠습니다"라고 말했다. 그는 일어나서 기도한 후에 호르시에시우스와 작별하고 프보우 수도원을 향해 출발했다.

174. 테오도르가 이 일에 대해 하나님께 기도하다

그러나 프보우 수도원에서 테오도르는 계속 걱정하면서 종종 눈물을 흘리며 주께 소리쳐 기도하곤 했다: "내 주 예수 그리스도시여, 내 영혼을 데려가셔서 이 세상의 물질과 헛된 염려 때문에 죽어가는 영혼들의 계속되는 멸망을 보지 않게 해주십시오." 그는 종종 고행복을 입고 혼자 산에 올라가서 밤새도록 눈물을 흘리면서 기도하고 새벽에 수도원으로 내려오곤 했다.

어느날 밤 어느 고참 형제가 그의 뒤를 따라갔다. 산에 올라간 테오도르는 파코미우스의 무덤 위에 서서 기도했다: "긍휼하시고 인자하신 주님, 산 자와 죽은 자를 심판하시는 주님, 내 마음과 생각과 양심과 목표를 아시는 주님, 안타까운 상황에 처한 우리를 불쌍히 여기시고 선하심을 베풀어 주십시오. 우리는 생명의 길, 지금 내가 밟고 서 있는 이 무덤 속에 계신 의로우신 아버지께 주신 당신의 법과 계명들로부터 등을 돌렸습니다. 당신의 종이신 거룩한 사부님이 명하신 바른 행위에 주의를 기울이지 않은 우리는 마치 폭풍이 부는 바다에 있는 사람들과 같습니다. 나의 근심에 관심을 기울여 주십시오. 죄 때문에 우리를 나그네처럼 다루시어 우리 아버지 및 그분과 함께 계시는 모든 의인들 그리고 당신의 복된 아들이신 예수 그리스도의 복음에 따라 죄가 없으시지만 십자가에 달리신 분이 비열하게 여기지 않게 해주십시오. 당신과 언약을 맺으신 의로우신 우리 아버지의 눈물을 보시고 우리를 용서해 주십시오. 우리가 행한 악한 행동, 그리고 태만으로 빠지게 된 잘못들 때문에 우리에게 당신의 노를 쏟지 마십시오. 그렇지 않으면 우리 마음이 계속 완악하여 우리 아버지께서 밤낮 금식하고 기도하고 눈물을 흘리면서 행하신 일들을 무가치하게 만들 것입니다. 주님, 당신은 사방에서 이 많은 영혼들을 불러 모으셔서 구원 받으며 항상 당신의 거룩한 이름을 찬미하게 하셨습니다. 이는 당신이 우리를 도우시는 분이며 우리의 소망이시기 때문입니다. 내 주 예수 그리스도시여, 마귀가 우리 아버지가 이루신 것들을 고소한 듯이 바라보는 모습을 보느니 차라리 속히 죽게 해주십시오. 당신께서 맡기신 피조물들을 흠없이 당신께 돌려드릴 수 있게 해 주십시오."

테오도르 사부는 아침 예배시간이 될 때까지 밤새도록 서서 이렇게 기도했다. 그를 따라간 형제는 그 모습을 지켜보고 있었다. 그러나 테오도르는 자신이 슬피 울고 신음하면서 드리는 이 기도를 그 형제가 조금 떨어진 곳에서 듣고 있다는 것을 알지 못했다. 테오도르가 산에서 내려온 후, 그 형제는 테오도르가 주님 앞에서 눈물을 흘리며 드린 기도를 모든 형제들에게 은밀하게 알려 주었다.

175. 테오도르가 자신의 죽음에 대해 말하다

그 후 테오도르는 형제들을 모아 놓고 앉아서 말할 때면 종종 자신의 죽음이 머지않았음을 암시했다. 그러나 형제들은 그가 무슨 말을 하는지 이해하지 못했다. 그는 종종 "우리 중에 올해 주님이 데려가실 형제가 있습니다. 나는 안에 있고 밖에 있으며, 고귀하고 비천합니다"라고 말하기도 했다. 또 그는 "그것들을 포도주틀로 가져다가 압착하여 즙을 내었습니다"라고 말했다. 그는 특정 형제들에게 "나는 곧 주 예수님의 발 앞으로 갈 것입니다"라고 말했다. 또 공개적으로 "올해 안에 하나님이 나를 데려가실 것입니다"라고 말하기도 했다. 그는 자신이 늙고 있고 힘이 없어지는 것을 알았기 때문에 죽음이 다가오고 있다는 것을 감지한 것이 아니라, 그가 자기보다 먼저 저 세상으로 간 사부들과 함께 지내면서 안식을 누릴 시간이 왔다는 것을 주님이 알려 주셨기 때문이었다.

어느 날 테오도르는 앉아서 눈물을 흘리면서 형제들에게 하나님의 말씀을 말해 주었고, 형제들도 울었다. 그는 형제들에게 "형제들이여, 내 말을 들으세요. 야곱은 십칠 년 동안 요셉을 부양했고, 요셉도 십칠 년 동안 아버지 야곱과 형제들을 부양했습니다. 사부께서는 하나님의 계명들을 가지고 나를 십팔 년 동안 부양해 주셨습니다. 나도 하나님과 호르시에시우스 사부의 명령에 의해서 십팔 년 동안 여러분과 살면서 최선을 다했습니다. 그분은 정말로 우리의 아버지이십니다. 우리가 그분에게 복종하며 그분이 주신 계명들을 실천한다면 하나님이 우리와 함께 계시며 앞으로도 영원히 우리와 함께 계실 것이라고 믿습니다. 그러나 만일 우리가 파코미우스 사부의 뒤를 이은 다른 능력 있는 사람들, 특히 완전하신 호르시에시우스 사부를 칭찬하기 시작한다면, 내 말을 정말 길어질 것입니다. 여러분들 중 대부분은 의로우신 우리 사부님께서 세네세트에서 그분을 원장으로 임명하시면서 축복하시고 크게 칭찬하시는 말을 들었습니다. 그때 파코미우스 사부께서는 그분을 '여호와의 집에서 빛나는 황금 양'에 비유하셨습니다. 또 그분은 '오늘 그리스도의 신부가 받아들여졌습니다'라고 말씀하셨습니다. 이는 그분은 호르시에시우스 사부가 양처럼 교활하지 않으며 모든 사람들에게 호의를 가진 분임을 알았기 때문입니다. 호르시에시우스 사부는 파코미우스 사부에게 복종하여 전심으로 형제들의 일을 보살피는 데 헌신했습니다. 이 말을 자주 하는 것은 사부님께서 그분을 사랑하셨기 때문입니다."

테오도르 사부는 마치 주님 앞으로 갈 준비를 하고 있는 듯 형제들 한 사람 한사람을 격려했다. 그는 자신의 영혼을 구원하기 위해서 각각의 형제들을 가르쳤기 때문에 그들 모두에 관해서는 책망 받을 일이 없을 것이라고 확신했다. 그 후에 그는 일어나서 형제들과 함께 기도했다. 테오도르가 그들을 두고 세상을 떠날 것이라고 말했기 때문에 그들은 모두 슬퍼하면서 각기 수실로 돌아갔다.

176. 아타나시우스가 테바이드를 방문하다

얼마 후 세네세트에서 지내고 있던 호르시에시우스 사부는 알렉산드리아의 아타나시우스 대주교가 모든 교회들을 그리스도에 대한 믿음 안에서 강건하게 하려는 목적을 가지고 테바이드를 향해 오고 있다는 말을 들었다. 그는 남쪽 프보우 수도원의 테오도르 사부에게 사람을 보내어 자기를 만나러 오라고 전했고, 테오도르는 즉시 다섯 형제들과 함께 작은 배를 타고 세네세트로 갔다. 그들은 파코미우스 사부가 아타나시우스 대주교를 '그리스도에 대한 정통 신앙의 아버지'라고 항상 칭찬하는 말을 들었었기 때문에, 테오도르는 호르시에시우스 사부에게 함께 대주교를 만나자고 간청했지만 그는 그렇게 하기를 원하지 않았다. 테오도르는 호르시에시우스 사부가 매우 겸손하기 때문에 함께 가려 하지 않는다는 것을 알았다. 호르시에시우스는 "우리 두 사람은 한 사람이요 한 혼이요 한 영인 것과 마찬가지이므로, 당신이 가신다면 내가 간 것과 같습니다"라고 말하면서 그에게 대주교에게 가라고 강권했다. 그리하여 테오도르는 호르시에시우스 사부에게 "하나님이 우리를 안전하고 평안하게 당신에게 돌아오게 하실 때까지 우리를 기억하고 기도해 주십시오"라고 말하고 형제들과 함께 출발했다. 호르시에시우스 사부와 다른 형제들은 배를 타는 곳까지 그들을 전송하면서 "믿음의 아버지이신 대주교에게 안부 전해 주십시오"라고 말했다.

177. 테오도르가 아타나시우스를 만나러 가다

테오도르 사부와 형제들은 북쪽을 향해 갔다. 그들은 스모운 교구의 북쪽에서 대주교를 발견했다. 그는 당나귀를 타고 있었는데, 주교들과 많은 성직자들이 그를 따라오고 있었고, 또 여러 지방에서 온 수도사들이 시편과 아가서를 찬송하면서 앞서 가고 있었다. 테오도르 사부는 스모운 교구에 있는 수도원들 앞 해안에 정박했다. 그리고 이 교구에 있는 수도원의 형제들 모두를 데리고 복음서와 성경을 낭송하면서 대주교를 만나러 걸어갔다. 대주교는 멀리서 보고서 그들이 하나님이 거룩한 코이노니아 공동체에 모이게 하신 파코미우스의 아들들이라는 것을 알았다. 그들이 아직 멀리 있을 때에 대주교는 "저 구름같이, 비둘기들이 그 보금자리로 날아가는 것같이 날아오는 자들이 누구냐"(사 60:8)라고 말했다. 허영을 피하려고 노력했던 사부 테오도르는 몇 명의 원로 형제들을 앞에 세워 먼저 대주교를 포옹할 수 있게 했다. 그러나 성령이 내면에 거주하시는 대주교는 형제들 가운데서 그를 알아보고 먼저 테오도르를 포옹한 후에 형제들을 포옹했다. 대주교가 기도한 후에 형제들은 앉았고, 대주교는 "속에 간사한 것이 없는 참이스라엘이신 호르시에시우스 사부와 다른 거룩한 형제들은 어떻게 지내십니까?"라고 물었다. 테오도르는 "하나님의 도우심과 대주교님의 거룩한 기도 덕분에 우리는 모두 잘 지내고 있습니다. 거룩하신 우리 사부님과 함께 있는 모든 형제들이 대주교님에게 문안합니다"라고 말했다. 테오도르는 대주교가 탄 당나귀의 고삐를 잡고 함께 걸어가려 했지만 대주교는 그렇게 하지 말라고 명령했다. 사부 테오도르가 "거룩하신 아버지여, 허락해 주십시오. 그리스도에 대한 신앙을 유지하기 위해서 우리를 위해 죽으신 분에게 우리 자신을 낮추는 것이 호의가 아닙니까?"라고 말했기 때문에 대주교는 고삐를 잡도록 허락했다. 그리하여 튼튼한 백 명의 형제들이 시편을 찬송하면서 앞서 갔다.

대주교는 테오도르 사부의 내면에 성령이 충만한 것을 지켜보았다. 테오도르는 부딪히는 군중들이나 앞서 가는 많은 등불에는 전혀 관심을 두지 않고 활발하고 단호하게 걷고 있었다. 대주교는 함께 걷고 있는 주교들에게 말했다: "우리가 스스로 '세상의 아버지들'이라고 말할 자격이 있을까요? 그렇지 못합니다. 겸손하며 하나님께 복종하는 이 사람들이 우리의 아버지들입니다. 항상 십자가를 지는 사람들, 겸손하기 때문에 위대한 사람들은 복됩니다. 그들은 수고를 마친 후에 썩지 않을 면류관을 받을 것입니다." 그들은 대주교 앞에서 시편을 찬송하며 행진하여 스모운 시의 교회로 인도했다. 대주교가 자기를 수행한 군중들을 위해 기도한 후, 사람들은 각기 숙소로 갔다. 사부 테오도르와 동행한 형제들은 대주교의 축복을 받고서 그곳에 소재한 수도원으로 가서 며칠 동안 쉬었다.

178. 아타나시우스가 노우오이 수도원과 카히오르 수도원을 방문하다

대주교는 이 교구의 여러 도시에서 며칠 동안 지내면서 하나님의 말씀으로 형제들을 격려한 후에 동행한 형제들과 함께 노우오이(Nouoi) 수도원과 카히오르(Kahior) 수도원의 시설을 살펴보러 갔다. 그는 수도원에 들어가서 형제들의 신중함과 온유, 온전함과 독거처를 보고서 크게 감동을 받아 주님을 찬양했다. 그는 시편을 찬송하는 형제들을 따라 교회에 들어가 기도했다. 그들은 대주교를 식당과 수도원과 수실로 안내했는데, 그는 안내받아 들어가는 모든 곳에서 기도했다. 그는 형제들이 맨땅에서 잠을 자는 것을 알고서 놀랐고, 그들의 생활방식과 수행으로 인해 하나님을 찬미하고 영광을 돌렸다. 그 후 대주교는 테오도르 사부에게 "정말 당신은 세상에 찬란하고 위대한 곳을 세우셨습니다. 그곳은 당신을 찾아오는 모든 영혼에게 안식을 주는군요"라고 말했다. 테오도르는 대주교에게 "하나님이 주신 이 큰 선물은 의로우신 우리 아버지를 통해서, 그리고 주교님의 거룩한 기도를 통해서 우리에게 주어졌습니다. 우리가 주교님을 볼 때에 거룩한 예루살렘에서 우리 주 예수님을 보는 듯했다는 것을 주님을 아십니다. 왜냐하면 주교님이 우리의 아버지이시기에 우리가 신뢰하기 때문입니다"라고 말했다.

아타나시우스는 그 수도원에서 며칠을 지내면서 하나님의 말씀을 전한 후에 테오도르에게 말했다: "주님의 뜻이라면 며칠 동안 이곳에서 지내고 싶습니다. 그러나 당신은 호르시에시우스에게 보내는 우리의 편지를 가지고 가서 그분을 이곳으로 오게 해주십시오. 그리하면 우리가 그분의 축복을 받을 수 있을 것입니다. 가셔서 당신이 알고 있는 대로 수도원들을 돌보십시오."

179. 테오도르가 대주교와 작별하다

저녁이 되었다. 테오도르는 앉아서 형제들에게 하나님의 말씀을 가르친 후에 배에 함께 탄 형제들에게 말했다: "대주교께서 이곳에서 며칠을 더 지내신 후에 남쪽으로 우리를 방문하겠다고 말씀하셨습니다. 혹시 대주교에게 배가 필요할 수도 있으니 여러분은 배를 준비하고서 그분을 기다리십시오. 주교님은 하나님 다음가는 우리의 아버지이시기 때문입니다. 그분은 우리의 작은 배를 마음대로 할 수 있을 뿐만 아니라 우리의 몸도 지배하십니다. 하나님과 주교님을 섬기십시오. 그리스도께서 우리를 마귀의 수중에서 구하기 위해 고난을 당하신 거룩한 유월절이 다가오기 때문에 우리는 남쪽 프보우로 갈 것입니다." 아침이 되자 그는 형제들을 데리고 알렉산드리아의 대주교에게 가서 인사하고 호르시에시우스 사부에게 보내는 편지를 받아왔다. 그는 대주교에게서 축복을 받은 후에 "아버지여, 기도하실 때에 우리를 기억해 주십시오"라고 말했고, 대주교는 "예루살렘아 내가 너를 잊을진대 내 오른손이 그의 재주를 잊을지로다"(시 137:5)라고 대답했다. 테오도르는 아타나시우스를 위해서 형제들과 배를 남겨두고서 평안히 그곳을 떠났다.

180. 테오도르가 호르시에시우스가 있는 프보우로 돌아오다

테오도르 사부는 걸어서 남쪽 프보우에 도착했다. 그는 수도원들이 배와 같은 것을 만들기를 원하지 않았기 때문에 수도원들이 이미 확보해놓은 배를 타려 하지 않았다. 그는 세네세트에 도착하여 호르시에시우스 사부와 모든 형제들을 만나 포옹한 후에 대주교의 편지를 전했다. 호르시에시우스 사부는 편지에 입을 맞춘 후에 형제들에게 읽어주었는데, 그 내용은 다음과 같았다: "알렉산드리아의 대주교 아타나시우스는 사랑하는 호르시에시우스 사부 및 그와 함께 있는 모든 형제에게 문안합니다. 모든 거룩한 덕이 가득하며 여러분 가운데서 빛을 발하고 있는 당신의 동역자 테오도르를 만났을 때 나는 그의 빛나는 얼굴을 통해서 그의 내면에 있으면서 그가 행하는 모든 일을 강건하게 해주고 계시는 파코미우스 사부의 주님을 보았습니다. 나는 교회의 아들들을 보게 되어 매우 기뻤습니다. 그들이 만족하게 지내는 모습은 우리를 기쁘게 했습니다. 우리 주 예수 그리스도께서 성도들의 땅에서 그들에게 상 주시기를 기원합니다. 우리의 소망이신 하나님께서 영원히 평안과 사랑과 인내가 풍성하게 해주시기를 기원합니다. 아멘. 우리는 항상 당신을 만나기를 기도하고 있습니다."

편지를 읽은 후 형제들은 모두 일어나서 기도한 후에 각기 하나님께 감사하고 아타나시우스 대주교를 찬양하면서 수실로 돌아갔다. 그 후 테오도르 사부는 호르시에시우스 사부와 이야기를 했다. 그는 트모우손즈 수도원의 아폴로니우스 원장이 병자들에게 사용할 물건을 구입하기 위해 알렉산드리아로 사람들을 보내면서 발생한 어려움에 대해 그를 위로했다. 호르시에시우스 사부는 파코미우스 사부라면 원하지 않았을 것이라고 생각했기 때문에 그들을 자신의 권위 밑에 두는 것에 동의하지 않았었다.

테오도르는 자신이 주께로 갈 날이 멀지 않다는 것을 알고 있었기 때문에 호르시에시우스 사부에게 자신과 함께 프보우로 가서 형제들을 격려해 달라고 간절히 부탁했다. 호르시에시우스는 그의 부탁을 받아들여 테오도르 및 형제들과 함께 프보우를 향해 출발했다. 수도원 가까이 왔을 때 테오도르는 함께 여행하던 형제 중 한 사람을 앞서 보내면서 "빨리 가서 형제들에게 거룩한 사부를 만나러 나오라고 전하시오"라고 말했다. 그 형제는 즉시 가서 그 주간 봉사자에게 형제들을 소집하라고 말했다. 형제들은 시편을 노래하면서 그를 만나러 나와 입을 맞추며 그를 환영했다. 그런 후 그들은 역시 시편을 찬송하면서 겸손하고 질서 있고 예의 바르게 수도원으로 들어갔다. 그들은 형제들과 함께 수도원 교회에서 기도했다.

그 후에 테오도르 사부는 호르시에시우스 사부에게 전처럼 앉아서 형제들에게 하나님의 말씀을 가르쳐 달라고 부탁했다. 호르시에시우스 사부는 겸손히 그의 말에 복종하여 자리에 앉아서 성경 말씀을 가르쳤다. 테오도르 사부는 호르시에시우스 사부의 통렬한 말씀 때문에 고개를 숙이고 울면서 경청했다. 그는 진심으로 "나는 호르시에시우스 사부의 아들이요 보조자입니다"라고 말했다.

테오도르와 호르시에시우스는 둘이 아니라 한 사람인 듯했다. 이 두 사람의 사랑하는 모습 때문에 모든 사람들이 그들을 존경하고 칭찬했다. 그들은 파코미우스 사부가 명령한 대로 마음을 다하고 목숨을 다하여 하나님을 사랑했다. 사부 테오도르는 그의 보조자 같았다. 매우 겸손한 테오도르는 아주 작은 일이라도 자기 뜻대로 하지 않았다. 종종 그는 울면서 "내가 호르시에시우스 사부를 떠나 나의 모든 사부들이 간 길로 가야 할 때가 가까이 왔습니다"라고 말했다. 호르시에시우스는 형제들에게 오랫동안 말하면서 테오도르 사부의 꾸준함과 겸손을 본받으라고 간절히 권한 후에 일어나서 모든 형제들과 함께 기도했다. 두 사람은 각기 하나님의 말씀을 낭송하고 여러 가지 덕을 실천하면서 수실로 물러났다.

181. 유월절 기간에 에론이 사망하다

그로부터 나흘 후 유월절이 되었다. 모든 형제들은 파코미우스의 규칙에 따라 유월절을 지키려고 프보우 수도원에 모였다(AD 368). 테오도르 사부는 호르시에시우스 사부에게 유월절 기간에 날마다 형제들에게 하나님의 말씀을 강론해 달라고 부탁했다. 그러나 겸손한 호르시에시우스 사부는 계속 그렇게 하는 것은 승낙하지 않았다. 때로는 호르시에시우스 사부가 형제들을 가르쳤고, 어떤 때는 테오도르 사부가 가르쳤다. 이는 두 사람이 마치 한 사람 같았기 때문이다. 그들은 유월절이 끝날 때까지 그렇게 했다.

유월절 마지막 날 저녁 형제들은 모두 성찬을 받기 위해 교회에 모였다. 원로 중 한 사람인 에론(Eron) 사부는 병이 들어 수도원 내의 환자들이 지내는 곳에 머물고 있었다. 그는 도시 출신인 테오도르 사부의 보조자요 그리스인들을 감독하는 사람이었다. 병자들을 시중드는 형제가 테오도르 사부에게 와서 에론 사부가 임종을 앞두고 있다고 알렸다. 테오도르 사부는 즉시 교회를 떠나 병동으로 갔다. 에론 형제가 숨을 거두려는 것을 본 테오도르는 즉시 몸을 굽혀 그에게 말을 걸었는데, 형제들 모두가 그 말을 들었다. 잠시 후 에론 형제가 숨을 거두었을 때 형제들은 모두 크게 두려워했다. 실제로 형제들 중에 테오도르가 에론에게 한 말을 이해한 사람은 하나도 없었지만 짐작하건데 이렇게 말한 듯하다: "당신이 의롭고 완전하신 파코미우스 사부가 계신 곳에 도착하면 '당신의 아들 테오도르가 당신을 따라가게 해 달라고 부탁해 달라고 간청합니다'라고 전해 주십시오." 이렇게 짐작하는 것은 우리는 테오도르가 평소보다 더 괴로워하는 모습을 보았고, 또 그가 평소에 말하거나 행동하는 방식을 잘 알고 있었기 때문이다.

테오도르 사부는 한참동안 매우 괴로워하면서 앉아서 울었고, 호르시에시우스 사부와 수도원의 형제들은 그의 주위에 모여 있었다. 이윽고 테오도르 사부는 "오늘 임종한 이 형제는 하나의 표적이며, 다음에 죽을 또 다른 형제를 가리킵니다. 여러분은 지금은 그 사람이 누구일지 짐작하지 못할 것입니다." 형제들은 모두 그의 주위에서 새벽이 될 때까지 밤새도록 시편을 낭송했다. 부활절인 주일 새벽에 형제들은 에론의 장례 준비를 했다. 그때 호르시에시우스 사부의 명령을 받은 테오도르 사부는 수도원 원장들과 보조자들 모두에게 파코미우스 사부에게서 전해진 전통에 따라 지시했다. 그들은 맡은 대로 모든 일을 처리한 후에 시편을 노래하면서 에론의 시신을 운구했다. 그 위를 따라 수도원의 모든 지도자들과 형제들이 그 뒤를 따랐다. 그들은 산으로 가서 에론의 시신을 다른 형제들 곁에 매장했다. 테오도르는 산에서 내려와 각 수도원의 지도자들을 위해 기도한 후에 각기 소속 수도원으로 돌아가는 원장들을 배웅해주었다. 호르시에시우스 사부도 세네세트 수도원으로 출발하면서 형제들에게 "나를 기억해 주십시오"라고 말했다. 테오도르는 호르시에시우스 사부에게 "우리 중에 고귀하고 겸손한 형제가 죽음을 앞두고 있으니 멀리 가지 마시오"라고 말했다. 이렇게 말한 후에 형제들은 각기 자신의 수도원으로 되돌아갔고, 테오도르와 그의 동료들은 프보우 수도원으로 돌아갔다.

182. 테오도르의 죽음

사흘 후에 테오도르가 병이 들었다. 그는 몇 명의 형제들은 보내어 호르시에시우스를 모셔왔다. 프보우 수도원 주위 수도원의 형제들도 찾아왔다. 호르시에시우스 사부는 테오도르가 고열에 시달리는 모습을 보고 몹시 괴로워 형제들 모두를 데리고 교회로 갔다. 그들은 제단 앞에 엎드려 울면서 사부 파코미우스의 기도를 통해서 치유의 은혜를 베풀어 달라고 기도했다. 호르시에시우스 사부는 "우주의 주요 파코미우스 사부의 하나님이시여, 지금 테오도르를 데려가시면 우리는 불행할 것입니다. 늙은 나를 먼저 데려가시고 테오도르를 살려 두시어 형제들이 그로 말미암아 힘을 얻을 수 있게 해 주십시오"라고 소리쳐 기도했다. 형제들은 모두 슬피 울면서 소리를 높여 "주님, 우리를 불쌍히 여기사 우리의 간청을 들어 주십시오. 의로우신 테오도르 사부를 살려 주십시오. 우리 중 많은 형제들을 데려가시고 대신에 당신의 율법과 생명을 주는 명령으로 우리 영혼을 양육해주실 분을 살려 주십시오"라고 기도했다.

그들이 여러 날 동안 슬피 울면서 테오도르를 치유하여 잠시 더 살면서 그들의 영혼 구원을 위해 일하게 해 달라고 기도했다. 테오도르 사부는 교회에 사람을 보내어 호르시에시우스 사부를 오게 해서 "나는 이미 앞서 가신 거룩한 아버지들처럼 주께 가기로 결정되었으니 형제들과 함께 주께 청원하는 수고를 그만 두십시오"라고 말했다. 그러나 호르시에시우스 사부는 계속 슬퍼하며 하염없이 눈물을 흘렸다.

테오도르 사부는 방에 모인 프센타에시(Psentaesi) 사부를 비롯한 모든 원로들에게 이렇게 말했다: "보다시피 나는 이제 우리 주님과 의로우신 파코미우스 사부께로 갈 것입니다. 그리고 우리 모두가 가야 할 것입니다. 여러분은 불평하지 말고 순종하며 겸손하게 호르시에시우스 사부님을 도우십시오. 나는 그분의 보조자에 불과합니다. 내가 원하여 이 일을 하는 것이 아님은 주님이 아십니다. 나는 세상의 어떤 사람보다 더 큰 죄인입니다. 그럼에도 불구하고 하나님의 은혜가 항상 나와 함께 하셔서 나로 하여금 주님의 뜻에 의해 내가 임하는 모든 일에 순종하여 멸망하지 않게 하셨습니다. 내 말에 귀를 기울이십시오. 나는 평생 하루도 내 영혼의 죄를 잊은 적이 없습니다. 또 호르시에시우스 사부의 허락이나 지시를 받지 않고 무슨 일을 행한 적이 있다고 생각하지 않습니다. 18년 동안 그분은 우리로 인해 괴로워하셨습니다. 사랑하는 형제들이여, 내가 죽으면 내 시신을 묻었다가 나중에 뼈를 사부님 곁에 묻어 주십시오." 테오도르는 이 말을 하고서 고요히 숨을 거두었다. 그 날이 368년 4월 27일이었다.

183. 테오도르의 장례

그 순간 큰 두려움과 향기가 그들 위에 임했다. 형제들은 모두 엎드려 슬피 울면서 소리쳤다: "오늘 우리는 고아가 되었습니다. 오늘은 의로우신 테오도르 사부가 돌아가셨습니다. 그분의 고결한 행동과 온유한 말, 겸손, 우리를 향한 한결같은 사랑을 생각할 때에 우리는 견딜 수 없이 비참하고 불행합니다." 호르시에시우스 사부와 모든 형제들은 테오도르의 시신 곁에서 밤새도록 시편을 낭송했다. 날이 밝아 성찬예배 시간이 되었다. 그들은 테오도르의 시신에 수의를 입히고 예배를 드렸다. 그런 후에 시편을 찬송하면서 시신을 산으로 운구하여 엄숙하게 매장했다. 그들은 슬피 울면서 수도원으로 돌아왔다. 그날 밤 호르시에시우스 사부는 세 명의 형제들을 데리고 테오도르 사부의 무덤에 가서 그의 시신을 꺼내어 거룩한 공동체의 창시자인 파코미우스 사부의 시신 곁에 매장했는데, 그곳은 테오도르가 동생 파프노우티를 매장한 곳이기도 했다. 그들은 아무도 알지 못하게 조용히 수도원으로 돌아왔다.

184. 호르시에시우스가 다시 공동체의 원장이 되다

테오도르의 죽음 때문에 형제들 모두가 크게 슬퍼했다. 호르시에시우스 사부는 테오도르의 죽음을 슬퍼하다가 병이 들었다. 테오도르가 죽고 나서 사흘 후 프센타에시(Psentaesi) 사부와 파코미우스 사부를 비롯하여 일부 원로 형제들은 호르시에시우스 사부에게 형제들을 위로의 말을 하라고 강권했다. 호르시에시우스는 그들의 말에 동의하여 일어나서 울면서 나가 테오도르의 죽음 때문에 모여서 슬퍼하며 울고 있는 형제들 가운데 앉았다. 그는 슬피 울면서 형제들에게 말하기 시작했다: "하나님은 주님의 말씀으로 우리를 격려해주시던 의로우신 테오도르 사부를 데려가셨습니다. 그분이 자신을 우리에게서 속히 데려가 달라고 주께 부탁하셨고, 우리가 고아가 되었기 때문에 우리의 슬픔은 한층 큽니다. 여러분은 그분이 우리를 크게 사랑하셨다는 것, 그리고 우리를 시기하는 마귀의 수중에서 우리를 구하기 위해서 항상 하나님께 기도하셨다는 것을 알고 있습니다. 사랑하는 형제들이여, '그들은 그가 행하신 일을 곧 잊어버리며 그의 가르침을 기다리지 아니하고'(시 106: 13)라는 말씀처럼 그분의 수고와 수덕적 수행, 주님 앞에서 우리를 위해 밤낮으로 흘린 눈물을 잊어 심판을 받지 않게 하십시오. 만일 그분이 주셨던 가르침에 따라 행한다면 하나님과 우리의 파코미우스 사부님 앞에서 그분이 우리를 위한 사신이 되어 주실 것입니다. 우리 주 예수님은 사도들과 제자들에게 '내가 너희를 위하여 거처를 예비하러 가노니'(요 14:2)라고 말씀하셨습니다. 또 그분은 '아버지 앞에서 우리에게 대언자가 있으니 곧 의로우신 예수 그리스도시라 그는 우리 죄를 위한 화목 제물이니 우리만 위할 뿐 아니요 온 세상의 죄를 위하심이라'(요일 2:12)고 말씀하셨습니다. 파코미우스 사부께서는 살아 우리와 함께 계실 때 밤낮 우리와 온 세상 사람들의 영혼 구원을 위해 주께 기도하셨고, 그의 뒤를 이어 십자가의 큰 사랑을 가지고 그분의 삶을 본받아 자녀가 된 거룩한 페트로니우스 사부와 테오도르 사부도 그렇게 하셨습니다. 사부님의 지체들인 내 형제들과 수도원의 지도자들이여, 사부님들이 우리를 위해 정해 놓은 법과 명령들을 지키면 그분들이 지금 쉬고 계시는 곳에서 평안히 지내실 수 있을 것입니다. 그리스도는 사도들에 대해서 '아버지께서 내게 주신 말씀들을 그들에게 주었사오며 그들은 이것을 받고 내가 아버지께로부터 나온 줄을 참으로 아오며 아버지께서 나를 보내신 줄도 믿었사옵나이다'

(요 17:8)라고 말씀하셨습니다. 그분들도 우리에 대해 '아버지께 순종하여 명령을 지킨 아들들아, 너희가 그분들의 발자취를 따르며 그분들이 주신 명령을 지켰으니 와서 너희 아버지들의 영원한 생명을 물려 받으라'고 말씀하시기를 기원합니다. 의로우신 우리 사부님의 유훈은 우리 가운데 남아 있습니다: 그것은 우리가 악한 자를 대적하여 승리하게 하려고 주신 규정들입니다. 시냇가에 심은 나무가 철을 따라 열매를 맺는 것같이(시 1:3) 자손들이 하나님을 위해 영적인 열매를 맺는 것을 볼 때에 우리 선조들의 마음이 평안할 것입니다. 형제들이여, 우리가 태만함으로써 선조들이 이룬 업적이 헛된 것이 되어 사라지며, 또 우리가 조상들이 있는 곳에 갈 때 심판을 받지 않는 일이 없어야 합니다. 이런 까닭에 우리 주께서는 우리 사부들을 비롯하여 나를 당신의 종으로 임명하셨습니다. 복음서에서 주님은 '나는 섬기는 자로 너희 중에 있노라'(눅 22:27)고 말씀하셨습니다. 또 아비가일은 다윗에게 '여종은 내 주의 전령들의 발 씻길 종이니이다'(삼상 25:41)라고 말했습니다. 아비가일은 겸손함 때문에 자신에게 속한 모든 사람들을 구했습니다."

호르시에시우스 사부는 수도원 지도자들과 모인 모든 형제들에게 이 말을 한 후에 일어나서 기도했고, 그들은 마치 파코미우스 사부와 테오도르 사부를 보는 듯이 매우 기뻐하면서 그를 포옹했다. 사흘 째 되는 날 그들이 테오도르 사부를 위한 성찬을 받은 후에 호르시에시우스 사부는 소속 수도원으로 떠나는 형제들과 함께 걸어가면서 배웅했다. 그는 종종 수도원들을 심방하여 주님의 법과 사부님의 명령으로 그들을 강건하게 해주었다.

185. 호르시에시우스의 가르침

어느 날 호르시에 시우스는 형제들과 함께 하나님의 말씀에 대해서 말하면서 다음과 같이 말했다: "우리 사부님은 거룩한 성경과 주님의 완전한 지식으로 우리를 강건하게 해주셨습니다. 사람이 자기 마음을 제대로 지키지 못하면 들은 것을 모두 잊을 것이라고 생각합니다. 그 때에 그의 태만 때문에 원수가 그를 제압하여 내던질 것입니다. 여러분에게 놀라운 비유를 말씀드리겠습니다. 그것은 마치 강한 빛을 발하는 등불과 같습니다. 우리가 그것을 등한시하면 그 빛은 점점 희미해져서 어두워질 것입니다. 그 때에 쥐들이 그 주위에 몰려와서 빛나지도 않고 뜨겁지도 않을 것을 보고서 그 심지를 물어뜯고 등잔을 건드려 넘어뜨릴 것입니다. 만일 등잔이 놋으로 만들어진 것이라면 집 주인이 고쳐 세울 것이며, 등잔은 다시 집 안을 밝힐 것입니다. 그러나 흙으로 빚은 등잔은 깨져 버림을 받게 될 것입니다. 영혼의 경우도 이와 같습니다. 만일 영혼이 조금 태만하면 성령이 영혼에게서 물러가셔서 마침내 영혼은 빛을 잃고 완전히 어두워집니다. 그때 영혼이 깨어 대적하지 않기 때문에 원수는 영혼의 열심을 완전히 삼켜버리며, 악한 욕망의 사악함과 더러움으로 말미암아 몸을 타락시킬 것입니다. 영혼은 자신의 구원을 소홀히 했기 때문에 하나님의 나라와 영원한 행복을 얻지 못하게 됩니다. 만일 그 사람이 하나님 앞에서 선한 성품을 가지고 있으면서도 태만함에 사로잡힌 것이라면, 긍휼하신 하나님은 그로 하여금 의식을 회복하여 죽는 날까지 자신을 굳게 붙들게 하기 위해서 그에게 열정을 불어넣어주시고 형벌을 기억하게 해주실 것입니다."

호르시에시우스 사부는 형제들에게 이 비유를 설명해준 후에 일어나서 그들을 위해 기도해주었다. 형제들은 각기 하나님의 말씀을 낭송하면서 수실로 돌아갔다.

186. 아타나시우스가 테오도르의 죽음에 대해 형제들에게 보낸 편지

스모운(Smoun) 교구에 머물고 있던 알렉산드리아의 대주교 아타나시우스는 테오도르가 죽었다는 소식을 듣고서 즉시 호르시에시우스와 형제들을 위로하기 위해 다음과 같은 편지를 보냈다: "알렉산드리아의 대주교 아타나시우스는 우리 주 예수 그리스도에 대한 믿음 안에 견고히 서 있는 사랑하는 아들 호르시에시우스와 형제들에게 문안합니다. 나는 열정적인 테오도르가 여러분에게 얼마나 소중했는지 알기 때문에 복된 테오도르가 죽었다는 소식을 듣고서 크게 놀랐습니다. 만일 테오도르가 이 세상에 있지 않다면 그의 사후에 일어날 일에 대해 아주 무서운 말을 썼겠지만, 우리가 호르시에시우스라고 알고 있는 테오도르는 여전히 여러분 가운데 계십니다. 왜냐하면 그 두 사람은 하나이기 때문입니다. 만일 둘 중 한 사람이 여행을 떠나도 두 사람이 맡은 임무는 고향에서 이루어질 것입니다. 악한 자들의 꾀를 따르지 않는 테오도르는 복된 사람입니다. 그러므로 이제 눈물과 슬픔과 탄식이 없는 곳으로 가서 선조들과 함께 안식하고 계시는 분, '이는 내가 영원히 쉴 곳이라 내가 여기 거주할 것은 이를 원하였음이로다'(시 132:14)라고 말씀하시는 분으로 인해 슬퍼하지 마십시오. 온전한 안전과 완전한 쉼과 기쁨을 제공하는 항구에 정박하신 분으로 인해 슬퍼하지 마십시오. 우리 각 사람도 그 항구에 배를 정박하기 위해 노력해야 합니다. 테오도르는 죽은 것이 아니라 주님 앞에서 잠자고 있습니다. 이 편지는 여러분 모두, 특히 사랑하는 호르시에시우스 사부에게 쓰는 것입니다. 이제 테오도르가 죽었으니 당신이 형제들 가운데서 그를 대신하여 모두를 보살펴 주십시오. 테오도르가 살아있을 때에 당신들 두 사람은 한 사람과 같았습니다. 한 사람이 떠나도 수도원 내에서는 두 사람의 임무가 이루어졌습니다. 또 두 사람 모두가 수도원에 머물 때에 둘이 한 사람처럼 형제들에게 유익한 말을 해주었습니다. 지금도 똑같이 행하십시오. 그렇게 하면서 당신의 건강과 형제들의 건강에 대해 우리에게 편지하고 이야기하십시오. 그리고 주님이 교회에 더 많은 평강을 주시도록 여러분 모두가 기도하십시오. 우리는 유월절과 오순절을 지키면서 주님의 자비하심 안에서 즐거움을 누렸습니다. 주님을 경외하는 모든 형제들에게 문안합니다. 우리와 함께 있는 사람들이 여러분에게 문안합니다. 사랑하는 형제들이여, 여러분이 주안에서 강건하기를 기도합니다."

부록1. 이집트 수도원 연대표

251년 안토니 탄생.
285년 안토니가 피스피르로 은거함.
292년 파코미우스 탄생.
293년 알렉산드리아의 마카리우스 탄생.
300년 이집트의 마카리우스 탄생.
305년 아폴로 탄생
313년 안토니가 홍해 곁에 있는 깊은 산으로 들어감.
      파코미우스가 세례를 받음
320년 파코미우스가 타벤니시에 공동체를 세움
328년 알렉산드리아의 아타나시우스 감독
330년 아타나시우스가 테베로 오다.
      아모운이 니트리아로 가다(?).
      이집트의 마카리우스가 스케테로 가다(?).
333년 알렉산드리아의 마카리우스가 세례를 받다.
338년 안토니가 알렉산드리아와 니트리아를 방문하다.
      켈리아 설립.
340년 아타나시우스, 암모니우스와 이시도레가 로마로 가다: 수도 사상이 서방에 전파됨.
346년 파코미우스 사망.

350년 리코폴리스의 요한이 은둔 생활을 시작하다.
355년 알렉산드리아의 마카리우스가 수도사가 되다.
356년 안토니 사망.
357년 아타나시우스가 Vita S. Antonii를 저술하다.
361-363년 배교자 줄리안 황제
365년 수도사들에 관한 최초의 세속 칙령(발렌스)
(혹은 373년)
373년 아타나시우스 사망.
       멜라니아가 이집트로 가다.
       루피누스가 이집트로 가다.
379년 데오도시우스 황제
383년 에바그리우스가 니트리아로 가다.
385년 제롬과 파울라가 이집트로 와서 니트리아를 방문.
       아폴로가 바윗에 공주수도원을 세움.
       에바그리우스가 켈리아로 가다.
       카시안과 게르마누스가 이집트에 도착하다.
388년 팔라디우스가 이집트로 와서 알렉산드리아, 니트리아. 켈리아를 방문하다.
390년 이집트인 마카리우스 사망.

391-2년 세라페움 멸망.
393년 헤르모폴리스 파르바의 디오스코루스 감독
       알렉산드리아의 마카리우스 사망.
394년 아르세니우스가 스케테로 가다(?)
       팔라디우스와 예루살렘 출신의 7명의 수도사가 리코폴리스의
       존을 방문하다.
395년 리코폴리스의 요한 사망.
       테오도시우스 사망.
399년 에바그리우스 사망.
       테오필루스의 유월절 서신
       카시안이 이집트를 떠나다.
       테오필루스가 오리겐을 대적하다.
400년 알렉산드리아 종교회의에서 오리겐주의를 정죄함.
       훌륭한 수사들이 이집트를 떠나 유랑함.
403년 유랑하던 수도사들이 돌아옴.
404년 제롬이 파코미우스의 규율집을 번역함.
405년 루피누스가 『수도원의 역사』를 저술.
407-8년 스케테의 제1차 참화
412년 알렉산드리아의 키릴 감독 팔라디우스가 이집트를 떠나다.
419-20년 『소두언 탐방기』(Lausiac History) 저술.
420-30년 카시안이 『제도집』(Institutes)과 『담화집』(Conferneces)을 저술.
440년 데오도렛이 Philotheos Historia 저술.

부록2. 파코미우스 및 공동체의 역사

c. 292	파코미우스 탄생
c. 312	로마군에 징집
c. 313	세례 받음
c. 316	팔라몬(Palamon) 지도하에 수도사가 됨
c. 323	타벤네시(Thebennesi)에 정착
c. 328	테오도르가 방문하다.
c. 329	아타나시우스가 공동체를 방문하다.
	포우(Pbow)와 여러 곳에 수도원을 설립하다.
c. 336	테오도르를 타벤네시의 총책임자로 임명하다.
	파코미우스는 포우에 거처하다.
340	두 번째 수도원 설립
345	라토폴리스(Latopolis)의 종교회의
346(5월)	파코미우스 사망
347(7월)	페트로니우스(Petronius) 사망;
	호르시에시우스(Horsiesius)가 총책임자가 되다.
350	호르시에시우스가 사임, 테오도르가 총책임자 되다.
351	아모운이 방문하다.
368(4월)	테오도르 사망, 호르니에시우가 다시 총책임자 되다.
387	호르니에시우 사망

| 391 | 메타노이아(알렉산드리아 근교)에 수도원을 설립. |
| 404 | 제롬이 파코미우스 공동체 규칙과 편지를 라틴어로 번역. |